母性の科学

ママになると脳や性格がすごく変わるわけ

アビゲイル・タッカー　西田美緒子 訳

インターシフト

ロスへ

母性の科学

ママになると脳や性格がすごく変わるわけ

【目次】

原注は www.intershift.jp/mom.html よりダウンロードいただけます

＊文中、〔　〕は訳者の注記です

はじめに

母親はなぜ最高で最悪か?

謎の細胞

「新しい心臓ができたような気がするの」

親友のエミリーは女の子を出産した日にそう言った。私はそのとき、新米ママはおかしなことを言うわねと、あきれ顔をしたのを覚えている。でもそれから10年の年月が過ぎ、自分でも3人の子どもの母親になった私は、ニューヨーク市のマウントサイナイ病院にある研究室に向かう満員のエレベーターのなかでエミリーの言葉を思い起こす。この病院では、心臓専門医が母親の心臓の秘密を探っているのだ。

毎年、何千人もの妊婦および分娩直後の母親が生命に関わるタイプの心不全を起こし、救急処置室に運び込まれる。症状には頸動脈怒張と息切れも含まれ、彼女たちの心臓はかろうじて鼓動している状態になっている。この「周産期心筋症」の原因はわかっていないが、ごくふつうの人が直ちに心臓移植を必要とする状態に陥り、うまくいかなければ命を落とすかもしれない。まさに健康上の大参事だといえる。

それでも、駆け出しの母親にとって運命は気まぐれで、およそ50パーセントが自然に回復する——この種の疾病としては最高の回復率だ。一部の母親の心臓は、たった2週間のうちに、実質的には新しい心臓と言えるほどまで元気になる。成人の心臓組織は簡単には回復しないのだが、新米ママたちの場合はどういうわけか、サンショウウオに新しい尻尾が生えてくるように心臓細胞を再生できるようなのだ。

私が訪れたマウントサイナイ病院の研究室では、心臓専門医ヒナ・チャードリーがその理由を見つけ出したと考えている。彼女は研究チームとともに母親のマウスに外科的な傷を加えて心臓発作に似た症状を引き起こしたあと、その小さい心臓を取り出して解剖した。そして期待通りのもの——母親自身のDNAと一致しないDNAをもつ心臓細胞——を発見することができた。

謎の細胞は、母親のお腹のなかにいたマウスのものだ。妊娠中に赤ちゃんマウスの細胞が胎盤を通して母親の体内に移動し、母親の血管を自由に動きまわる。そして心臓障害が起きるとすぐに炎症を感知し、傷ついた心臓に直行する。私が夕食の支度でパルメザンチーズをすりおろしながら自分の指を削ってしまうと、次女がバンドエイドをもって飛んでくる様子にちょっと似ている。

「細胞は脇目もふらずに近づきます。まるで赤外線誘導ミサイルのように、心臓めざして進むんですよ」と、チャードリーは話す。

胎児の幹細胞が母体の胸部で増殖し、血管に似た管に、そして心臓病学の至高の目標にそっくりのもの——成熟した心筋細胞——にまで姿を変える。それは心臓専門医たちが何十年もかけて悪戦苦闘しながら、研究室で再現しようとしているものだ。機能不全に陥った母親の器官は、修復のためにこの真新しい組織を利用するらしい。

新しい心臓ができたような気がするの……

チャードリーは近くにあるコンピューターを操作し、高倍率に拡大した細胞を画面に写し出した。赤ちゃんマウスから逃げ出した細胞をペトリ皿に入れ、ビデオで撮影した映像だ。緑色の蛍光タンパク質で標識をつけられた細胞は、灰色のグレイビーソースたっぷりの料理にのった生のエンドウ豆のように見える。

彼女が再生ボタンをクリックしたとたん、エンドウ豆は鼓動をはじめ、ピクッ、ピクッと動き出した。映画『ダーティー・ダンシング』のパトリック・スウェイジのように、ガガン、ガガン、と言っているように見える。私は思わず目を細めた。いったいどうして？　胎児の細胞が、どうやってこんなふうに迫力あるリズムを刻んで動けるというのだろうか。

チャードリーはニヤリと笑って言う。「鼓動しているのよ」

胎児性マイクロキメリズム

それは心臓に限った話ではない。母親の体は自分の家のリビングルームのようなもので、子どもが脱ぎ捨てた服やらガラクタやらで散らかった状態だ。科学者たちは胎児細胞をとんでもない場所で見つけており、たとえばテレビのうしろに誰かのすねあてが転がっていたり、洗濯物のカゴにティアラが隠れていたりするのに似ている。胎児細胞は母親の肺、脾臓、腎臓、甲状腺、皮膚にも住み着いており、母親の骨髄と胸部にももぐり込む。

そうした細胞は永久にその場にとどまることが多い。末っ子がすでに中年に達している高齢の母親の遺体を解剖して、はぐれ者の胎児細胞を見つけた科学者もいる。そして代理母の体内には、出産から長い年月が経っても他人の子どもの遺伝子が散在する。

この現象は「胎児性マイクロキメリズム」と呼ばれるものだ。「マイクロ」の語がついているのは一般的に細胞の数がごくわずかなためで、妊娠中の女性の血液でも1平方ミリメートルあたりにひと握りだけ、その後の母親ではもっと少なくなる。

生物学的に異なった遺伝情報をもつ細胞が混じっている状態を言う「キメラ」の語源はギリシャ神話の「キマイラ」で、キマイラは馴染みのあるいくつかの動物が混じりあって、まったく新しい生き物の姿になった怪物だ。

私は自分のコンピューターの画面で、この古代の怪物の姿をかたどったブロンズ像をじっと見つめる。ヤギの脚、ライオンの心、ドラゴンの翼をもつキマイラは、3つある頭のひとつから炎の息を噴く。

あれは怪物ではない、と私は考える。あれは私の姿、ほとんど毎朝、私はあんなふうになる。あれは母親だ。

母親を操る

胎児性マイクロキメリズムは進化的に古く、ネコからウシにいたるまで哺乳動物の母親に共通しているものだが、その研究は現代の研究者たちによってようやくはじまったばかりだ。そしてそれは、現在この地球上で生きる20億人あまりの人間の母親たちをめぐる科学の多くに役立つだろう。ただしある意味では、それよりはるかに多くの人々に関わりがある。マイクロキメリズムは逆方向にも進むからで、母親の体内から迷い出た細胞が赤ちゃんの体内に侵入し、そこで生き続ける。だから私の親友は3年前にがんで世を去ったけれど、彼女の細胞のいくつかは2年生になって学校に通っている。

世界では全女性の90パーセント以上が母親になる。ところがつい最近まで、なかでも神経科学のような最先端の分野では、私たち母親の体内で何が起きているかに漠然とでも興味をもつ科学者はほとんどいなかった。誰かを責めるとするなら、責めるべき相手は男性中心の歴史をもつ科学の世界だろう。一部の思想家は、こうした女性軽視はチャールズ・ダーウィンにまでさかのぼるとする。子どものころ母親を失ったダーウィンは、ひょっとするとかわいそうなことに、母親のことを深く考えるのに耐えられなかったのかもしれない。米国立衛生研究所（ＮＩＨ）が、調査研究で「オスの動物と細胞への過度の依存」があると認めてメスのモデルも含めるよう命じたのは、２０１４年になってからで、そこにはときに母親も含まれる。

長く続いてきた母親に関する科学の弱点には、もうひとつ、わずかに研究がなされたとしても見かけ上は赤ちゃんの研究になっていた場合が多い点があげられる。赤ちゃんのほうが人間の状態のモデルとしてはずっと可愛らしいし（それは認める）、文化や人格といった不愉快な変数にわずらわされることも少ないし、参加してもらった謝礼はお菓子ですむ。めざましい成長をとげる赤ちゃんに比べ、母親は「鈍いうえにありきたり」な印象があり、魅力的な仮説をたくさん予想できるとは言いがたい。実際、クジラの赤ちゃんなどの動物は海上ブイのように大きくてあまり動かない球体を、自分の母親と見間違える。科学者たちも同じような推測をしているのだろう。

だがついに、より多くの学者たちが――その多くは若い女性だが――実際の研究に時間をかけるようになり、赤ちゃんの頭に隠し撮りカメラを取りつけたり、ベビー服にマイクを縫いつけたりしている。最新の実験用具の一部には、母親の日常で最も身近なものが利用される。たとえば、家族アルバム、フルーツループ〔カラフルなシリアル〕、そしてプレイ・ドー〔小麦粘土のおもちゃで知育教材として普及〕で、研究によって明らかにされるのは、母親がそれほど平凡ではないという事実だ。実際のところ、私たち母親は一般に想像されているよりも興味深く複雑な存在らしい。

チャードリーの心臓の研究が目を引く理由はそこにある。しっかり目を凝らせば、母親は母親でない人間とは大きく異なって見えることが多いという、まぎれもない証拠なのだ。

科学者たちは今もまだ、なぜなのか、そしてそれが女性にとって何を意味するかを、理解しようとしている。チャードリーと彼女のチームは自分たちのマイクロキメリズムの研究が、最終的には幅広い人々にとっての有望な心臓治療につながることを望んでいるのだが、今のところ、それらの子どもの細胞が実際に母親の体内で何をしているのか、誰にもよくわかっていない。

私たちの役に立っていることを期待するばかりだ。2012年にマイクロキメリズムに関する最初の論文を発表したチャードリーは、「それは進化生物学なのです」と言う。「胎児は母親を守るように作られています」――母親は胎児自らの将来の生き残りにとって何よりも欠かせない存在だ。そして胎児細胞は脇目もふらずに「優等生らしい」行動に走っているように思われ、まるで小遣いをもらう前の子どものようだ。それらは心臓だけでなく母親の傷も癒すことがあり――たとえば帝王切開の傷を胎児細胞が治すと思われる――数々の恐ろしい病気から私たちを守るのに役立っている。10年に及ぶオランダの研究で50代および60代の190人の女性を追跡調査したところ、胎児細胞が残っていることが検出できた女性たちでは、実質的にあらゆる原因で死亡する確率が低かった。これらの数多くの幹細胞は老化作用を遅らせるという考えまであり、そうなると1オンス〔約28グラム〕あたり300ドル〔約4万円〕もするフェイスクリームはいらない。

なかでも有名な例では、残っていた息子の細胞が、ある女性の傷んだ肝葉をすっかり再生させた(この事例が最も注目に値するのは、その母親には子どもがいなかった点にある。彼女の息子は生まれることはなかったが、妊娠中絶の後、母親の体内で生き続けていた)。

ところが一部の事例では、赤ちゃんの細胞がいたずらをはじめてしまうことがある。小さい子どもがコスプレのなり切りごっこをして遊んでいるのを見たことがある人なら、ずっと続けさせていると、やがてはとんでもないことになるのに気づくはずだ。欲張りな胎児細胞は――もちろん細胞は心をもたない存在ではあるが、それが人間の子どもに属しているとなると科学者でさえ人間らしく表現する傾向がある――母乳の産出量を最大化しようとひそかに努力して、ある種のがん、なかでも乳がんと協力することがある。またそれらの細胞は私たちの甲状腺に集結し、自らを温めるために私たちの体温を引き上げ、その結果としてさまざまな代謝異常を引き起こす。可愛らしい人形のような声に似合わず、子どもたちは実際には私たちを操る人形遣いかもしれず、おそらく私たちを少しいじめさえする（一部の進化生物学者は、私の体内では3人の子どもたちの細胞が戦いを繰り広げているかもしれないとも考えており、正直なところ私も――たしかにやりかねないと思っている）。

こうした優しい裏切り行為は、自分の子どもが誕生日用の手作りの紙吹雪を可愛らしく握ったと思ったら、クルッと向きを変えて食洗器に投げ込むのを目撃したことがある母親ならすぐ思い当たることで、私が母親の脳内で胎児性マイクロキメリズムの証拠があると知ってハッとしたのもそのせいだ。

私の頭のなかにある隠密の子ども細胞によって、ようやくここ10年間の私の不可解な暮らしを説明できるのだろうか？　すべすべの頬、真っ青な瞳、深いえくぼ、屈託のない笑顔に突然心を奪われたせいで、頭のなかでしっかり考えていた計画はご破算になり、まったく異なる自分によって昔の自分はすっかり影をひそめてしまったのだ。

実際には、母親の心のなかで現実に起きていることはそれよりはるかに不可思議なものであることがわかっており、それが本書の物語になる。

再編される脳

優しい母性本能の背後にあるハードサイエンスについて私がはじめて考えたのは、もう何年も前に、アトランタのエモリー大学にある有名なハタネズミの研究室を訪れたときだった。研究チームのリーダーであるラリー・ヤングは、プレーリーハタネズミが生涯を通して一夫一婦制を通せるのは、珍しい脳内化学成分の働きによるものだと説明してくれた。それは、メスが母親になると動員される母性回路という、はるかに基本的で古くからある哺乳類の体系をリサイクルしたものだった（人間の場合は、古くからある母親脳の部分の同じような交差によって、恋人を「ベイビー」と呼びたくなるちょっと気味の悪い願望を説明できるかもしれない）。

当時、私はすでに2人目の子どもを妊娠していたのだが、母親であることは生物学的な範疇というより選択的なライフスタイルだと考えていた——というより、自分自身にそう信じ込ませていたのかもしれない。母親というのは状態ではなくラベルであり、私がときどき好きでかぶるたくさんの帽子のひとつで、私の頭そのもの、贅沢に教育をほどこしてきたその中身とは、違うものだと思っていたのだ。ところがヤングは、母親になるということは目に見えない、ほとんど理解できていない、細胞レベルの大改革であり、それによって女性の脳は再編されると説明した。

そうか、そうなのか——私はそれまでの数年間、雑誌のライターとしてフルタイムで働きながら2度の妊娠をなんとか切り抜け、かなりのイライラをつのらせていたのはたしかだった。私の気分は散漫で、考えていたことはすぐに頭から抜け、赤ちゃんのお尻ふきみたいに次々とゴミ箱に消えてしまった。

でも、少しだけしっかり睡眠をとりさえすれば、そんな状態もきっと解消できるだろう。私の脳も元に戻るに違いない。私の体がいつかまた妊娠前に愛用していたジーンズをはけるようになるのと同じに（無邪気にもそう願っていた）。ジーンズはクローゼットの最下段にしまってあり、手を伸ばせば届く場所にある。でも、なかなか届かない。実際、その日まで、私は自分の新しい脳よりも古いジーンズのことを思い悩んでいたのだった。

このように表面的なものに焦点を当てる思考は、ごく当然のものだ。母親になることによる外見的な変化はまぎれもない悩みの種で、人に言われなくてもわかる。私は3回の妊娠で合計40キロは体重が増え、出産後……すっかり元通りというわけにはいかなかった（まだいいほうかもしれない。シロナガスクジラなら40トンは増えているはずだ）。しかも脇腹は稲妻のような妊娠線でおおわれている。

妊娠中、私たちの身体的自己は流動的になる。ほくろの色が濃くなり、声は1オクターブ下がるかもしれない（妊娠中のクリスティン・ベルが『アナと雪の女王』の声を録音したときのように——評判が悪かったそのサウンドトラックは、それでもまだところどころ甲高いように思える）。鼻の幅が広がり、土踏まずは平らになり、足の爪がはがれ落ちる。髪の毛の色が変化したり、カールがかかったりすることもある。つむじ風の爆弾を飲み込んだかのようにげっぷをするかもしれない。肝臓から胆汁がもれることがあり、とんでもなく痛むこともある。そして明らかに蚊にさされやすくなる。体温が上がって二酸化炭素の排出量が増えるからだ。

こうした全身の変化はばかにできない。そのせいでセリーナ・ウィリアムズはフレンチオープンに出場できず、ビヨンセはコーチェラ・フェスティバルへの出演を取りやめた。しかもとても長引く可能性があり、永遠に続くかもしれない。ある学術論文は、「腹囲が増えて、大腿部が細くなった」典型的なハンプティダンプティ型の母親体型を意地悪く立証している。また「赤ちゃんを1人産むと歯を1本なくす」という昔からの言葉も、ある程度は真実だということが確認されており、母親は子どものいない女性に比べて歯を失う割合が高い。ただしその原因は、カルシウムの貯蔵を使い果たすからか、歯医者の予約をさぼるためかはわかっていない。高齢の母親は歩行困難になる割合も高い。明るい側面に目を向けると、母乳で育てた母親は脳卒中になる割合が低い。

だがこうしたすべての不安は、母親の心のなかで起きていることに比べれば色あせて見えるだろう。新たな事実が次々に公表されており、歯をなくした高齢の母親は、アルツハイマー病ともまた異なる関係をもつかもしれない。1万4000人を超える女性を対象とした最近のある研究では、3人以上の子をもつ女性では認知症のリスクが12パーセント低いことがわかった。

それでも、神経系のニュースのすべてがよいニュースとは限らない。実際、数多くの危険で不可解な精神機能障害が母親につきまとい、なかでも母親らしい状態への移行期に多い。なりたての母親の半分以上は、気分が落ち込む「マタニティブルー」を切り抜けることができるが、およそ5人に1人は本格的な産後うつに移行する。その経緯や理由はまだよく解明されていない。母親はまた、出産直後だけでなく何年もたったあとでうつになるリスクも高い。一般的に見てなぜ女性のほうが気分障害に陥る比率が高いのかという難問を解く鍵が、母性の研究で見つかるかもしれない。たとえば女性が双極性障害になる確率が、母親になりたての最初の1か月間には、人生のほかのあらゆる時期の23倍に跳ね上がる。

これらはすべて、私たちの脳内で生じている変化が、あまりありがたくない外見の変化と同じくらい激しいことの大きなヒントになる。出産時に分泌される脳内麻薬を母親のニューロンが吸収するとき、細胞内の遺伝子のスイッチがオフになったりオンになったりして変化と脳の成長を促す。その結果わずか数か月という短い期間に、母親の脳内ではまるでHGTV〔ホームアンドガーデンテレビ（家探し、リノベーション、ガーデニングなど、家に関する番組だけを放送しているチャンネル）〕の番組みたいに急なデモンストレーションとリノベーションが繰り広げられ、母親は見慣れない顔、赤い色、小さなTシャツの香り、といったいつもの刺激を奇妙な新しい方法で解釈しなおすようになる。その結果、突如として、子どもの笑顔が私たちの暮らしの中心になる。それまでの願望の仕組みが、すっかり配線しなおされるのだ。

つまり、母親になることによる最も重要な変化は、私たちが外からどう見えるかではない。私たちから外がどう見えるかだ。

＊　＊　＊

このようにハイジャックされ、ハッキングされ、変更され、プログラムを作り替えられる、さもなければ新しいアイデンティティを割り当てられるやり方は、もちろんテレビドラマ『ハンドメイズ・テイル／侍女の物語』で描かれたディストピアの女性の物語とは違う。

それでも私は、「新しい女性――ニュー・レディー」になるというこの考えについてあれこれ考えてきた。この呼び名は娘たちからつけられたあだ名で、「おふくろ――オールド・レディー」なんて呼ばれたくないと、食卓に陣取った私が毎晩「黒ワイン」（「白ワイン」ではないワインを娘たちはこう呼ぶ）を片手にブツブツ文句を言っていたからだ。

医師の研究室で胎児の心臓が脈打つはじめての異質な鼓動を耳にして以来、私は子どもたちの6個の輝く瞳を思い浮かべても、ハンバーガー店の滑り台でくじいた娘のくるぶしのレントゲン写真を見ても、母親特有のめまいのようなものを感じるようになっている。この人たちを私は自分のお腹のなかで作り出した。思いつく限りで最も奇妙な部類に入る考えだ。ある意味では、自分自身を出産する場面を想像するほうがまだ普通のように感じる。

それは母親たちが実際に何をするかを想像するのに、うってつけのやり方だ。実のところ、母親になることによる変化はあまりにも特異で極端なせいで、科学者はこれまで科学の上で母親の手強いライバルだった赤ちゃんに使われていた用語によって説明しはじめている。母親は、「鈍いうえにありきたり」とは正反対の存在だ。母親は新たなはじまりであって、行き止まりではない。心理学者の用語を使うなら、母親は「発達」している。

母性本能って？

「母性本能」は、こうした生まれ変わりによって築かれる感覚と感受性を説明する正しい用語だろうか。今では「本能（インスティンクト）」は科学用語ではなくアルマーニの香水だ。あるいは、学者ではなくジェダイの騎士が信頼するものになっている。

1世紀前、いやもっと最近でも、『ニューヨークタイムズ』紙などの新聞は評判の悪い女性に小言を言うような記事で、この用語を用いていた。たとえば、ファッションセンスに乏しいフラダンサーで他人の赤ん坊を盗んだ「足首の太い」女性（「挫折した」母性本能）、あるいは夫と子供を置いて夜逃げした母親（いまいましい母性本能の「欠落」）、という具合だ。こうした表現は、女性たちが品評会のブタと同じように赤ちゃんをステートフェア〔各州の名産、特産物などを展示する催し〕に出場させ、米国農務省の主婦向け番組にチャンネルを合わせていた時代の匂いがする。

それでも、私はまだこの用語を気に入っている（多くの研究者たちはあまり気にかけていない）。それは「見ればわかる」用語で、女性自身がまだ親近感をもって使い続けているからだ（それに、科学者がつねに独自の言語体系に従わなければならないのなら、私は女性について話すのではなく、「母になる能力をもった基盤」について論じることになるだろう）。最新の科学的知見を、女優のミンディ・カリングがインターネットで称えるような、新しく見つけた「偉大なる母性本能」と結びつけられれば十分だ。女性たちは何の話をしているかをちゃんと知っている。母性本能は、赤ちゃんを受け入れて世話をするときに自発的に湧き上がってくる、現実的で力強い感情と行動の集まりになる。

だが、控えめに言ってもそれは悩み多い用語だから、「本能」によって意味しないことも述べておきたい。子どもをもたない女性が、子どもをほしくないと簡単明瞭に言いたいために自分には母性本能がないと言うのをよく聞く。私は（おおむね）、一部の女性がそもそも子どもをもつ計画を立てるか立てないか、子どもをもちたいという希望を抱くか抱かないかの理由について、またはそれがよいか悪いかについて、説明することはない。それらは興味深い問題だが、人間に特有の、多かれ少なかれ現代的な問題であり、概してメスの哺乳類は子どもをもちたくはない。性交渉をもちたいだけだ。子どもはたまたま生まれてくる。それに加え、この話題に関して母親たちが本心を明かしていると必しも信じることはできない。昨年実施された研究では、多くの人間の母親たちは赤ちゃんに対して自分でも驚くほどの愛情を感じるために、過去の妊娠の意図を正確に説明することをせず、偶然の妊娠を計画的だと説明する傾向がある。

私がさらに興味を惹かれるのは、妊娠したときに女性にどんなことが起きるかだ。その出来事は、母親が生まれ、母親としてのものの見方がいっきに広がる瞬間であり、もし基本計画があったとしても、あっけなく一瞬で消え失せる。

私が最初に退けておきたいもうひとつの「本能」に関する誤解は、人間の母親はなぜか自分がしていることをきちんと理解しているという考えだ。これについてはあとでもっと詳しく話すが、どう考えても「理解していない」。私が説明しようとしている本能は、変容した精神状態であり、感覚、感情、衝動の新しいレパートリーのことだ。それはよい母親になるための入門書ではない。

その代わりに私は、この神秘的な新しい母親のレパートリーについて、ふたつの大きな疑問を解きたい。ひとつ目は、人間の母親はほかの種とどのように異なっているのか、そしてどのように似ているのか、という点だ。哺乳動物全体のなかで、ハムスターの母親、ワラビーの母親、人間の母親は、共通の刺激によって感情をかきたてられる。この類似に当惑する人もいるだろうが、私たちが毛皮を着た仲間たちとよく似ていることはラッキーなことでもある。科学者たちは私たちではなく彼らを解剖できるからで、ヒツジやマウスなどの動物モデルがこれまで、現在知られていることの多くを明らかにしてくれたのだ。

ふたつ目の疑問は、もし私たちが遠い哺乳動物の仲間にとてもよく似ているとするなら、なぜ人間の母親たちには、それぞれにはっきりした違いがあるのだろうか。人間の産道に似て、母親たちの物語にもいくつかの大きなねじれがある。日本では過剰な要求をするモンスターママが話題になり、ドイツのカラスママが大切にするのは自分の出世だけだ。高齢ママにシングルママもいる。マーファーはサーファーママで、オーストラリアの海辺でハングテンに興じる。そしてアメリカでも数えきれないほどの種類のママが優位に立とうとしのぎを削る。ステイアットホームママ、ワークアットホームママ、ワークアウトオブホームママ。それから放任主義のフリーレンジ（放し飼い）ママに過保護・過干渉のヘリコプターママ。粉ミルク派に母乳派。添い寝主義に、泣いても抱かないクライイットアウト。カラフルなマグナタイル〔知育玩具〕を与えるママもいるし、おもちゃは単色に限るママも。

一部の科学者は、こうした違いの秘密はそれぞれの母親に固有のゲノムにあると考えるようになっている。フォーチュンクッキーのようにゲノムの中身を見られれば、秘密がわかるというわけだ。だが、女性一人ひとりの母親としての運命は、数えきれないほどの奇妙な環境要因によって左右されることもこれから見ていく。ベビーシッターに育てられたか、オーボエのレッスンを受けたか、ファストフードを食べ過ぎたか。そして、誰に愛されたかによっても違いが出る。

母親だからといって母親のことは何でもわかっているとは思わず、何が母親同士を分断し、何が団結させるのかを、多くの母親の力を合わせて見つけたいと思っている。母親すべてを動かす力を、顕微鏡の下で、サルの檻のなかで、証明したい。揺りかごを揺らす手を揺らしているのは何なのか、知りたいのだ。

ママパワー

現在のところ、母親の生物学は自分には関係のない問題だと考える人もいるにちがいない。先日、子どもはいらないと決めている20代の女性の話をアメリカ公共ラジオ（NPR）で聞いた。きっと同じ考えの読者もいるだろう。彼女は、かつてのキックボールチーム仲間に子どもがいたから、母親の経験について知る必要があることはすべて知っていると話していた。あまり興味がないと思うかもしれないが、母性本能は一般的なつがい関係《ペアボンディング》の形成と哺乳動物の社会的交流を下支えしているのに加え、私たち人間にまつわる多様な現象を後押しする役割も果たしているらしい。たとえば、女性間の友情、宗教的体験、右利き、利他主義、女性間の同性愛、言語、音楽、強迫神経症、ペットの飼育などだ。そしてさらに、ジャガイモ飢饉や麻疹の流行、もちろん新型コロナウイルスや疫病全般など、生き残りの苦境に直面すると女性が強くなって男性を容赦なくやっつけるようになる理由も、母性本能で説明できるかもしれない（ひいひいひいひいおばあちゃん、ありがとう）。

だが数多くの実際的な理由から、ときにはマキャベリ的とさえいえる理由からも、母親の生物学を理解する必要があるだろう。世界では1日に数万人にのぼる新しい母親が生まれている。その多くは、たとえばジンバブエのような発展途上世界だ。一方の西欧諸国では出生率が低下の一途をたどっているために、もう母親に人気がなくなっているようにも見えるのだが、実際には向きを変えて進んでいる。ひとりが産む子どもの数を減らし、出産の時期を遅らせてはいるが、アメリカでは母親になる女性の割合は10年前より高くなっており、40代半ばまでに母親になった女性は全体の86パーセントにのぼっている。ミレニアル世代でも、1年に100万人の割合で母親が誕生している。

その結果、母親は自然の力だけではなく経済の力にもなっている。アメリカの労働市場で母親が占める割合は驚くほど高く、今では母親の70パーセントが職をもち、大多数がフルタイムで働き、全世帯の40パーセントで母親が唯一の稼ぎ手だ。仕事にも秀でているらしく、ゴールドマン・サックスでは出張中の女性社員の母乳を国際便で空輸して自宅に届ける制度を作り、新しく母親になった社員を定着させようとしているほどだ。イギリスの情報機関ＭＩ６でさえ積極的に母親のスパイを採用しようとしている――ただし女性であることを武器とするのではなく、「心の知能指数――感情豊かな諜報？」が求められているらしい。

マーケティング企業は、最近のセミナーのタイトル「ブラからビールまで」が示すようにあらゆるものの売上を伸ばそうと、私たちの脳の働きを懸命に探っている。最新の研究によれば、母親は朝の5時からスマホでコンシューマー向けアプリを使いはじめ、買うまでにかける時間はそれ以外の人たちより15パーセント短い（あるアナリストは、母親がこなさなければならない『単調な重労働』を忘れることなく」、忙しい母親には「すぐ理解できるわかりやすい情報」をせっせと送り続けるようにと企業にアドバイスしている）。マイクロソフトのインテリ社員は、人称代名詞をはじめとした言葉の使い方の変化にもとづいて、母親になったばかりの人をインターネットで見つける便利なコードを開発しているらしい。

最後に、選挙では母親が重要な投票者集団になっている。最近の選挙では男性より女性の投票率のほうが高く、母親という存在の目に見えない変化が、ときには政治の変化と一致するように思えることもあるからだ――あからさまに母親を優遇する政策への単純な支持だけでなく、潜在的な「軍隊に対する温かい気持ち」などの目に見えない側面もある。ただし、こうした変化は全世界に共通のものではない。女性と政治体制とのあいだには複雑な相互関係があり、母性本能は対立するどちらの勢力によっても利用される可能性がある。米国連邦議会には未成年の子どもを育てている女性議員も20人以上いて、毎日をオムツ換えで忙しく過ごしている政治家の数は増え続けている。

母性本能のパラドックス

世界的なママパワーの流れを生み出すという期待は魅力的ではあるものの、すでにおわかりの通り、私の関心の的は「母親自身に恩恵をもたらしてくれるもの」だ。

母親になることは選択肢のひとつで、人生で選べるたくさんの道のひとつだとする見方が強くなればなるほど、新しい自分として生きることで幸せになれそうかどうかと迷う女性が増えるのは十分に理解できる。実際、アメリカでは教育を受けた年長の母親の割合が記録的に増えているのだから、まったく異なる自分として満ち足りた年月を何十年も過ごしてきた母親がとても多いということになる。現在では妊娠中の女性がうつになる割合が1世代前の母親より50パーセント高くなっているのも、驚くに値しない。私自身はこう断言できる――母親になったことで、私はこれまで生きてきたなかで最も幸せになり、最も悲しくもなった。

「私は幸せになるのだろうか？」という疑問は、科学の範疇から少し外れる。でも、幸せかそうでないかの振り子を揺らす力を、生物学によって明らかにすることはできる。私たちは、自分の体の細胞内にあるものから文化全体に浸透した偏見まで、大小さまざまな、たくさんの力に翻弄されながら生きている。私たちが暮らす社会にいきなり襲いかかる病気もそのひとつで、幼い子どもたちと何か月も続けて孤立しなければならなくなる。でも、母親として歩む道はひとつだけではない。ひとりの女性がいくつもの異なる母親に変身できる可能性をもつ。事実、私自身もこれまでに複数の母親を経験してきた（それについてはこれから書いていく）。そして、それらの最高の自分や最悪の自分がどうやって生まれてきたのかを、科学の力を借りて理解してきた。

これは母性本能のパラドックスであり、不思議でもある。確立されていながらも柔軟性に富み、力強いのに脆くもあり、古くて新しく、普遍的でありながら唯一のものでもある。私の親友は余命わずかになってからも、娘がカップケーキを食べすぎないよう目を配り、中等学校まで着られるスマートな洋服を選びながら、最後の日々をすごした。私は彼女から、死さえも母性本能を打ち砕くことはできないと学んだのだ。それでも状況次第では、母性本能が傷つき、消滅することもある。

一方で、それを修復することも、育てることもできる。詳しく研究した科学者たちは、母親に固有の新しい、または改善された投薬法を期待し、産婦人科の受診時には血圧を測るのと同じくらい気軽に脳スキャンも受けられる日がくることを願っている。だが医療以外にも、母親の暮らしに変化をもたらすために政府、地域社会、友人、家族が今すぐできることはたくさんある。

ところで、母親はほんとうに助けを必要としているのだろか？　何しろホモ・サピエンスの女性は、もう20万年ものあいだ母親をやってきているのだ。ある意味、現代の母親はこれまでになく整った状況に置かれており、新たな技術を用いてそれぞれが望む方法で、望む時期に出産することができるし、いざとなれば見知らぬ人から子宮移植を受けることさえできる。眠っているあいだにも、ハーフマラソンで走りながらでも、母乳を搾乳することができる。妊娠中の女性は、かつてはなるべく人目につかないようにと言われたものだが、今では何をしてもいい。紛争地帯からニュースを伝えることも、オリンピックで金メダルを狙うことも、各地にあるアルプス山頂を目指すことも、首相やCEOとして国や企業を取り仕切ることもできる。

だが、自動で動くベビーカーや洒落たベビーモニターを利用し、時差のある出張先から子守歌を歌うことができるとしても、母親は目の前のことだけに責任をもてばいいわけではないし、かつての自分とまったく同じでもいられない。私たちは母親になる過程で、世界に対する「考え方を変える」わけではなく、ただ単に私たちの心が変えられてしまう。

個人主義と独自のアイデンティティが認められている現代にあって、これは何とも窮屈に感じられる。それでも、自分には力がないことを受け入れ、自分の考えや同意なしに自分を変えてしまうという母性の性質を理解することが、自らが主導権を握るための第一歩なのだ。

プリンストン大学が中心になって進めたある研究によれば、世界の母親の窮状の多くは、母親になる前の女性の予想と母親になったあとの現実との単純な食い違いから生じているらしい。それはとりわけ、教育に関する選択および職場で表面化する。これまでの自分とまったく同じだと――言い換えれば、ほかのみんなと同じだと――装えば、そして物ごとの最終決定権のようなものをもっているふりをすれば、大きな逆効果を生み、危険でさえある。

なかにはこうした真実を見ずに過ごしている人もいるだろう。まるでサイチョウ（犀鳥）のメスのように。サイチョウのメスはヒナといっしょに木の洞に閉じこもり、自分の糞を利用して入り口を塞ぐと、ヒナが成長するまではそこからじっと動かずに過ごし、ときどきオスに熟したイチジクの実を運んでもらう。

私は、いさぎよく受けとめる。子どもの歌を繰り返し聴いて、母親特有の脳がスクランブルドエッグヤプルドポーク〔豚肉を煮込んで細かくほぐした料理〕の山のようになってしまわないかと、ひそかに恐れながら。自分の重心が——心の重心が、そして体の重心も——根本的に移動しているのを認めることが、前進するために最も効果的な方法だ。

つい先日、娘のひとりが自分の脚に赤いマーカーで私の呼び名を書いた。いつものことだ。でも今回は娘のそばに立って見下ろしながら、これまで気づかなかったことに気づいた。MOM《ママ》を逆さにするとWOW《ワオ》になる。

第1章 母性に目覚めるとき

わが子を嗅ぎ分ける

「お母さん」

横でぐっすり眠っている母から返事はない。まだ少しかすんだ目を向けると、母の耳から補聴器が外されているのが見えた。別に起きなくても問題はない――71歳の母をコネティカット州の吹きさらしのヒツジ牧場まで、そしてその裏にある寝室までひっぱってきたのは、元気でいてもらうのが一番の目的なのだから。

母と私の役目は夜の「見張り番」で、出産を間近に控えた14頭のメスヒツジの状態に目を光らせるというものだ。私たちが寝ている建物に隣接する古びた大きな小屋では、そのうちの何頭かが、この凍えるような3月の深夜に、いつ出産してもおかしくない状態になっていた。私たちは2時間おきに起き出して様子を見に行く。もちろん私はiPhoneのアラームが鳴ったとたんに飛び起きるのだが、それは家にいる3人の小さい子どもたちがいつも夜中まで起きていて、こんな時間に目を覚ますのにも慣れているからだ。一方の母はここ数日、ちょっと慣れないことをやっているわけで、それでもまもなくふたりとも長靴を履きおえた。

きれいなピンクの鼻とモフモフの脚をもつ生まれたての仔ヒツジを抱けることは、睡眠不足の牧場ボランティアの大半を惹きつける理由になっている。でも私がここにいるのは、母親たちのためだ。母性の第一歩である母親らしい行動のはじまりに興味をもつ者にとって、ヒツジは大切な動物とされている。ヒツジは群れで暮らす動物で、子どもは生まれてすぐに数百頭というどれもよく似たヒツジの大群に加わるのが常だから、母子の結びつきは急激に生じる。メスヒツジの30パーセントほどは出産後すぐにわが子を見分けることができ、残りも4時間以内だ。

外の空気は冷えきって、星が涙のようにまたたいている。

母と私は雪の降りつもった芝地をザクザク踏みしめながら進んだ。真っ暗なヒツジ小屋に足を踏み入れると、むっとするほど空気が暖かい。私は頭のなかで緊急のお産を想定し、もし牧場主任の到着が間に合わなかったら、すぐやるべき手順をおさらいする。何よりの心配は、丸く囲まれた指定の場所で反応の鈍いヒツジを思い通りにあやつることで、私の手に負えるのだろうか。脚の長い双子や三つ子が生まれたときの大変そうな場面を解説した、大きなラミネート加工の冊子は用意されている。それでも私が心配でぐっすり眠れなかったのは、「レディ56」と呼ばれているメスヒツジが去年は5つ子を産み、今年もお産がはじまりそうな時期に入っているのを知っているからだ。

大きく深呼吸をしてスイッチを押し、電気をつける。

何ごともない。メスヒツジが魔法のように母親に変身してなどいなかった。実際のところ、ヒツジたちは風船ガムが大好きなギャル集団のようにクチャクチャと干草を噛み続けている。「みんな一晩中、ただここにすわって食べてるのかしら?」と、母が少しうらやましそうに囁いた（私が母のためにもってきたのはグラノーラバーだけだ）。メスヒツジたちは大きくておとなしいのだが、ときには何かの拍子に、大きなお腹で隣のヒツジを押してしまう。「自分の大きさがわかっていないからね」と、牧場で働いている人が注意を促していた。妊娠後期の人間は、ちゃんと適応できている。

私たちは、お産のはっきりした兆候が見えないかどうかを確認してまわる……目を大きく見開いていないか、首を伸ばしていないか、唇を丸めていないか。後ろにまわってモジャモジャしたお尻を調べ、「お尻からつきだした、大きくてふる～い水風船」に似ていると言われた羊膜嚢、あるいは粘液腺（こっちは「大きい鼻くそ」）を探す。レイディ56はていねいにも、私が後ろを通り過ぎるときに尻尾をもちあげ、おいしいレーズンチョコレートのご馳走をばらまくように糞をした。それからため息をつき、げっぷをする。

私の寝ずの番にもかかわらず、その夜に子ヒツジはやって来なかった。それでも2～3週間経ってから再び訪ねてみると、ヒツジ小屋はまるで別世界だ。1頭ずつ——場合によっては3頭ずつ——生まれてきた新米の子ヒツジたちが、熱いフライパンに入ったポップコーンみたいに混雑した小屋を飛びまわっている。

母親たちもまた、まったく新しい生き物になっていた。なんだか笑ってしまうほどほっそり引き締まっているばかりか、もうクローバーを食べ過ぎた鼓腸のようにもみえない。性格もすっかり変化した。私は床の真ん中にある干草の塊に腰をかけ、おしゃれで小さな新入りたちが私の肘や手帳をかじろうとするのも無視して、ヒツジの乳房の高さから見える風景を確かめてみる。

もう仲良くならんでムシャムシャしたりはしない。母親になったばかりのヒツジたちはあからさまに気難しく、ひとりを好む――ヒツジの仲間にはめったに見られない衝動だ。２頭の母親が飼い葉おけの同じ位置をめぐって小競り合いを繰り広げ、オスヒツジのように頭をぶつけあう。「母親たちはつねに非常事態だと感じているのね」と、ここヒッコリーズ牧場の主任ローラ・マリンガムは説明してくれた。「ちょうど、『さあ、私にさわっているのは誰？　私の赤ちゃんはどこ？　もうひとりの赤ちゃんはどこ？』っていう感じね。赤ん坊は、ミルクを飲めれば誰のところでもかまわず行ってしまう。自分の子を選んでいるのは母親のほうなの」。新しい母親たちは自分の子を探して、母親になったばかりのヒツジに特徴的な「母性の鳴き声」を上げる。

「５１２番」のヒツジが体を回復させる温かい糖蜜水をもらって、ようやく分娩房《ジャグ》から解放された。５１２番は群れのなかでは珍しく真っ黒なのだが、その双子の子どもたちはどちらも周囲と同じく真っ白で、早くも子ヒツジの猛吹雪にもまれている。どの子が誰の子なのか見分けるのは不可能なようだ。でも、もみくちゃは一瞬で、すぐに母と子の椅子取りゲームのような整列が進んだ。黒いヒツジはまったく同じ子ヒツジたちのなかから愛しのわが子を探しあて、電気ストーブのオレンジ色の光の下でまどろんでいる。

この牧場の持ち主ダイナ・ブルースターは、こうした光景を何度見ても飽きることがない。ブルースター自身も母親になったばかりで、牧場のいたるところに赤ちゃん用品とヒツジの分娩用品がいっしょになっている（私はちょっとのあいだ、小屋の杭にかかっていたヒツジの交尾確認用ハーネスを赤ちゃん用品だと思っていた）。彼女はよく、ヒツジたちが何を考えているのかと思いをめぐらす。

「ここには謎がいっぱいあるの。それから、あらゆるホルモンもね」と、ブルースターは小屋の柵にもたれてヒツジたちを見守りながら言った。「私はいつも知りたいと思ってばかり。なぜ？　どうして？　ヒツジにはどうやってわかるの？」

ごく普通のヒツジがどうやって母ヒツジに変身するかを解明しようと、一部の科学者たちはヒツジの嗅覚を測定している。

少なくともメスヒツジの場合、鼻は母性行動にとって重要な器官になっている。ある実験では、透明だが密閉された箱のなかに子ヒツジを入れた。母親は自分の子を見ているが、匂いを嗅げない。すると母親はすぐに興味を失ってしまった。ところが子ヒツジを通気性のあるメッシュの箱のなかに隠しておくと、見えないが匂いを嗅げる状況になり、母親はそのまま母親らしい行動を続けた。

メスヒツジは出産するとすぐ自分の子に特有の匂いを記憶し、偽物を嗅ぎ分けられるようになる。2011年の実験では、メスヒツジのもとに「エイリアン子ヒツジ」を送り込もうとした。その方法は、百種類以上の揮発性有機化合物を調合して、そのヒツジのほんとうの子の匂いを——完璧とまではいかなかったが——そっくり真似た香料を作り、それを染み込ませた上着を生まれたばかりの無関係の子ヒツジに着せるというものだ。だが、母親ヒツジはだまされなかった。自分の赤ちゃんに固有の匂いを、微細な部分まで記憶していたのだ。

人間の母親の愛情でも、この超敏感な嗅覚が特徴となっているのだろうか？　ある程度までは、なっていると言える。母親になりたての女性にサーティーワンアイスクリームのカップをプレゼントするという実験がカナダで行なわれた。ただ、中身は残念ながら本物のアイスではなく、さまざまな香りを染み込ませた綿ボールだ。たくさんの綿ボールのなかには、その女性自身の赤ちゃんの匂いをつけたものも含まれている。すると驚いたことに、母親は多くの場合、わが子の匂いを嗅ぎ分けることができた。

とはいえ、こうした著しい嗅覚の変化も（それについては人間よりもヒツジの場合で、はるかに理解が進んでいる）、新米の母親の経験のうちではほんの一部であり、経験の全体はとてつもない自己変革になる。大変貌、地殻変動、荒々しい目覚め、筋書のどんでん返し、システムのアップグレード、トランプのシャッフル、社訓の書き直し、新たな指令、決定的な修正……どんな言葉を使えば、その全体を表現できるだろうか。

私たちはこれまで、妊娠と出産は私たちの体のなかで進んでいく成長に伴う（たいていは、悲しいことに母親自身のお腹まわりも成長するのだが）ボトムアップの過程だと考えてきた。だが何をおいても母性はトップダウンの現象であり、最初は勝ち誇る胎盤が、その後は私たちの体内組織によって制御された妊娠と出産のホルモンが、私たちの体だけでなく心も変えてしまう。

実際のところ、私は自分の脳で何が起きたのかをほんとうに知りたいと思っているのか、よくわからない。何しろ風まかせに3回の妊娠を経験してきたのだ。想像するだけでも、本体と合わない蓋や電子レンジで溶かしてしまった蓋がいっぱいのタッパウェアの引き出しを覗くような、何だかいらつく感じがある。とくに最近、私はどこかで混乱している。

それでも、冬のヒツジ小屋まで——私が生まれてから40年ものあいだずっと——あとをついてくる母親の娘として、また、今のところの目標は「火星に一番乗りをする女の子」で、子どもも22人ほしいという娘の母親として、この女性共通の旅と女性が知らないあいだに行っている場所について、山ほどの疑問を抱いている。母性本能は実在するのだろうか？　私たちはそれを確かめたり測定したりできるのだろうか？　すべての母親がこの本能をもっているのだろうか？　それをもつのは母親だけだろうか？　私たちはこの新しい自分に、永久に変わったままなのだろうか？

ヒツジ小屋の柵にもたれていた牧場主のように、私も思いをめぐらす。なぜ？　どうして？　そしてどうすればわかるの？

スーパーママは現れない

まずは、はっきりしていることからはじめよう。「母性本能」という用語が、「人間の母親は自分たちが何をしているのかを奇跡的に知っている」ことを意味する限り、事実と異なることは何もなくなる。人間にそのような種類の「母性本能はない」と、フランスのレンヌ第1大学で母性行動を研究している神経科学者ジョディ・パウルスキは言う。「誰もが、親になることを学ばなければならない」

この言葉は私の耳に心地よく響く。私は自分のなかのスーパーママが姿を現すまで待つのを、とっくの昔にあきらめていた。

どうやって母親になるのか、どうすれば母親でいられるのかについて、自分には何の考えも浮かばないことに対する私の絶え間ない不安は、今から20年近く前、はじめて妊娠したばかりのころに生まれた。30歳だった。高校時代のベビーシッターの経験は遠い昔の（とくに懐かしいわけでもない）記憶で、それ以来、小さい子どもといっしょに過ごした経験は全部合わせても数時間といったところだ。子どもがいなくて寂しいと思うわけでもなかった。20代後半の夫と私はワシントンDCで軽やかに日々の暮らしを楽しんでいて、ジャーナリズムの仕事で世界中を旅し、家にいるときは近所にできた最新流行バルカン料理レストランの常連客になり、時間があれば近所のランニング用道路をばかばかしいほどゆっくりしたペースで走った。私の一番の不満は、週末になると友達の結婚式への出席が多すぎることくらいだった。

でも、もう全部おしまい。目に見えない密航者が私の体に潜み、時節の到来を待っていた。私は母親になろうとしていたわけだが、そんなこと、それまでにほとんど想像したことがなかったのだ。私の頭からは、不気味にも、母親らしい知識がすっぽり抜け落ちていた。そこで私は、なんらかの準備行動をはじめなければならないと感じた——とはいえ、何をすれば？　妊娠中期になったある日、私は思い立って買い物に出かけた。でも、ベビー毛布のような赤ちゃん用品には目もくれず、スリッパと、おそろいの入院用部屋着を物色しながら、デパートを長いこと歩き回っていた。それまでそんなものはもっていなかったし、ほしいとも思わなかったが、産科病棟の廊下で準備万端整った仲間の女性たちのあいだを、互いをよけたり優雅に会釈をしたりしながら歩くには、最適なものに感じられた。

そしてもちろん、生まれついての点取り虫として、母親「教室」にも参加する必要があった。ラマーズ法というものがまだ存在するのか、別の出産時の流行に取って代わられたのかは、よくわからなかった。でも、私は流行なんかに左右されないし、私の母だって30年前にはこの同じ道を軽やかに歩み、「誕生日のろうそくを吹き消す」イメージの呼吸法が最終的に私の母を母親としての勝利に導いたのだ。

ラマーズ法の先生はグレーの髪をきれいに撫でつけた、驚くほど豊かな腰回りの持ち主だった。その腰回りのおかげで、たったひとりいる子どもをぴったり10分でこの世に送り出すことができたのだと開講の挨拶で話していた。つまり、その日私たちに伝授しようとしていたラマーズ法の英知を実践として繰り出す時間は、ほとんどなかったことになる。

旧約聖書で最も長寿だったメトセラと同じ回数ほどろうそくを吹き消す真似をしたあと、たったひとつの忘れられない成果を得て、私はラマーズ法の教室を卒業した。参加した未来の母親全員が授業のはじめに工作紙で作った名札をもらい、ピンで胸につけることになったが、それは珍しく円形で、驚くほど大きかった。そして授業の途中、そのベーグルくらいの大きさの名札は直径がきっちり10センチメートルで、全開した子宮頸管の大きさだと教えられたのだ。そのイメージが私の頭にこびりつくと、もっと役立つ事実がすっかり消え去っていたのだった。

それから10年が経って、3人の子どもをもち、それほど賢くもならずにただ実戦でのみ鍛えられてきた今、出産と子どもに関する古くからの知恵とも最新流行の助言とも驚くほど無縁だ。赤ちゃんの睡眠退行についても、どの臼歯がいつ生えるかも、よくわからずに過ごしてきた。以前はそんなものがあるとは思いもよらなかった分野の熟練コンサルタントになり、子どもたちにいろいろなことを教えてきた――眠り方（睡眠指導）、食べ方（食品指導）、自転車の乗り方（自転車店の片隅で）。娘の足の指に刺さったとげを抜いてもらいに、わざわざ病院まで行ったこともある。長年にわたりシラミ取りでプロ並みの腕も発揮した。

でも、自分の育児は完璧だと思ったり、母親らしい直感のようなものをかすかに感じたりしたときには、すぐにその気持ちを打ち消す。思い起こせば、家族でハイキングに行った先で急に授乳が必要になり、上着を脱ぐ羽目になって――そんな場合にスポーツブラはまったく厄介だと知った――迷彩柄の上着と双眼鏡に身を固めた熟年市民に取り囲まれたのは遠くない昔だ（「そこは渡り鳥のホットスポットなのよ」と、上から目線の野鳥好きに非難がましく注意された）。あるときは、子どものウイルス性胃腸炎を軽く見て、ずっと前から計画していた週末の家族旅行を決行したばかりに、ホテルの公共の場で大々的に吐かれて、私はあわててバッグを置き忘れ、キーを抜き取られ、あげくの果てに頼みの綱の車を盗まれてしまった（やがて車は見つかったが、窃盗犯はパトカーに追われて猛スピードで衝突事故を起こし、フロントが大破していた。事故現場でわが家の所持品を調べていた警察官が、「このベビーカーは、お宅のもの？」と尋ねた。「こっちのメリケンサックも？」）。

夫と私は、雪だるま式に膨らんでいったこの特別な家族の災難に名前までつけて記憶している――「親由来の連鎖反応」。

人類に共通する子育てとは？

ありがたいことに、それは私だけの話ではない。いくつもの研究が、人間の母親としての能力は生まれつき備わっているわけではないことを示している。私たちは米国農務省が発表している子どもの栄養指針のことを知らない。熱が出たときの対応や、子どもが喉を詰まらせる事故を防ぐ方法、子どもを安全に寝かせる方法について、何の考えも思い浮かばない。ある記事の見出しによれば、「トイレのしつけは科学の謎」で、母親には解決できないものだ（実際、子どもがひとりでトイレに行けるようになる平均年齢は上がり続けており――１９５０年代には2歳だったものが、現在では3歳以上――私たちがもつ母親としてのわずかな才能は、だんだん衰えているようだ）。母親たちがＬＯＯＭのようなグループに列をなして参加するのも無理はない。このグループは、お洒落だが心配性のロサンゼルスの女性たちに「現代の子育ての慣習という複雑な道を安全に進むための」「安心なサービス」を提供する、カントリークラブのような存在だ。あるいはＣｈａｔｔｅｒＢａｂｙのような赤ちゃん語通訳をダウンロードするのも無理はない。このiPhoneアプリは、赤ちゃんが泣きやまないとき、その声からいったい何が不満なのかを解析して教えてくれることになっている。

私ははじめ、SNOOという赤ちゃん用ベッドが発明されたという記事を読んでも笑い飛ばしていた。この1300ドルもするベッドはマイク、スピーカー、WiFiスイッチをあちこちにいくつも隠しもち、赤ちゃんの出す合図や泣き声を読み取りながら自動的に音と揺れを生み出すことで寝かしつける。操作にはiPhoneを使う。

でも数か月後、私はこのベッドを注文した（レンタルにしたのは我ながらいい考えだ。どうやって動かせばよいかもよくわからなかったのだから。でも、まちがいなく、その機械は私よりも物知りだった）。

人間の母親全員が、それほど察しが悪いわけではない。それでも多くの点で、私たちの能力は忙しいメスヒツジの能力に後れをとっている。完璧に予想通りに行動するわけではないにしても、他の哺乳動物は科学者が「固定的動作パターン」と呼ぶもの――母親としての役割を果たすための生まれもった無意識の育児行動――を、はるかに多く備えている。

母親ラットは出産後、ほとんど無意識に行動を進める。胎盤を食べ、子どもたちをきれいにして集めて運び、授乳し、覆いかぶさるように抱き、熱心にリッキング〔子どもを舐める〕行動を続ける。やるべき仕事はほぼそれだけだ。

ウサギの母親はおそらく最も元気で独特な母性の手順をふむ。出産のきっかり1日前、自分の胸や腹から猛烈な勢いで毛を抜きはじめ、それを自分の巣に敷き詰めるのだ。科学者が毛を剃ってこの行動を阻止すると、その他の母性行動の予定が狂って、赤ちゃんはたいてい死んでしまう。

人間の母親もわずかにこの「巣作り本能」をもつ可能性があり、アンケートへの回答を見ると、妊娠中の女性は予定日が近づくにつれて家のなかを「模様替えして清潔にしたいという抑えきれない衝動」を経験することが多いようだ（「髪を結ぶゴムの収納場所を決めること！」と、私は妊娠時の「やることリスト」で強く誓っていた）。

実際のところ科学者たちはこれまで長い時間をかけて、人間の「固定的動作パターン」を、つまりホモ・サピエンスのすべての母親が機械的にやるものだと決めている行動がひとつでもないか、躍起になって見つけようとしてきた。ひとつの有力候補は「母親言葉」で、母親が赤ちゃんに向かって使う、一段高い声の可愛らしい話し方だ。これはアメリカから日本まで広く確認されており、聴覚障害のある母親でも無意識のうちに似たような方法の手話に変化するように見える。研究者たちはたいていの場合、科学的な観察中に赤ちゃんにかける不合理な言葉だけでなく（ある研究の場合は、「子ネコちゃんを食べないようにしましょう」という言葉が記録された）、声の音質からも、話しているのが母親だと判断できる。

それでも、こうした母親言葉もヒトという種全体に共通するものではない——少なくとも、ウサギ特有の毛を抜く行動や、ヒツジ特有の母親の泣き声ほどには。母親が自分の子どもにほとんど話しかけず、ほとんど目もやらない文化もある（たとえばパプア・ニューギニアの場合、赤ちゃんは生まれてから2年間、ほとんどの時間を母親が額から背中にぶら下げたハンモックのような袋に入れられて過ごすため、姿が見えない。もっとひどいやり方も聞いたことがある)。赤ちゃんに子守歌を歌う習慣も普遍的なものではなく、新生児集中治療室で行なわれたアメリカの母親の研究では、愛しいわが子に自発的に子守歌を歌わない母親が40パーセントにのぼった。

授乳という哺乳類の明白な行動さえ、人間の場合はきわめて多様だ。母親ラットは21日間にわたって規則正しく授乳するが、人間の母親は母乳を5年間にわたって与えることもあれば、まったく与えないこともある。もしも母乳を与えることがごく自然で、深く身についた本能的な行動なら、なぜ「母乳を与える女性らしい技」について書いた400ページものマニュアル本がベストセラーになるのだろうか?(私はもちろん、授乳コンサルタントに協力をもとめた)。

ほぼ普遍的な育児行動のうち、おそらく最も顕著なものは「左手で抱く偏り」だろう。右利きの女性のおよそ80パーセントが、そして驚くことに左利きの女性でもほぼ同じ割合が、無意識に左手で赤ちゃんを抱く。聖母マリア像でもほとんどの場合、幼子キリストを左手で抱き、ふつうの子どもたちも多くは同じ位置に落ち着く。私はしっかり右利きなのに、赤ん坊を右腕で抱くのは難しいように思える。ただ、どこかがおかしいように感じるだけだ。母親のこのような傾向は最初の3か月間に最も顕著だが、学校に行くようになった私の3人の子どもたちは今でも、本の読み聞かせやいっしょに映画を見る時間になると、私のすぐ左の場所を奪いあっている。

こうした左寄りの母親は動物界にもいることがわかっている。研究者たちは最近、多くの哺乳動物の母親にもそうした左利きの傾向があることを見つけ、たとえばインドオオコウモリやセイウチなどがそれに該当するが、逆さまにぶら下がったり海に浮かんだりしながら（自分から見て）左側に赤ちゃんを置く傾向が強い。

幅広く見られるこの傾向は、哺乳動物の脳内の配置が非対称なことと関係があるかもしれない。赤ちゃんを左側に抱いて観察している母親には、情報が脳の右半球に伝わりやすく、そこでは感情が処理されている。さらに赤ちゃんからは、母親の顔のなかで最も表情が豊かな左側半分が見えやすくなる。家族写真のアルバムをパラパラとめくっていた研究者は最近、「沈み込んでいて、感情移入が小さい様子の」母親に、赤ちゃんを右側に抱く傾向が見えることに気づいたという。この分野を専門とするイタリアの科学者ジャンルカ・マラテスタは私に、うつ気味だったダイアナ元妃は右側に赤ちゃんをよく抱いていたと教えてくれた（あるいは、たぶん、文字通り自分では何もしないですむプリンセスの立場にあっては、赤ちゃんも含めて、何かを運ぶなんてことに慣れていなかっただけなのかもしれない）。ある興味深い研究によれば、母親の右側に抱かれて育った赤ちゃんは、大きくなったときに人の顔の表情を読み取る能力が低下するという。小さい女の子でさえ赤ちゃんの人形を左手で抱く――でも私は、自分自身が赤ちゃんの人形で遊んだことがないから、それを直接知っているわけではない。

赤ちゃんが出す原初の信号

ただ、少なくとも人間の場合、赤ちゃんを左手で抱くのは母親だけの習慣ではない可能性もある。

最近の、とても可愛らしい実験では、イギリスの98人の幼稚園児に枕を渡して持ってもらった。ただの枕を渡すと、園児たちはとくにどちらの腕かを気にせずに抱いていた。次に研究者たちはその枕に簡単な顔の絵を描いた。すると急に多くの5歳児が、女の子も男の子も含めて——もちろん誰も母親ではないのに——枕を抱く手を左手に変えた。左手で赤ちゃんを抱くという偏りは成人男性ではそれほど顕著ではないが、見たところでは存在するように思える（ただし私の夫は断固として右手で抱いていた）。

ここで人間の母性本能を定義するうえでの次の難問が浮かび上がる。ラットをはじめとしたほとんどの哺乳動物では、オスおよび自分自身が母親ではないメスは、赤ちゃんを無視するか——もっとひどいことに——食べてしまう。だが人間は「アロペアレンタル」な（母親以外の個体も子育てに参加する）種で、非常に高い社会性をもち、人の世話をする共通した能力があり、赤ちゃんはすべての男女の心のなかで特別な位置を占めている。私たちの神経回路のなかでも同じことが言える。

そのため、一般に母性本能と考えられているものの一部は人類全体に共通のものだ。生物学的性別や親の立場にあるかどうかに関係なく、すべての人にとって、赤ちゃんは心を駆り立てる最大級の刺激になる。赤ちゃんを抱いたときはもちろんのこと、赤ちゃんの姿を見ただけでも、私たちの体温は上昇する。一般的に私たちの脳は赤ちゃんの顔を大人の顔とは異なる方法で処理する傾向があり、追加の脳領域が関与するのだ。2012年に行なわれたある研究では、子どもをもたないイタリア人の成人を被験者としてｆＭＲＩで脳内の血流を確認しながら、まったく知らない人間の赤ちゃん、成人、動物〔ヒトではない哺乳類〕の赤ちゃんの写真を見せた。すると人間の赤ちゃんの顔を見たときに、灰白質にはっきりした脳活動が起きた。このような「種に固有の反応」は、「その成人と赤ちゃんとの生物学上のつながりを超える」ように見えると、研究者たちは書いている。

それは人種や民族の違いも超越する。成人は異なる民族の人に対して多様な神経学的反応を生み出す傾向があるのに対し、赤ちゃんの顔となると人種は無関係らしいことを、日本人とイタリア人の被験者での比較が示した。人間の脳は、赤ちゃんの顔すべてに夢中になってしまう。

赤ちゃんの泣き声についてもほとんど同じことが言える。イギリスで行なわれた実験では、泣きじゃくる赤ちゃんの声を録音したテープを脳神経外科の患者に聞かせた。それらの患者を対象としたのは、(少なくとも研究者には)都合よく、脳の奥にあらかじめ電極が埋め込まれていたためだ。すると、赤ちゃんの震えるような泣き声が聞こえてから4万9000分の1秒以内に、「中脳水道周囲灰白質」と呼ばれる脳の奥深い領域が発火した。それは、ネコが助けを求める鳴き声のようなよく似た明確な音に対する脳の反応の、およそ2倍も素早い反応だった。

赤ちゃんが出す原初の信号は、行動するように、見て聞くようにと、人々に準備体制をとらせるようだ。成人にモグラたたきゲームで反応の速さを競わせる室内実験では、合図として赤ちゃんの泣き声を聞くと、鳥のさえずりのような心地よい刺激を聞く場合より反応が速かった。

こうしたさまざまな研究は、すべての人間が赤ちゃんを気にかけるように、たとえ自分が母親ではなくてもわずかでいいから母親のように反応するよう、生まれついていることを示している。側溝に捨てられて泣き叫んでいる赤ちゃんを見つけた人は、男女にかかわらず、ほとんどの場合にそのかわいそうな子を救い出すだろう。ごくふつうの人たちはその子を一生引き取って養うとは約束しないだろうが、少なくとも助ける手立てを見つけようとし、どうでもいい問題だとは思わないにちがいない。この行動は最低限必要なものに聞こえるが、それは人間とほとんどすべての他の哺乳動物との大きな違いになる。

だが科学的な研究によれば、人間のなかでも、母親だけがもつ能力というものもある。

喜びのパラダイムシフト

子ヒツジの寝ずの番をしてから数か月後、母と私は再び産科病棟を訪ねることになった。ただし今回は私の妹が待つピッツバーグの病院で、飛行機に乗って行かなければならない。私は子どもたちをコネティカットの家に残し、母性本能そっちのけで、マムケーション——母親業を離れられるつかの間の休暇——を楽しむ。空港のセキュリティチェックで、瓶に詰めておいた母乳を爆発物検査のために別の容器に移したり、銃点検中の海兵隊員のようにベビーカーを苦心して折りたたんだりしていたのは、もう何年も前のことだ。ゆっくり休み、シャワーも浴び、住宅雑誌を何冊も抱えた私は、空港の手荷物受取所の外で私たちを待っている義理の弟に、美人コンテスト風に小さく手を振る。目を窪ませた新米パパだ。

義弟は「荷物を持ちましょう」と言ったきり、病院までの長い道のりを運転しながら一言も口をきかない。ゆったりした気分になっていた私は、彼がダンキンドーナツのコーヒーをカップからチビチビ飲んでいるのに気づいた。子育て中の親にはおなじみの飲み物だが、彼も妹もこれまでは「茶色い水」などと言って軽蔑していた。ふたりとも、もうエスプレッソ用の豆を自家焙煎なんかしていられないからね！　私はうしろの座席でひそかにほほ笑む。ホットヨガもおあずけよ！　こうしたちょっと意地の悪い考えは、2回以上の出産経験をもつ母親が、かわいそうな私の妹のような初産婦の苦労を見たときに抱く典型的なものだ。

廊下でランチのトレーを配る病院ロボットと鉢合わせして緊張したあげく、ようやく回復室に入ると、たくさんの大きなギリシャヨーグルトの容器に囲まれた妹の姿があった。生まれたばかりの私の甥は、看護師さんとお散歩中だ。

赤ちゃんが部屋にいないので、妹はようやくベッドから出る決心がついたようだ。妹は気絶するのが恐ろしくて、赤ちゃんを抱いたら立たないと誓っていた。「あの子の頭の匂いよ」と、妹が説明する。「まるでドラッグみたい。気絶しそうになるんだから」

彼女は正気を失っているわけではない。赤ちゃんには——ヒツジの香料やまぎらわしいサーティーワンアイスクリームのカップの実験でわかったように——とくに母親にとってはっきりわかる匂いがあるだけでなく、その匂いは、私たちにも説明のつかない心地よさを感じさせるのだ。

また別の匂いの研究では、生後2日の赤ちゃんをもつ母親にチーズ、スパイス、赤ちゃんのTシャツの匂いを嗅いでもらうと、母親たちは赤ちゃんの匂いに対し、母親ではない被験者よりも高い「快楽の格付け」をつけた。なりたての母親たちにとっては、重くたるんだオムツを巻いた子がライラックの木、または焼きたてのチョコチップクッキーにも似た香りを放っている。

これから見ていくように、この快さが邪魔者であり、欠点であり、隠れた曲者だ。自然の秘密兵器と言ってもいいだろう。母性という第2の誕生は神経の再生とも言えるもので、女性が報われると感じるものの見直しが行なわれる。私たちが喜びを感じる経験にパラダイムシフトが起きるのだ。まるでドラッグの影響を受けたかのように願望が狭まる。9か月ほど前に免疫系にもぐり込んだ毛のない小さな生命体が、突如として自分の太陽となり、星となり、新たな真北を指し示す。母親は勇敢にも自らの骨と脂肪の蓄えを溶かし、母乳として子に与えられるようになるばかりでなく、今や視野全体に（ちっちゃい）焦点が居座っている。

おそらく最も驚くべきは、こうした楽しさと喜びのワクワクするような感覚が、心の底から感じた恐怖と苦痛の直後に生まれることだろう。新米ママの腕に抱かれて夢を見る愛すべき小さな存在は、母親をまさに今、人生最悪の暮らしへと追いやったようだ。

私の最初のお産体験

2日間にわたる陣痛で強烈な痛みに苦しんだ妹だったが、それでも「安産」と呼ばれるものだった。私の最初のお産は……「安」がつくほどのものではなかった。

ほかの人たちはみんな、自然にまかせておけばうまくいくと自信をもっているように見た。私の最初の超音波診断の日、医師は――遺伝的な異常の有無と双子かどうかなどをチェックすることになっていたわけだが――私には「とても大きな収容力」があることに、ひとこと触れずにいられなかったようだ。その医師は私が「丸ぽちゃ」だと言いたかったのだろうか？　まあ、たしかにそんなものではある。それでも私が真意を問うと、単に私の体格が大柄でがっしりしているから、どこぞのかわいそうなスレンダー女子とは違い、これから女性として引き受ける厳しい肉体作業をうまくこなせると言いたいのだと説明した。私の夫が驚いて目を丸くしている前で、私はなんとか笑顔をひねり出して、医師にパンチを浴びせたい気持ちを抑えた。

私にはたしかに自分の体を大きくする才能はあったようだが、妊娠後期の末まで、そのほかにたいしたことは何も起きなかった。私は自分が大きくてまん丸な時限爆弾になって、カチカチ音を立てているように感じながら、どうしようもなくピーナッツバターを塗ったリンゴばかりを食べたくなった。41週が過ぎ、さらに42週が過ぎようとし、9か月と教わったのに10か月以上も妊娠の状態が続いたにもかかわらず、まだ陣痛は起きない。そこで予約がとれた日に――何を隠そうスーパーボウルサンデーの当日――フワフワのスリッパと入院用の部屋着、そのほかあれこれ雑多なものをバッグに詰め込むと、誘発剤を打つために病院に向かった。

その晩は子宮口を柔らかくするために子宮頸管熟化剤を処方されて眠り、翌朝に陣痛促進剤ピトシンの点滴がはじまった。さらにピトシンの投与は続く。するとさざ波のように陣痛がやってきて、またたくまに津波のように押し寄せてきた。「分娩室へ」と、看護師がこともなげに言った。波はますます高くなる。私はどこかで、陣痛のあいだは情景を思い浮かべる方法が効果的だと聞いたことがあったから、それを忠実に守って自分がサーファーになった情景を思い浮かべ、恐ろしい大波のあいだをくぐり抜けようとした。それが役に立たなかったので、次にひとつのものに集中する方法を試すことにした。ところが集中できるようなものが何ひとつ思い浮かばない。しかたなく、私はありったけの力をふりしぼってコーラのボトルの真っ赤なキャップをじっと見つめ続けた。

私がまったく鎮痛剤を使わずに出産しようと決めていたのは、自分の子育て哲学のためでも（そのようなものはもっていない）、生まれてくる赤ちゃんへの気遣いからでもなく（なにしろ、まだ会ったこともない相手だし）、血と注射針に対する生まれつきの恐怖心、そして何よりも最近になってからの帝王切開への恐怖心のせいだった。私は自然分娩ならメスを使わずにすむと知っていたし、たとえほんの一時で、医学的にごく一般的な手順に従うものにせよ、自分のお腹から内臓を取り出されるという原始的な恐怖を逃れることができると知っていた。

ああ、でも私は、この促進剤を用いた陣痛にくじけそうになっていた。長い長い午前中を声を押し殺しながら耐え、次に少し押し殺す力が衰え、やがて叫び声を上げると、看護師がさっそうと部屋にやってきて進行の具合を確認する――4センチ。

たったの4センチ！と、私は思った。あの名札の半分にもなっていない！

つまり、結局のところ、私は自然による試練の山場に敢然と立ち向かえるほど大柄でがっしりした女子ではなかったのだ。まだよく理解さえしていない任務に失敗したらしかった。硬膜外麻酔――やけに太い注射針――が、なんだか悪夢のように打たれた。すると、たとえつかの間ではあっても、甘美な平和が訪れた。

下半身がしびれた感じになったので、お洒落な出産用衣装に身を包んで廊下を優雅に歩くことはできず、仕方なく私は夫といっしょにテレビ番組を見まくった。重苦しい曇り空に覆われた、冬の日だった。ブラインドはしっかり閉じたままにした。

「お二人とも、少し日光を入れてはどうです？」と、看護師がちょっと非難がましく声をかけていく。日が沈んだ。大したことが起きているようには思えなかったが、どうやら何かが起きていたらしい。というのも、ある時点で部屋に来た医師が、子宮口が10センチになったのでいよいよ産むときがきたと言ったからだ。

はじめてお腹に力を入れたら、大変なことになり、それまでモニター上で元気よくドンドンと脈打っていた赤ちゃんの心拍数が、急に聞こえにくくなってしまった。まるで深〜い井戸の壁に小石が跳ね返るような音しかしなくなって、どんどん間隔が伸びていく。医師が大慌てで戻ってきた。それでも心拍数はなんとか落ち着いてくれた。そこで、私はまたいきむ――もう一度、もう一度。

なんとか前進しているように見えた。胎児が骨盤内に降りてきた位置が−3から+3までの数値であらわされ、夜明け前には最後の位置にたどり着くだろう。看護師の報告では、私は−3から−2、−1ときて、もうゼロまで進んでいた。私はゼロを達成してこんなに嬉しかったことなど、それまで一度もなかった。ゼロは偉大だ。成功までに、あと3段階！

でもちょっとした不手際があり、それはおそらく20分ほどあとにはっきりした。胎児の位置をもう一度検査をしたところ、そう――前回の看護師の測定値は正しくなかったことがわかったのだ。私は−3で立ち往生していた。それから何時間もかけて、いきんでみたり、3匹のこぶたのお話に登場する悪いオオカミみたいにハアハアと大きく息を吐き出したりしてみたりしたものの、赤ちゃんは1ミリも動かない。

「ご自分の力でこの赤ちゃんを押し出すのは、無理だと思いますよ」と、新しくやってきた看護師が冷静に言い放った。私の震える膝のうえに、まったく無頓着に自分の顎を乗せながら。

夫は今や殺気立ち、その逆のやり方を続ける。「さあ、来い！」夫は産道に向かって大声を上げると、目に見えない勇ましい騎兵隊に最後の突撃を促した。

この人たちに「私はもう死にそう」だなんて、どうすれば礼儀正しく伝えられるだろうか。そもそもそんなことを伝える気さえ起きない。一度は消えていた痛みがまた押し寄せてくる。私の意志は、いつもはとても強固なのに、なんだかもうどうでもいい感じだ。発熱がはじまり、私の体温は急上昇した。みんなの顔が揺れ、滲んで見えはじめた。満天の星が輝く谷の底に向かって、長く急な道を下っていった。

気づくと手術室だ。水色の防水布が目の前に立ち上がる。すばやく、なんだか陽気に、まるで張られたばかりのサーカスのテントのようにありがたくも私の視界を遮ってくれる。外科医たちは雑談をしながら執刀した――これまで数多くの緊急帝王切開を見てきた彼らにとって、私のは最も劇的な部類には入らなかったのだ。しかも私は目を覚ましたままで、私の立場からすると、あまり嬉しいものではなかった。私の腹部であっちが引っ張られ、こっちが引っ張られしたあげく、あるときは誰かが私の胸郭に飛び乗った感じまでした。私の体の中身が、まるで巨大なパーティー用メロンみたいに掻き出されていく様子が頭に浮かんだ。ただし、少なくとももう痛みは消え、私は頭上で輝く手術用の照明を見つめていた。「赤ちゃんが出た」と、誰かが言った。それから長く不気味な静寂が続いたあと、ようやく、ためらいがちな泣き声が聞こえた。

羊水に胎便が混じっており、分娩中に外界で私がパニックになっていたように、なかでは赤ちゃんがパニックに陥って、そのタールのような黒いものを吸い込んでしまった可能性があった。だから赤ちゃんは少なくとも24時間、観察のためにＮＩＣＵ（新生児集中治療室）に入る必要があった。

ソーセージのような色のぼんやりしたものが私の目に入っただけで、その生き物は連れていかれた。

最も際立った存在

夜が明けた。いろいろな薬のせいでまだ漂流しているような感覚だったが、だんだんお腹の傷の痛みに気づくようになっていた。私の体は血を失ったために黄緑がかった色になり、足首は点滴のせいでグロテスクに膨れはじめた。まだ歩けなかったし、そのときはまた、歩きたいとも思わなかった。母に電話をしたいとも、エミリーと話したいとも思わなかった。新しくやってきた赤ちゃんの写真撮影の予定を立てる気もしないし、すでに挨拶に来ていた授乳担当看護師と「作戦」を立てる気もしなかった。昨日のことも明日のことも、赤ちゃんのことさえ、まったく考えたいと思わなかった。ただただ眠りたいと思っていた。

しばらくして――数分後か、または数時間後なのか、よくわからなかったが――すっかり動揺していた夫が病室の簡易ベッドからむっくり起き上がった。

「彼に会いに行かなくちゃいけないね?」

(実のところ、生まれたのは女の子だ)

私もそう思った。ほんとうはどちらでもよかったけれど、もし行かないなんて答えたら、看護師さんにどう思われるかが心配だった。

点滴につながれたままぐったりと車椅子にもたれかかり、(後にも先にもこのとき1回だけ)夫に押されて廊下を進んだ。得意げに赤ちゃんを抱いた新米ママたちとすれ違うと、ときどきスリッパとおそろいの部屋着が目に飛び込んできて、入院前にずっと想像していたとおりだった。私はママの姿になるのはあきらめるしかない、そう思った。

NICUは狭い部屋だ。淋しそうな小さな子が数人、清潔なプラスチックの保育器「アイソレット」のなかで寝ている――その名前ははじめて聞いたが、数ある英語のなかでも最上級の孤独感を漂わせている語だと思う。看護師が一番遠い隅にある保育器を指さしたので、夫は車椅子を押し、私は容器のなかを見下ろした。

彼女はオムツひとつで手足を広げ、見るからにたくさんのコードとチューブにつながれていた。鼻から酸素を供給しているチューブもある。でも私の目にはどれも見えていなかった。

私は赤ちゃんを見ていた。赤ちゃんの顔を見ていた。小さい口は不機嫌そうに曲がっていた。耳は夫にそっくりの丸い形、眉は私にそっくりのとがった形だ。

「見て、目の下側にもまつげがある！」私は驚いて息をはずませた。「ほんとうに可愛い」ただ可愛いどころではなかった。私がそれまでの人生で見たなかで最も洗練された、最も生気にあふれた、最も際立った存在だった。その光景は私の目に焼きついて離れないように感じた。ワールドトレードセンターが崩れ落ちる様子をテレビの生中継で見た日にも、8年生のときに棺に横たわった父の顔を見た日にも、そう感じたように。でも今回はなんとも幸せな激動だ。

私は震える脚ではじめて車椅子から立ち上がり、赤ちゃんを抱けるように体勢を整えた。彼女はとても大柄で、ほかの赤ちゃんよりずっと大きく見えた。ひとつには10か月を過ぎてからの出産だったし、それに実際、ふつうより大柄だったのだ。8ポンド11オンス（3940グラム）は、かなりの大物だ。

私も点滴、向こうも点滴という状態で抱っこしようとするのは、至難の業だ。そして何とか抱くことができたのは、ほんの1分間だけだった。

でもそのあいだ、私は彼女をじっと見つめた。

鋭敏化

この原初のひらめきとも言えるものを、研究者はどうすれば研究室で再現できるのだろうか？　その瞬間に――もっと正確に言うなら、10か月分に相当する瞬間と、その瞬間につながる道をコツコツ切りひらいていった無数の微細な遺伝的および神経化学的変化のなかで――私の心のなかのゴールポストが引き抜かれ、人間の愛情が、試合をしているいつもの競技場の範囲を超えた遠くまで引きずられていき、あまりにも遠いので今ではまった異なる種類の試合をしていることを、科学はどうすれば証明できるのだろうか？

興味深いことに、母性愛という高貴なテーマでは、地位の低い実験用ラットの研究が最上の答えをもたらしている。

はじめて自分の子を産む前のメスラットは、うるさい赤ちゃんラットの存在をまったく喜ばない。以前の私のような子どものいない都会生活者が、ミモザ飲み放題のブランチをこよなく愛しているのに似て、母親になったことのないラットはいつもほかのラットの子どもたちにまじって食事をし……大食漢のメスラットは少しでもチャンスがあれば喜んでラットの子どもを食べてしまう。

このような好みは妊娠期間のほぼ最後まで続く。ところが出産の約3時間半前になると、これから母親になるラットの内部で何か重大なことが起き、食べ物より子どもを好みはじめる（同様に、私の場合はＮＩＣＵで娘に会ったときに突然、愛情があふれ出したように感じたが、人間を対象とした研究によれば、赤ちゃんに対する私の態度は妊娠の途中で脳内の化学物質が変化するにつれて無意識のうちに変わりはじめていたようだ）。

赤ちゃんが突如としてブランチに勝つなんて、どうやってわかるというのだろうか？

ある初期の研究では、新しく母親になったラットにレバーを押すと子どもを受け取れるチャンスを与えた。決められたレバーを押すと、子どもが小さな滑り台のようなシュートを落ちてきて小さいカップに入る仕組みだ。すると母親たちは何度も何度もそのレバーを押し続け、あまりにも熱中したので、シュートの下は「赤ちゃんラットが積み上がって」身動きがとれない状態になってしまった――公園の滑り台の下で、次々に滑りおりた人間の子どもたちがたまってしまう情景が思い浮かぶ。この騒動を見た科学者は、1匹の母親ラットのケージには6匹の子どもしか入れないようにしたが、それでも「このルールがラットの断固たる行動を落ち着かせることはなかったようだ」。なかでも1匹の、とりつかれたように熱狂した母親ラットは、3時間の実験中にレバーを684回押した。このラットは最終的には疲れ果てて押すのをやめたというのが、科学者の予想だ。ただし最終的にうんざりしたのは科学者のほうで、滑り台の上に生きたラットを補充するのに「飽き飽きした」と科学雑誌掲載の論文に書いている。

ラットの新米ママは、子どもたちを同じケージに受け入れたあと、食べるようなことはなかった。ただ子どもたちといっしょにいて楽しみたがった。「楽しみ」が合言葉だ。母親ラットは、コカインをストレートで飲むよりも子どもと楽しい時間を過ごすほうを選び、一種の赤ちゃん中毒になる。母親ラットは子どもたちのところに行くためなら電気ショックにも立ち向かう。一方の未婚のラットは、たとえとびきり贅沢なごちそうが並んだ「豊穣の角」がその先にあっても、電気ショックを通過するリスクは侵さない。目を見えなくする、耳を聞こえなくする、口を使えなくする、乳首を切断する、鼻を利かなくする、脳の一部を焼き切るという実験もした。赤ちゃんラットをガラスの容器に閉じ込めたり、赤ちゃん全部を生まれたばかりのモルモットの偽物や生の牛の心臓肉ですり替えたりもした。良し悪しは別にして科学者たちは母親ラットにこれらすべてのことをやってみたが、子どもに対する献身的な愛情が揺らぐことはなかった。

もちろん、私たちは人間の母親の傾向を調べるのに電気ショックを与えることも、研究室のシュートに人間の赤ちゃんを次々に落とすこともできない。だが科学者たちは、赤ちゃんがどれだけ力強く私たちが母親になる引き金を引くかを調べる、それらとは異なる賢い方法を生み出してきている。

たとえば、「快楽を生み出す」小さな赤ちゃんの頭の匂いを嗅いだときにいったいどうなるのか、脳内を覗き込んで確認できる方法が考え出された。２０１３年に行なわれた嗅覚にもとづく実験で、30人の女性が謎の物体（新生児が2日前に着たパジャマ）の匂いを嗅いでいるあいだに、科学者たちがｆＭＲＩスキャナーを通して脳の反応を見つめたのだ。すると、「視床」と呼ばれる脳の領域に目立った活動があらわれたのは母親だけで、ここは感覚信号を調節している部位だ。

赤ちゃんの顔も、母親にとってはまた特別な刺激になる。２０１４年の「君の瞳に乾杯」と名づけられた実験では、29人のはじめて母親になった女性と、37人の母親ではない女性に、赤ちゃんと大人の身体の部分を隠し、頭の部分だけを黒い背景の上に配置した（少し奇妙な感じのする）写真を見てもらった。どちらのグループの女性も、赤ちゃんの顔写真のほうが大人の顔写真よりも刺激的だと感じた一方、母親のグループのほうが赤ちゃんの顔を長い時間まじまじと見つめ、両者の時間には測定できるだけの差があった。

おそらく最も重要なのは、母親のほうが、子どもの感情に対してより切実に心を動かされる点だろう。私たちの瞳は、困っている赤ちゃんを見ると急速に広がるとともに、目を離すのが遅くなる。私たちの頭皮は赤ちゃんの叫び声に対して異なる電気的信号を示す。

日本の科学者たちが「近赤外分光法」と呼ばれる技術を用い、感情をあらわにした赤ちゃんの写真を見た母親の脳で酸素レベルの変化を追跡した。使用した写真は、興味をそそるおもちゃで遊んでいた楽しそうな赤ちゃん、おもちゃを取り上げられて怒っている赤ちゃん、見知らぬ男に睨まれて怖がっている赤ちゃんだ。母親のグループと一度も妊娠したことのない女性のグループでは、前頭葉前部皮質の異なる領域で活動が見られた。

母親以外は、男性も女性も含め、泣いている赤ちゃんよりも笑っている赤ちゃんに、より強い刺激を受ける。それは十分、理にかなっているように思える。ところが母親の場合は泣いている顔を見ると、扁桃体に、より強い活動が起きることがfMRIの画面で確認されている。そして、泣いている姿は不思議にもやりがいをもたらすとさえ気づくだろう。この神経系の予期せぬ変化は、泣いている子どものマネキン人形をなだめるという課題を与える実験で、母親のほうがそのほかの人々より長続きする理由を説明するのに役立つようだ。泣く人形が、なだめても効果がないように作られていても同じだ(実生活でも、効果が上がらないことは多いように思える)。母親以外は気落ちしている子どもを避けるが、母親は駆り立てられるようにそうした子供に近づくようだ——また母親はとりわけ、空腹による泣き声ではなく苦痛による泣き声に惹かれることも、研究でわかっている。

　これらはすべて、ベテランの母親にはすっかりお見通しのことを裏づけているにすぎない。母親の日常は、赤ちゃんの匂いにうっとりしたり小さい鼻をつついたりするだけの単純なものではない。新しい楽しみの源があるからといって、母親が急にマグマグを手にピクニックに出かける毎日を過ごせるわけではない。世の常で、喜びには苦しみがつきものなのだ。

　母親業は、多くの人たちがよく知っているように、とてもつらい仕事になることも多い。脳内の変化によって、赤ちゃんはとても育てがいのあるものだと思うようになった私たちは、そのほかのあらゆる合図にもよく気づくようになり、赤ちゃんの状態に目を配り、読み取り、解釈するよう再構築される。そうした状態には、少なくとも絵本の読み聞かせで見せる笑顔とおやすみのキスと同じだけ、買い物先での不機嫌や夜泣きが含まれる。こうした赤ちゃんへの強迫的な関心と偏執的な集中、私の心にあの朝ＮＩＣＵではじめて宿った絶えることのない執着が、母親への大転換には必要不可欠なものだ。

　母親の経験を科学用語で表現すると、「鋭敏化」となる。それは、あたかも私たちの神経が体外にまで伸びていくようなものだ。子どもが苦しむ場面が登場する映画やテレビのコマーシャルを見るだけで母親はつらく感じてしまう理由を、私はこの鋭敏化で説明できると考えている。深く感じすぎてしまう。

　自分が涙に敏感だと思うと少し滅入るが、これは飛行機で泣きわめいている赤ちゃんを見ると、関係のない自分がオロオロしてしまう理由を、自分が針のむしろに座っているように感じてしまう理由を、説明してくれるだろう。それが母親の感受性なのだ。もちろん、ほかの哺乳動物の母親ではもっと顕著な場合もある。シカ狩りをする人なら、メスジカをおびきよせるには録音しておいた子ジカの鳴き声を聞かせればよいことを知っている。

地球初のロマンス

それでも、飛行機の別の座席で泣き叫んでいる赤ちゃんも含めたすべての赤ちゃんが母親たちに何らかの影響を及ぼしている一方で、人間の母親にとっては自分自身の子どもが最高の存在だ。母親ラットの場合は、すべての赤ちゃんラットに同じように惹かれる。というのも、地下の専用住居で暮らしているため、無関係の子どもに出くわして貴重なミルクと配慮を無駄にする可能性がありそうもないからだ（そのうえ母親ラットは1回に10匹以上の子を産むので、えこひいきをしないほうが利点が多いのだろう）。

それに対してヒツジはたいていの場合、群れのなかで1匹か2匹だけ子を産む——だからすでに見てきたように、自分の子どもだけが最高だと考えるように進化している。

人間の母親はその中間になる。ラットと同様、私たちはすべての赤ちゃんに特別に順応する。だが私たちの自分の子どもは、特別な子ヒツジでもある。人間の母親の脳は自分自身の子どもに最も活発に反応し、それは異なる文化のあいだで共通のようだ。カメルーンから韓国まで、私たちは自分自身の子どもに最も夢中になる。

「実際には神経画像検査などなくてもわかりますが、画像によってはっきりします」と、イェール大学の子ども研究センター所長リンダ・メイズは言う。

実験で、すべての子どもに同じグレーの洋服を着せていても、私たちの脳は自分の子どもに素早く反応し、その姿を見てさらに報酬回路が発火する。私自身の3人の子どもたちの小さいころの写真を今になって見てみると、生まれたてはみな同じように見え、特に生後数週間は見分けるのが難しい。小さな可愛い服を脱がせてしまえば、羽をむしられて縛られる前のチキンの肉にどこか、残念なほど似たところがある。ところが母親になったばかりの夢中な時期には自分の赤ちゃんが際立って見え、その顔には個性的な特徴、堂々とした様子、将来性、繊細な美しさがあふれているのだ。

・・・・・・・・・目の下側にもまつげがある！

母親の心は自分の子どもについて独自の処理も行なっている。私たちが狙いを定めるのは匂いだけではない。生まれてから1日以内に、みんな同じに見える怒ったように赤い顔をした新生児のなかから、自分の子どもを見つけられるようになる。研究によれば、すべすべした手の甲をなでるだけでもわが子がわかるという。自分の子のオムツの臭いにも親はうっとりできる――2006年に行なわれた「私の赤ちゃんはあなたの赤ちゃんほど悪い臭いはしない」という、ずいぶんストレートなタイトルのオムツに関する研究の結果では、少くとも悪い臭いはしていない（私の経験では、自分の赤ちゃんのうんちは、うんちの臭いではなく、どちらかというとイナゴマメに近かった）。

女性にとって自分の子どもは、報酬、感情、共感、社会的認知、運動制御など、実質的にめぼしい機能すべてに関与する脳の部分の活動を高める。自分自身の5か月の子どもが大声を出すと心拍数が増えるが、知らない5か月の子どもの声では心拍数は通常以下に減り——どの泣き声が自分の子か説明を受けていなくても同じだ。

実際、新米ママは出産から48時間以内に自分の赤ちゃんの泣き声をはっきり聞き分けられるようになるので、病院にいる同じ年齢のたくさんの赤ちゃんの甲高い泣き声に包まれながら、自分の赤ちゃんの声が聞こえたときだけ目を覚ますようになる（この結果は道義に反する実験的な設定のもとで得られたわけではなく、私たちの母や祖母が長い入院生活を強いられた20世紀半ばの相部屋の産科病棟での、現実的な調査から明らかになったものだ）。

私が最初の出産で過ごした果てしない病院での日々、生まれたての娘の泣き声は耳をつんざくほど大きく、ハヤブサか、はたまた翼竜の鳴き声のように響いた。彼女が泣くたびに私は牛追い棒で叩かれたみたいな気がして、自分でもちょっとだけ悲鳴を上げていた。「また泣いてる！」と、ふつうならエイリアンの襲撃を伝えるときにしか出さないような叫び声を上げたものだ。

彼女はNICUから24時間で出てきた。それはすばらしいことだったが、それと同時に夫と私は否応なしに彼女の世話をする方法を考え出さなければならなくなった。病室で背中を丸めながら、私たちは手投げ弾をおくるみで包んだみたいな恰好で赤ちゃんを抱っこした。オムツ交換、げっぷ、何よりも授乳と、何をするにも助けを借りなければならなかった。

それでも私は、これらのやり方を覚えるためなら何でもやった。まもなくナースステーションで恐れられる存在になり、半分裸のような服装で昼夜を問わず廊下を（お腹の傷をものともせずに）駆けまわっては助けを求めた。

突如として私の新しい赤ちゃんが世界で一番すばらしいものになったうえ、あらゆる赤ちゃんの感情にとても敏感になり、なかでも私の赤ちゃんの感情には最も敏感になったので、何があろうとも彼女を守り、助けるために働くと、極度にやる気を出していた。

これらの3つのこと――赤ちゃんを中心にした喜び、赤ちゃんの出す合図への敏感さ、がむしゃらなやる気――が、新米ママの母性本能の目覚めの心臓部を占める。

子どもを何時に寝かせるべきか、どんなおしゃぶりが適切か、その時々にいったい何をすべきなのか、私にはきちんとわかることはないのかもしれない。新しく敏感になった妹は、半分目がくらみながら病院のベッドにすわり込んでいるが、やっぱりそれらのことをわからないかもしれない。たぶん、ほんとうにわかる人など誰もいないのかもしれない。

でも、私たちは、知りたいと思うだろう。叔母やベビーシッターや親切な隣人なら、行き詰まった迷い子を助けてくれるかもしれないが、彼女たちの知らないやり方で知ってみたい。母性は知識とは関係がない。母性とは、自分の子どものために、どんなときも、どんなことでもやりたいと願う気持ち、何かがうまくいくまで、どこまでも突き進む気持ちのことだ。母親は夢中だ――その言葉のあらゆる意味において。

新米ママのおよそ90パーセントは、生まれたばかりの赤ちゃんと「恋に落ちた」と話し、神経科学がそれを裏づけている。私たちの脳は、恋人によって活性化する場合と同じパターンで、可愛いわが子に夢中になる。

ただし、この一般的な比喩は保守的だし、このふたつの関係は順序が逆だと考えられる。人類の自然史を見ると、母性愛はロマンチックなディナーより古くからあるもので、人の存在そのものを説明しているもののように思える。母親の愛情は、地球で生まれた最初のロマンスなのだ。

仮面を外す

ピッツバーグでは、面倒な割礼の予約やさまざまな書類のやり取りを経たあげく、妹はようやく子どもを連れて退院した。自宅の玄関には最新式で特大のオムツ処理ポットが届いていて、その隣には青い花を飾った花籠が並んでいた。

昼食に妹の好物のパンプキンカレーを注文したのに、スパイスが母乳を通して赤ちゃんのガスになるからと言って食べない。もちろんお祝い用のシャンパンにも口をつけないので、母と私が代わりに飲んだ。

みんなで赤ちゃんのぽっちゃりした太ももや指の長さについて、こと細かに話し合った。

「息をしている?」と、妹は数分おきに聞いてくる。

これはまったく普通のことだ。母親になりたての頃には、いつでも赤ちゃんのことばかり考えていて、平均に1日あたりおよそ14時間を占める。科学者は、この赤ちゃんへの熱狂《ベビーマニア》が、強迫性障害（OCD）の進化的な根拠を説明するのに役立つのではないかと考えている——実際、通院が必要なOCDの症状は母親になったばかりの女性の約11パーセントに見られるのに対し、人口あたりでは2パーセントにすぎない。

妹はこれまで、アメリカ公共ラジオをいつも聞いていて、生まれてくる赤ちゃんはパーソナリティーのイーラ・グラスが本当の父親だと思うかもしれないと冗談を言っていた。でも今では家じゅうがまるで霊廟のように静まり返り、オムツのなかにちょっとでも何かが漏れ出てくれば、その音が響いて聞こえてくるようになっている。エリートで勇敢なアスリートでもある妹が、8ポンドの赤ちゃんを抱いて階段を上るのを怖がっている。スマホのスイッチを切り、ボイスメールは聞かないまま いっぱいで、少なくとも今のところはどんな電話にも折り返しの電話をしていない。

実際には、妹は家に帰ってきてさえいないのかもしれない。

私もそうだったと確信できる。そして最新の脳スキャン画像がこの直感を裏づけている。母親の脳は異なった動作をするだけではない。構造的にも、他の人たちの脳とは異なっているのだ。ライデン大学を中心とした研究室では最近、はじめて母親になった女性の脳と子どものいない女性の脳を比較し、大きな相違および灰白質の減少が生じていることを発見した。さらに驚くことには、母親になったばかりの女性の脳は、妊娠前にスキャンした本人の以前の脳と、大きく異なって見えた。このような灰白質の減少は、一部の母親では合計で最大7パーセントになることが別の研究で明らかになっている。この規模の変化は成熟した人間ではほとんど見られず、例外として外傷性脳損傷を克服した人にあり得るくらいだ。

ライデン大学の研究室は、脳組織のみに基づいて、ほぼ完璧な正確さで母親を識別するアルゴリズムまで作り上げた。母親の精神は、実際に診断できるところまで明白になってきているようだ。

このような精神に影響を与えるほどの変化は少なくとも2年間、もしかしたら生涯にわたって続く。「ヨーロッパの……ご出身ですか？」と看護師から丁寧に尋ねられたのは、私がその後また産科病棟に入院していたときだった。自分の部屋をウロウロしているときに、肌をあらわにした服装をしていたせいだった。

実際のところ、私はそれまで人生のほとんどを生真面目なニューイングランド人として生きてきた。でもそのときには、誰か他の人になっていた。

「母性本能」という言葉は、この目に見えない神経学的大革命の大きさを表現するには控えめすぎるかもしれない。「本能」は、大きな振動全体ではなく、数あるもののひとつのように聞こえてしまう。タフツ大学のロバート・ブリッジズは、母親が「仮面を外す《アンマスキング》」という表現を好んで用いている。はじめからずっと隠されていた潜在能力や隠れたアイデンティティが、不意に明らかになることを意味するものだ。

私は彼が用いる用語をとても気に入っている。新米ママの単調でつらい仕事に仮装舞踏会の華やかな雰囲気がもたらされるし、私たちの母親としての自己はたしかに実在するもので、ベタベタして王位継承だけを主張する素性のしれない存在ではないと伝えてくれるからだ。

それまでの自分のアイデンティティに別れを告げて新しい道を進むのは、少し寂しい気がする。生まれ変わることは、さよならでもある。

でも、私の新しい自分と、以前は私の妹として見慣れていた生き物には、話すことが山ほどある。

第2章 父親は胎盤を通じて母体を侵略する

父性本能

義弟の場合はどうだろう。彼も、永久に変わってしまったのだろうか？　あるいは、たまたま今だけダンキンドーナツのコーヒーに走るけれど、すぐまた自家焙煎に戻るのだろうか？

武術でセミプロ級の腕をもち、偶然にも子どもの発達とコンピューターサイエンスで博士号を目指している彼は、はじめて父親になる大半の男性よりも、心身ともにはるかに準備が整っているはずだ。最新のハイテクベビー本を読み、流行の小道具を買い、子どもに関するあらゆる種類のデータを処理してきた。それなのになお、私たちがピッツバーグを訪れているあいだじゅう、たいていは冴えない顔色をして、コーヒー豆の複雑なフレーバーを味わうには向きそうもない発泡スチロールのカップからコーヒーをすすっている。

彼の体内でも、何らかの内部的大転換が進行中なのだろうか？　新しい親としての自覚が、母親と同じくらい父親の心も圧倒するのだろうか？　私たちは母親だけの「母性本能」ではなく、「親の本能」を探す必要があるのかもしれない。

私たち母親はこれまで科学的に無視されてきたとはいえ、父親よりは多くの研究費を獲得しており、父性本能に関する多くの興味深い疑問はまだ置き去りのままだ。だが少なくとも今のところ、父親になるという変化は個人的には衝撃的で、科学的に測定可能である一方、母親と父親はまったく異なる方法で親になる経験をすることが研究でわかっている。

まあ……その通りだと思う。この事実は、私がはじめて帝王切開の手術を受けたときに膀胱と腸とともに、そしてそのあとも同様に、白日のもとにさらされた。私の身代わりとなってトラウマを負った夫は、たしかに勇ましかった。父親になってはじめての、あのみじめな夜を、グラハムクラッカーみたいに薄っぺらいキャンプ用マットレスの上で過ごしても愚痴ひとつこぼさなかった。

だが、夫がまどろんでいるあいだにちょっとした事件があった。私が手術室から病室に運ばれたとき、私のベッドの枕元にあるナースコールのボタンが故障していることに誰も気づいていなかったのだ。真夜中、激しい痛みに耐えきれなくなった私は、薬を追加してもらおうと思ってボタンを押した。誰も来ない。何度も何度も試してみたが、やっぱり誰もやって来る気配はない。しかたなく、しわがれた声で夫に助けを求めた。だが私がどんなにがんばっても、疲れ果てて深い眠りの底にいる新米パパが意識を取り戻すことはなかった。やがて機敏なひとりの看護師が事態を把握してくれた。修理係が手にした懐中電灯のまぶしい光が部屋中の壁を縦横無尽に行きかっても、夫は目を覚まさなかった。翌朝、夜中に起きたことの一部始終を夫に話して聞かせた。

その晩、気づいたことがある。この「親業」という大事業において、夫と私は法的には全面的な共同事業者ではあるものの、ふたりの宿命は根本的に異なっている。私が切り裂かれた体に閉じ込められたまま、お腹がゆっくりと、熱気球から少しずつ空気が抜けていくようにしぼんでいくのを待つあいだ、夫はすぐそばでゆったり横になり、ほぼ無傷の状態だ。私たちふたりの身体的な相違は、もう10か月にわたって積み重なってきた。私は10センチメートルを進む旅によって新しい世界に出会っていた。そして出産の奇妙な余波を受けながら、私たちふたりの精神と感情の道筋は、異なる方向へと分かれてしまったように思える。

その道筋は、はじめからずっと別々だったのかもしれない。

それほど驚くべきことではないはずだ。男性と女性は、平均的に見て明確な身体的相違をもつと同時に――たとえば骨盤の形や、体脂肪の配分などがそうだ――神経の生体構造もいくぶん異なっている。女性では男性より海馬が大きく、言語に関わる神経の配線が多いのに対し、男性では女性より扁桃体が大きい。形状を回転させるとき、およびジョン・グリシャムの小説を読むときに、男性と女性は異なる脳の部分を使う。

実験によれば、親になる前であってもこうした男女差のせいで、子どもの出す合図に対応する方法には違いが生じているらしい。もちろん、人は誰でも赤ちゃんのことを好きになる傾向をもっているが、平均すると女性のほうが最初から、赤ちゃんに対してやや敏感に反応するように見える。非常に都合のよいことに、出産年齢の女性は――なかでも排卵周期のうち妊娠可能期間に該当する日には――親以外の人々のなかで赤ちゃんの出す合図に対して最も早く反応するようだ。

米国立衛生研究所が行なったある実験で、子どものいない男性と女性にホワイトノイズを聞かせ、そのところどころに耳をつんざくような赤ちゃんの叫び声を混ぜてみた。すると、女性の脳は叫び声が聞こえるとすぐに耳をそばだてた状態になったが、男性の脳はそのあいだ「ぼんやりした、とりとめのない」考えに浸って「静止状態のままだった」。

また別の実験では、さまざまな顔の写真を目にした人の感情の喚起を、顔面温度によって測定した。すると赤ちゃんの写真を見たとき、女性の鼻の先端の色が冷静な緑から興奮した黄色に変化した。一方の男性の場合は女性の写真を見たときのほうが、先端(!)の温度が高くなった。

卵とミルク

ではいったい女性はどのようにして赤ちゃんの写真を、より好むようになったのだろうか? 私たちはなぜ、躊躇なく、心から自分の子どもに没頭するのだろうか。男性は多くの場合、そうはいかないというのに。

その答えは昔から家庭に欠かせないもの――卵とミルク――にあるらしい。

哺乳類を除くと、自然界では必ずしも母親が子の面倒を見ると決まっているわけではない。魚の場合、仮に親が面倒を見るとなると、ふつうはオスが手を(ひれを?)上げる。映画『ファインディング・ニモ』の律儀な父親に対して、人間の母親たちは（おそらく無限に）親しみを感じ続けることだろう。ピクサー製作のこのお話では、ニモの母親は残念ながら食べられてしまい、すぐにいなくなる。だが現実世界では、魚の母親はたいていの場合むしろ「食べる側」だ。多くの魚類は、なんともすばらしい「無限成長」という適応を果たしている――つまりメスの魚は生きているあいだずっと大きくなり続け、食べて、成長して、大きくなるにつれてより多くの卵を産み続ける（この思いがけない事実を知った私は、娘たちの金魚鉢をうらやましく覗き込むようになった。なかで泳いでいるのはすべて女の子だということになっている）。魚の受精卵はメスの体から離れて海藻の茂みなどの適切な場所に産み落とされるので、その後は父親が卵と幼魚の世話を引き受ける。一方、何の束縛もなくなった母親は海を自由に泳ぎまわって、卵を産む次のチャンスを探すのだ。

鳥の場合、メスがそこまで気ままな暮らしをすることはないものの、鳥の種のおよそ90パーセントが子育ての仕事をオスとメスのあいだできっちり半々に負担しており、まるで誰かが作業の予定を立てて冷蔵庫の扉に貼ったかのようだ。この場合も受精卵はメスの体外で育つので、両親のどちらも熱心に卵とヒナの世話をして、守り、温め、餌を与えることができる。わが家の裏庭にはタカのつがいが暮らしており、2羽の親鳥がしっかり守っている巣の様子を、私はいつも心のなかで称賛しながら見上げている。

だが哺乳動物のメスは卵を産まない。私たちは卵が受精した後も、自分のお腹のなかにじっとしまいこんだままでいる。受精卵を体内で育てるというこの特徴は、哺乳類が地球を荒々しく席捲できた理由を考えるのに役立つ。妊娠期間があることにより、未熟な子は温かい場所で食べ物を与えられ、しかも外的から守られているから、私たちは荒涼とした環境にも進出することができたのだ。だが、恐竜が滅びた環境で私たちが生き延びるのに役立ったこの見事な適応のせいで、メスは赤ちゃんを容易に手放せなくなった。

哺乳類の場合、オスは精子を提供する役割を担うだけで、理論的にはほぼ無限の数の子をもつことができる。一方のメスは、多くは何か月にもわたって苦しいを思いをしながら、体内で子を育てる必要がある。哺乳動物の母親は、最初から自分のなかに住み着いている胎児に多くの資源を注ぎ込むよりほかはなく、より多くの子に自分の遺伝子を引き渡すという考えは先延ばしにせざるをえない。そのあいだにもオスは、誰か他のメスが産んだ卵子に精子を送り込んでいるかもしれないわけだ。

9か月——ときには10か月か、それ以上——の（不運なゾウの場合は、なんと22か月に及ぶ）妊娠期間は、実際には私たち母親が経験する困難な状況のはじまりにすぎない。母乳がさらに哺乳動物の母親の運命を確定する。私たち「哺乳」動物のアイデンティティは、まさに母乳を出す乳腺、あるいは乳房にある。毛で覆われていない、ほかのいくつかの動物——イタチザメ、ガータースネーク——も、母親が受精卵を体内で育てる。だが、母乳を与えるのは哺乳動物の母親だけだ。

子ども用の食料をいつでも身につけていると思うと、ときには解放感に似た感覚も味わえる。思い起こせば私の場合、赤ちゃん用の着替え、オムツ、ときにはベビーカーまで忘れて出かけてしまった失敗が、何度あったことか。いや、子どもたちを忘れそうになったことだってある。でも授乳期間の母親がミルクを置き忘れることはない。

だが、この2億年の歴史をもつ便利さは成り行きで生まれたものだ。粉ミルクが出現するまでは、生まれたての赤ちゃんに栄養を与えられるのは母乳をもつ母親だけで、それは非常に重要で親密な仕事であり、多くの場合は排卵を止めることによって、目の前にいる空腹の子に対する哺乳動物の母親の投資をさらに重要なものにした。

とりわけ人間の母親にとって厄介なことに、私たちが生み出す母乳は並外れて薄く、水っぽい。他の哺乳動物が子の授乳にかける時間は、私たちよりはるかに短くてすんでいる。野生のウサギの場合、栄養に富んだミルクのおかげて1日に5分だ。オットセイの授乳は1週間に1回でいい。だが人間はこの仕事を済ませるのに夜中までかかることもある。さらに、他の哺乳動物の赤ちゃんは数週間のうちに乳離れするのに対して、人間の場合は子ども時代が非常に長いため、授乳期間は何年にも及ぶ。

この点で、私たちの体の副産物――卵とミルク――が母親の心を作りあげるのに一役買うことになる。哺乳動物が子を産んで栄養を与えるというやり方では、子の世話をする負担はメスにかかるため、母親の脳はこの最優先の関係を感情的に育むように形づくられていく。

母性行動の研究者ローラ・グリンがTEDxのトークで指摘したように、「私たちの遺伝的遺産を守るために、その負担が女性の神経系にふりかかってきた」。哺乳類の圧倒的多数の種で、「喜びの束(bundle of joy)」とも表現される生まれたての赤ちゃんの世話をするのは、完全に母親のみだ。喜びを感じることに助けられて、母親はその重さに耐える。

ジャガーからキリンまで、ほとんどの哺乳動物の父親は子育てにまったく関わらない。私たち人間の母親が、役に立たない父親やちっとも家にいない父親を嘆くのはもっともなことではあるが、哺乳類のなかで父親がわずかでも子の世話に関わる種はわずか5パーセントしかないことを考えれば、私たちはそこに含まれているという幸運に感謝すべきなのかもしれない。

共感妊娠する新米パパ

以上のような冷ややかな生物学的解説は、私を含む、むしろ恵まれた現代の女性にとって、無礼なものに聞こえるのはたしかだ。今や、女性の傍らにいる多くのパートナーは忍耐強く、ひるむこともなく、ほぼまちがいなく優秀な親の役割を果たしている。見事な弁当作りの腕前をもち、オムツ替えの技は折り紙に匹敵するほどなのだから。私の夫は生まれつき無力な生き物の苦境を黙って見ていられない性質で、たとえば、子どもたちが飼っているハムスターのクレメンタインが毎日新鮮なブロッコリーを十分に食べているかどうか、いつでも気にかけている。子どもが生まれる前の私は、誰かの世話をする力という点では夫と私はおおよそ互角だと思い込んでいたし、大声を上げる赤ちゃんを扱う「男女の戦い」のような実験では夫のほうが私に勝ったとしても、少しも驚かなかっただろう。新米の父親になると、生まれたてのわが子を病院から自宅まで送り届けるのに神経質になりすぎて、ほかでは一度ももらったことのないスピード違反の切符を手にした。子どもが保育園を卒業すると涙を流した。彼は「育児参加」する父親の典型なのだ。

夫の仲間は大勢いる。現代の父親は育児のコツをしっかりと身につけ、現在ではアメリカの専業主夫は200万人にのぼる。シングルファザーもかつてなく増えており、父親が子どもと過ごす時間は平均で週7時間を超えて、1965年の3倍になった。私たちの文化の最も競争の激しい領域でのエリートの父親の戦略は、2人の子どもだけに資源を注ぐという、母親に似た集中へと移行してきたようだ。

だがたとえ石器時代であっても、ホモ・サピエンスが登場して間もないころから、いつも洞窟にいて子どもたちに目を光らせる男性がいれば強みになったはずだ。サーベルタイガーを追い払うのはもちろん、手にしたばかりの火をおこす役割も引き受けられる。そうした早い時代の父親が、ときには時間がかかって苛立たしい子育ての仕事にも手を貸していたのは、ほぼまちがいないだろう。子育てに関わる父性は、女性が訴えはじめるずっと前から実際に人気を博し、活躍していたのだ——そして無視できない、はっきりしたかたちで、父親の脳に備わってきた。

もちろん哺乳動物の父親は妊娠も出産もしない（「なぜ男性は子どもが生まれたあとのほうが、より魅力的に感じられるのか」と、ある研究はつぶやいた。うーん、不思議だ）。父親は乳も出さない（数種類の風変わりなオオコウモリの父親は乳を出すが、それはどうしてもミスター母親になりたい願望からではなく、ただ食べる物が型破りなだけらしい）。

だが、いくつかの特別な種類の哺乳動物の父親では、人間も含め、子どもが生まれるとホルモンが変化することがある。

たとえば、新米パパではテストステロンの量が急激に落ち込むことがよくあり、この化学物質の急減は「共感妊娠」あるいは「クヴァード症候群」を示しているだろう。それは人一倍献身的な父親の一部で、お腹が少し大きくなる現象だ。また、理由はさらに不明瞭だが、これから父親になろうとしている人はあごひげを生やすことが多かったり、南太平洋の一部の文化では妻の妊娠期間中は背中が痛いと不平を言いながら大げさにベッドに横になることもある。新米パパが一種の産後うつを経験することもある――ただし、母親に比べればはるかに少ない。

赤ちゃんの手がかりに気づくかどうかの実験では、新米パパは子どものいない男性に比べると、赤ちゃんの手がかりに対して定量化できる差がつくほど強く反応し、赤ちゃんの匂いを著しく魅力的だと感じることがある。一部の研究では、自分の子どもと触れ合っているときの母親と父親では類似した神経パターンが見つかっており――こっち見ないでよ、お父さん！――最も活発な行動を示した男性では、何はさておき精巣の容積が最小だった〔この実験では精巣が小さく、テストステロン値が低い父親ほど養育行動が活発だった〕。子どもと同居している父親では、特定の子どもの泣き声を聞き分ける力が母親と同等の場合がある。

それでも、こうして確認されたすべての変化はまだ「女性で見られるものからは程遠い」と、ミシガン州立大学で母性行動を研究しているジョー・ロンスタインは語る。「母親で見られる変化の大きさは、ほかのどんな人で、どんな時に見られる変化とも、まったく異なっているんです」

こうした母親の過激な変化を起こす物質ついては追って説明していく。今のところは、母親の脳を見分けるために作られた賢いアルゴリズムは父親の脳を見つけ出せない点だけに、注目しておくことにしよう。父親の神経構造は、それほど特徴的なものではないのだ。父親の修正された脳の構造には、いつも同じ予測可能なパターン、またはいつも同じたしかな灰白質の変化が、あるわけではない。

そして私の夫と私は、子の親として、とても似ていることは確かだが――同じ価値観、スケジュール、規律戦略、そして去年のクリスマスツリーをミニバンの屋根に固定した紐を切ってしまえないところを共有しているが――私のほうが大きく変化したことには二人とも同意できると思う。１９８０年代に発表された有名な円グラフが、この感覚を表現している。子どもが生まれてから1年半後の時点で、父親は自分のアイデンティティのうち、父性がおよそ27パーセントを占めていると述べた。だが母親の場合、同じ時点での回答で母性が占めている割合は55パーセントにのぼった――アイデンティティの円グラフでそれほど大きい割合を占めれば、まるで大口を開けたパックマンのようで、「パートナー」の部分も「キャリア」の部分も、そしてその女性が以前にもっていた自我の残りの部分も、みんな飲みこんでしまいそうな勢いだ。

単に、文化的な期待が働いているだけだと思うかもしれない。だが出産前の女性は、自分のアイデンティティのうち母性はわずか16パーセントだと予想していたのだ――予想と現実の違いは驚くほど大きい。一方、妻が出産する前の男性は自分の父性を17パーセントと見積もっており、それはまだ実際に父親になったときの割合から手の届く範囲の差だ。

子どもへの接し方は父母でどう違う？

子どもをもたない男性と女性が赤ちゃんの出す信号に対して異なった反応を示すように、母親と父親の反応も異なることが多い。全体の傾向として、母親のほうが子どもの感情に対して、より敏感であることに変わりはない。子どもがすすり泣くと、母親の脳では苦痛と感情につながっている深い部分が明るく輝くが、父親の脳は変化しない。父親が感情をかきたてられるのは、もっと切迫した様子の泣き声が聞こえたときだけで、これは新米ママの夜間睡眠時間が新米パパより45分短い理由を考えるのに役立つだろう（ただしその差は数字上の平均値にすぎず、どの晩をとってみても、父親と母親がぐっすり眠っている時間の差ははるかに大きいと思える。信じてほしい）。

お腹をすかせた赤ちゃんがすすり泣く声と割礼の儀式を終えたばかりの赤ちゃんが泣き叫ぶ声を再生し、子どもをもつ親に聞かせた研究がいくつかある。もちろん父親は、割礼後の叫び声に即座に注目した。だが母親は全体として泣き声の種類の違いをよく聞き分け、どちらにも反応した。一般に、幼い子どもの情緒に対する母親の反応はどちらかというと感情的で、強い不満に最も注目度を高める。また、赤ちゃんの笑顔には好ましい記憶をもっており、そのような笑顔が私たちにとって特別なねぎらいとなることを示している。

母親が赤ちゃんのこと考える頻度は、父親が赤ちゃんのことを考える頻度の2倍だ。そして母親が赤ちゃんに話しかける頻度も、父親が話しかける頻度よりずっと高い。実際のところ、いわゆる母親言葉に対応するような「父親言葉」が存在するかどうかもはっきりしていない。ある研究者は、未就学児のシャツのポケットに録音機をポンと投げ込んでおき、特に意味のない150時間以上ものおしゃべりを延々と再生してみた。すると、親が子に話しかけるとき、母親の声の高さは40ヘルツ高くなっていた。だが父親の声はまったく高くならなかった。

こうした差は、時間が経つにつれて小さくなっていくかもしれない。父親と子どもの絆が深まるのは子どもが少し大きくなってからで、生まれて1年ほどたち、じっと抱かれたままの赤ちゃんがよちよち歩きの子どもに変わると、父親らしい関心が高まっていく。私の夫の場合、生まれたばかりの赤ちゃんを前にすると、いつも少し戸惑った様子を見せた。かつて、まだ小さくておくるみにきっちり巻かれた娘のことを、「この子はクルクル巻いたソックスに見える」と言った。でも別のときには、「この子は子供向け番組『ミスター・ロジャースのご近所さんになろう』に出てくる操り人形そっくりだ」と言った。

だが、少し大きくなった子どもたちとの関係でも、ほとんどの日常的な状況で母親と父親の違いが明らかになる。たとえば泳ぎを教える様子を見ると、母親は1歳児を向き合うように抱え、目と目でしっかり見つめあえるようにするが、父親は子どもが自分と同じほうを向くように抱える。外に出て働いている母親は、子どもが病気になった場合に休みをとる日数が父親より多い。母親は子どもを抱いて落ち着かせる傾向があるが、父親は子どもをピョンピョン跳ねさせたり、両足をもって自転車こぎをさせたり、お腹をくすぐったりして、気を散らす騒音を出し（私にはその音がはっきりわかる）、危険にも立ち向かわせようとする。それは、階段の一番上におもちゃを置き、次に何が起きるかを

(たぶん両手で顔を覆って指のあいだから)見つめるような、少し悲惨に聞こえる研究方法によって定量化できる傾向だ。

このように愉快で日常的なちょっとした相違は、両親がもつ優先順位に秘められた、もっと極端な、生死にかかわる分岐点を示唆している可能性がある。一部の経済学者は、支援金を渡す相手を父親ではなく母親にすると子どもの福祉が最大化されると論じてきた。おそらく、母親のほうが子どもの世話をしたい傾向を強くもっているからだろう。タンザニアの農村部で実施されたある実験では、子どもをもつ人に3種類のプレゼント——子ども靴、現金、砂糖——を用意し、どれかひとつを自由に選んでもらった。すると子育てに熱心な母親たちは子ども靴を選ぶことが多かったのに対して、父親は現金または砂糖を好んだ。

父性は自然には芽生えない

何よりも父性本能は——それは母性本能に似た赤ちゃんに惹かれる感情の根幹だが、男性の場合は女性より心の奥深くに眠っていて、ゆっくりと表面化し、少し異なる行動レパートリーを含んでいる——その男性が自分の子の母親と触れ合う時間の長さに、さらにその後は自分の子そのものと触れ合う時間の長さに、左右されるようだ。その仕組みはまだよくわかっていないが、匂いが関係している可能性がある。ニューカッスル大学の研究者が91人の男性を対象に実施した最近の研究では、男性の被験者が実験の設定で妊娠中の女性の体臭を嗅いだあとには、赤ちゃんの写真を見つめる時間が大幅に伸びた。

おそらく単純な習慣も影響を及ぼすだろう。母親と同様、人間の父親は柔軟性に富み、賢明で、やる気に満ちている。そのうえ、父親の脳は新たな知識によって発達する。ロンドンのタクシー運転手の脳ではナビゲーションの知力が発達し、バードウォッチャーの脳では顔認識の回路が高度に訓練されるように、父親の脳と行動は母親と同じような経験をできるだけで変化するだろう（ただし私たちの文化に根づいた周囲の期待が、そうした父親の経験を認めないことがある）。

たとえば、十分な育児休暇を取得して、母親になったばかりの妻のそばで早朝から時間を共有する父親は、赤ちゃんが生まれてから9か月後にはオムツ交換や入浴などの育児を着実にこなすようになりやすいという研究結果がある（ところで、このような行動の原動力となる罪悪感を促す力を無視してはいけない。マウスを用いた実験によると、マウスの父親を育児に参加させるためには、マウスの母親が超音波の鳴き声で父親に働きかけなければならなかった）。

だがこうした仕組みがどうであれ、生物学的母親と父親の決定的な違いはホルモンの働きにある。母親になったばかりの女性はホルモンの力に後押しされて赤ちゃんと共に過ごす経験を求めるのに対し、父親になったばかりの男性はホルモンを働かせるためにこうした経験を積まなければならない。一夜限りの関係の後、男性はその女性に2度と会うことがなければ本能的な父親に変身することはないが、女性のほうは（もし妊娠すれば）自然に母親に変身する。父性ははるかに選択的な過程ということになる。男性が父親になるために最初にすべきことは、母子のそばにいることなのだが、多くはそれをしない。

世界各国の人間の男性の行動は、もちろん、人間の文化そのものと同じく変化に富んでいる。だがほとんどどの国でも、父親はその場の状況に応じていつでも態勢を変える用意があり、絶えず風向きを気にしているのに対して、子の最良の理解者である母親は最後までやり抜く傾向が強い。

人間の父親が子の近くにいる可能性を予測するには、いくつかの環境変数が役立つだろう。そうした変数のひとつに、状況の厳しさがある。シカの皮をなめすのに（さもなければ、たとえば頭金をかき集めるのに）ふたりの力が必須の厳しい状況なら、父親はそばにいる可能性が高い。一方、伝染病が多い地域なら父親はどこかに逃げ出す傾向がある。父親の存在が病原菌を防ぐのに必ずしも役立つわけではないし、子どもが病気になったり死んだりすれば、どこかほかの場所でもっと多くの子孫を残すほうが得策というものだ（ブラジルでジカ熱が流行した1年後、この病気にかかった母親とその赤ちゃんを確認しに記者が戻ってみると、ほとんど全員が性的パートナーに見捨てられていた）。

その社会の生活手段も、父親のパターンを決定する要素だ。人間のおもな食料が肉で、大きな獲物を捕らえることが必須の狩猟採集文化では、父親の子どもへの関与がより明白だろう。たとえば父親が協力的なイヌイットを例にあげることができる。彼らの伝統的な食べ物のほぼ100パーセントが動物の肉で、アザラシなどの手強い生き物を殺して集団で分かち合わなければならない。一方、穏やかな農耕文化の場合はひとりの男性が何人の子の父親になれるかの上限が上がり、父親として子どもと関与する平均は下がる。

父親であることの確実性も重要な問題だ。現代の西欧文化では妻が不義を働く割合はわずか3パーセントほどだが、別の時代、別の場所では、10パーセントかそれ以上にのぼっていた。現在の最高記録をもつのはナミビアのヒンバ族で、2020年のDNA分析によれば、ひとりの男性の子とされる子どもたちの約50パーセントが、実際には別の男性の子だ。

ある興味深い研究によれば、子育てのなかで父親のほうが母親より平均的に勝っているという稀有な領域は、「子どもの顔が自分に似ているかどうかの見分け」だという。つまり、子どもが自分に似ているかどうかに気づく能力は、男性のほうが上なのだ——そしておそらく、別の父親にそっくりならさっさと引き払う心づもりができているのだろう。

公平にならない親業の負担

だが、男性が参加する理想的な環境であっても、親業が真に公平になることはほとんどない。私と夫はこれまでに、さまざまな場所で子育てを経験してきた。娘たちはワシントンDCの密集した都市部で生まれた。その後、子どもたちを農場で育てるという名案を思いつき、息子が生まれたのを機に私の生まれ故郷であるコネティカット州の町に引っ越して、何エーカーもある農場で暮らすことにした。だがその計画はうまくいかず、私たち夫婦と3人のチビさんたちは近くの学園都市ニューヘイブンの緑豊かな地区に移った。

現在住んでいる街は父親にとって完璧な環境で、父親である確信を高く保つことができ、病気になる確率も低く、一夫一婦制の文化が浸透している。一方で、子どもたちにとっては（少なくとも大学入学の時期がくると）厳しい環境だ。

だが見かけと実際とは違う。

わが家のご近所さんの大半は――その多くは大学教授だが――子育ての負担は夫婦均等であるべきだと断言すると思う。それでも、（おそらく日ごろの主張に反して）それぞれの立場を調査した研究者たちによれば、大学に終身雇用されている男性が育児休暇をとる割合はわずか12パーセントなのに対し、同じく終身雇用されている女性が育児休暇をとる割合は67パーセントにのぼる（おそらくこの事実は、大学研究者全体のうち終身雇用される割合は、既婚で子をもつ男性で最も高く、既婚で6歳以下の子をもつ女性で最も低い理由を説明する足がかりになるだろう）。また別の研究では、2歳未満の子をもつ大学研究者たちは「夫と妻が子育てを均等に負担すべきであると確信していると言ったが、実際にそうしている者はほとんどいなかった」と、衝撃を受けた様子の著者が明らかにしている。25項目にのぼる子育て項目のほとんどすべてで、女性教授のほうが多くを負担していた。

ただしこれについても、常にそうだとは限らない。同性愛者である父親に関する予備的研究はとりわけ興味深いものだ。父親がふたりいる家庭を対象にしたイスラエルの研究によれば、同性愛者である父親の脳および生理機能全般は、異性愛者である父親の脳よりも母親のパターンによく似ていた。赤ちゃんの世話を全面的に引き受ける女性が近くにいないため、これらの男性たちは赤ちゃんから刺激を受ける時間が長く、心も相応に変化するのかもしれない。

とはいえ、それと同時に、多くの男性は明らかにこの母親らしい親密さを求めていないし、ときにはどんな関係も求めていない。アメリカ文化の一部は父親にとって居心地よいものになってきている一方で、父親のいない家庭で育つアメリカの子どもたちはかつてなく増えている。現在、子どもの27パーセントが実の父親から離れて暮らし、半数以上が18歳になる前に未婚の母といっしょに暮らした経験をもつ。アメリカではシングルマザーを世帯主とする家庭の割合が世界一高い。また、ようやくアメリカの父親が子どもといっしょに過ごす余裕ができたとばかりに最近もてはやされている自由時間の増加は、ときには失業、能力不足、あるいは就労時間短縮の結果であり、必ずしも家にいて子どもと無邪気に遊びたいと強く願った結果とは言えないのだ。

テレビドラマ『フルハウス』の放映前にはほとんど聞かなかった、勇敢なシングルファザーの暮らしさえ、いざ科学者たちが精査してみると、それほどうまくいっているわけではない。カナダで実施されたシングルファザーに関する最近の調査では、心臓発作とがんの罹患率が驚くほど高く、同じ苦境に立たされたシングルマザーよりも死亡する確率が3倍にのぼった。この不慣れな役割によるストレスがとても高い可能性を示している。

「男性には別の関心事があまりにも多いために、子どもたちの大切さはしばしば二の次になってしまう」と、全世界の人類学の文献をまとめた人類学者ウェンダ・トレヴァサンが書いている。また別の学者は、人間の「圧倒的多数」の文化で、母親と他の女性たちが父親よりも多く子どもの世話をしているると指摘する（フィンランドでは父親が1日に子どもといっしょに過ごす時間のほうが8分長いという

2017年の調査を別にすれば、私は「すべての」文化でそうだと言いたい。ただしフィンランドの例は学齢の子どもの話で、手のかかる赤ちゃんの話ではない)。このパターンは、父親が子育てに参加することで人類学者が好んで取り上げる中央アフリカ共和国のアカ族でも同じことだ。アカ族の父親が1日に子どもを抱く時間は57分にのぼる——たしかに、かなりの時間ではあるものの、母親の490分とは比べものにならない。

つい最近まで私のママ友の何人かは、この種の「当然のように」偏った育児の枠組みをよくこきおろしていた。私たちの文化と巧みな職業選択の仕組みが、つねにそうした母親の状態を見えなくしてきたからだ。だがそこにコロナ禍が襲いかかり、母親も父親も同じように家庭に押し戻して、「バック・トゥー・ザ・1950年代」のようなタイムワープが生じた——突如として、何がなんだかわからないまま専門職の最高位にいる働く母親も新たに子育ての負担を背負い込むことになり、全国の母親が働く時間を削り、父親の3倍の数の職を失っている。

私たち人間も含めて最も近しい親戚が集まる霊長類には、いくつかの例外的な種があり、なかでも注目に値するのはティティモンキーだ。ティティモンキーの父親は母親をしのぐ育児の中心的担い手で、ほとんどいつも赤ちゃんを抱いており、実際に子どものほうも父親の腕に抱かれようとする(とりあえずつけくわえておくと、ティティモンキーの父親はそれでも子どもには無関心なように見え、暇さえあれば生涯の伴侶と尾をからませて過ごそうとする)。

だがこうした例外は、とても特殊な環境で進化したものだ。ティティモンキーは南米のジャングルで暮らし、危険に満ちた高所の林冠を活動の場としている。毎日大量の母乳を与えながら、赤ちゃんを背負って空中の梢を移動するティティの母親は、つれあいに見放されれば餓死の危機に直面するかもしれない。

私の夫には、わずかながらティティの血筋が混じっているのではないかと思う。子どもたちは夜中に私ではなく父親を大声で呼ぶことがあり、もし私たち一家にしっぽがあれば、子どもたちはときに父親のしっぽにしがみつこうとするだろう。

だが実際には、人間はアカゲザルのような地上で暮らす霊長類にもっと近く、彼らは――ほとんどの哺乳動物がそうであるように――必ずしも血のつながりがあるとは限らない父親といっしょに育つ。そして、人間の父親の存在と活動が歓迎されるように（夫がときにとろけるチーズサンドを作ってくれたりベビーカーで近所をまわったりしてくれるとありがたく感じるように）、進化論者の冷めた目で見ればすべてが甘い汁であるとしても、大切なのは一日一日の生き残りなのだ。もっとも、文化の違いを超えた人間全般について試算した学者たちによれば、近くに父親がいるより祖母がいるほうが、子どもの生き残りに与える恩恵は大きいらしい。さらに一歩進んで、子の生き残りにとって父親の存在は基本的に無関係だと主張する学者もいる。

男性は誰もが心の奥底で、たとえこれみよがしに見識をひけらかす男性であっても、そのことをうすうす感じてはいるだろう。私は、もうだいぶ前のクリスマスになるが、夫に父親向け雑誌の定期購読をプレゼントしたことがある。その雑誌のターゲットはフランネルのシャツを好むがんばり屋のお父さんたちで、大胆ではあるが献身的、あごひげを生やしていてもすぐに本音を話す、決まってギターを弾く、といった共通点をもつ父親だ。雑誌の名は『キンドリング・クォータリー』。ロックスターである父親が取材に応じ、「赤ちゃんといっしょに行くイスタンブールへの旅」という特集もあった。

でも、6号までで廃刊になってしまった。

子宮は格闘競技場だ

つまり、父親という経験もときには大転換になり得るものの、まだまだ自由意志で選ぶことができる。とはいえ、気まぐれで無責任な人間の父親には、親業において果たすべき確固たる役割がひとつある。

人間の父親は、母親を生み出すためになくてはならない存在なのだ。

たとえ女性を妊娠させた翌日に、もうマッチングアプリで次の相手を探していたとしても、父親はまだ女性の体内で化学的プロセスを推し進めている。そのプロセスは、女性が自分の体をこれから生まれてくる子に明け渡し、その子にすっかりほれ込んでしまうようにしむける。父親、もしくは少なくとも父親の遺伝子は、母体の大転換の背後でそれとなく力をふるっていることになる。この神秘的な隠れたドラマは人間の器官の内部で繰り広げられ、その器官はたいてい見過ごされているばかりか、多くはゴミとして捨てられているもの——胎盤だ。

現在、胎盤の地位はエジプト王朝の時代に比べて急降下してしまった。当時、ファラオは長い杖の上に胎盤を掲げて人前を行進していたらしい。エジプトの人々は胎盤が魂の居場所だと信じており、それはそれほど的外れの考えではないことがわかる。

胎盤は、短期間ながら、なくてはならない胎児の付属物で、赤ちゃんはこれを通して食べ、排泄し、呼吸する。また、母体で生じる重要なホルモンの変化を背後で操る魔法使いでもあり、母親を生み出す主要な成分のいくつかを供給する。

それでも、私が通っていた産婦人科医院の待合室に用意された新米ママ向けのあらゆる情報のなかに、妊娠における錬金術師ともいえる胎盤の説明はなかった。全般的になおざりにされてきた母親という研究分野のなかでも、胎盤の科学は、またさらに遅れた部分になっている。それには納得のいく理由があって、胎盤は動物のなかでも腹立たしいほど研究の難しい器官なのだ。哺乳動物は出産すると――それはたいてい真夜中で――すぐに胎盤を食べてしまうことが多い。分娩室に用意されたシャンパンの動物版と考えればいいかもしれない。胎盤を研究している生物学者の話では、出産直後の腹をすかした母親ザルから胎盤を手に入れるには、マシュマロと交換するそうだ。それがサルにとって胎盤よりおいしい唯一のごちそうらしい。

イェール大学の医師で研究専門のハーヴェイ・クリマンは、これまでおよそ40年近くも胎盤研究の最先端――全体にねっとりした胎盤だが、見るべき場所を知る者の目には先端が見える――を歩んできた。彼はまたアマチュア写真家でもある。ニューヘイヴンのわが家からほんの数キロの場所にある彼の研究室の壁には、抽象芸術と見まごうばかりのお気に入りの胎盤ポートレートが飾られていて、そのほとんどは顕微鏡を通した組織のクローズアップ写真だ。部屋の隅には折り鶴が下がったらせん状のモビールもある――いや、彼の職業からすると、ツルではなくコウノトリなのだろう。

デスクの上には、数個の電球、顕微鏡、プラスチック製の頭蓋骨を木箱に固定したスチームパンク〔蒸気機関（スチーム）とサイバーパンクを組み合わせた造語で、産業革命をもたらした蒸気機関の時代の雰囲気を盛り込んだSFやアート作品〕風の置物があり、これがクリマンの「アイデア箱」だ。創造性に富んだひらめきがほしいとき、彼は最も明るいエジソン電球のつまみを最大限までひねる。

「男性は生命を生み出せません。そこで、何らかのものを生み出す必要があるのです」と、彼は言う。

男性が生み出すものとは、胎盤だ。

クリマンは、一卵性双生児の娘のひとりが結婚したときの家族写真を見せてくれた。それから手早くパソコンを操作して、その一卵性双生児の胎盤の写真を画面に写し出した。「これがレイチェルで、ミシェルはここ」と、満面の笑みを浮かべながら説明する。

ファラオの杖をもって行進する者はいなかったが、クリマンは自分の双子の胎盤を3年間保存していた。その後、研究室の誰かが知らずに収納棚をきれいに掃除してしまったために、胎盤も姿を消した。でも、クリマンがそれを保存しておいてはいけない理由など、どこにもない。それは彼自身が作ったものなのだから。娘たちを産んだのはクリマンの妻だが、2階建ての胎盤を産み出したのは彼なのだ。彼はこう話す。

「ほとんどの人は、赤ちゃんに栄養を与えるために母親が胎盤を作ると思っています。でも、それは大まちがいですよ」

1980年代に実施された一連の有名な実験が、その理由を説明してくれる。科学者たちは長いこと、父親と母親が赤ちゃんの遺伝子にそれぞれ半分ずつ貢献し、すべての特徴に半分ずつ影響するとみなしていた。胎盤は胎児の外部器官で、同じDNAをもつことから、同じ規則があてはまるはずだ。

ところが、そうではない。マウス卵子の遺伝子操作によって2組の母方の遺伝子を組み合わせると、その卵子はほぼ完全な胎児に発達するが、胎盤があまりにも貧弱なので見ていた遺伝学者は驚いてしまった。

一方、2組の父方の遺伝子を組み合わせると、胎児は発育不良に陥った。ところが胎盤は飛びぬけて大きく、弾力があってピンク色をした健康的なものになった（この混乱状態は人間でも自然に生じることがあり、核が欠損した卵子のなかに精子が入り妊娠すると「胞状奇胎」が発生する。その場合は胎盤が異常に大きくなって、不気味な深紅色をしたブドウの房のように見える）。

このようにして、それまでほとんど注目されることのなかった胎盤から、科学者たちははじめて「刷り込み遺伝子」という不思議な現象のヒントを得たのだった。母親と父親はほとんどの形質――たとえば耳たぶの形など――をまさに半々に分け合い、それぞれが1個の遺伝子のコピーをひとつずつ出し合う。ところが私たちの遺伝子コードの1パーセント以下で、片方の親のコードが沈黙を強いられ、もう一方の親の「刷り込み」が生じて化学的なメッセージ伝達を支配してしまう。

刷り込みは体の別の場所でも起きるが、胎盤内では飛びぬけて多くの刷り込み遺伝子が活性化することが動物モデルからわかっており、その大半は父親のものだ。この臓器の命は短いために、そうした極端な遺伝的実験が可能になっているのかもしれない。胎盤の寿命がわずか9か月から10か月なのに対し、腎臓や膵臓などが持ちこたえなければならない年月は、その100倍ほどにのぼる。

生物学者たちは胎盤での遺伝的刷り込みを、母親と父親のあいだの目に見えない競り合いととらえている。母親はパートナーを戦友とみなしていて、父親は母親の陰で小さくなりながら、ベビーモニターからちょっとでも泣き声が聞こえたら飛んでいこうと身構えていると思っているかもしれない。だが受胎というものは、一部の進化生物学者が考えているように、ふたりが敵対するチームとしてお腹のなかに閉じ込められたまま繰り広げる死闘なのだ。

夫はとても友好的な性格だが、私は思ったより簡単に「子宮は『サンダードーム』――格闘技会場――」というこの考えを受け入れることができた。大学時代を思い起こして見ると、彼は初デートの日に約束より45分も早く私を迎えにきた。彼がシャワーを浴びているあいだに、ルームメイトがいたずらで腕時計を進めておいたせいだ。こうして生まれたバツの悪い待ち時間のおかげで、私は英語ゼミの教室から、寮の窓の明かりに照らされたこのちょっと変わった男性をじっくり観察する機会をもらった。あごひげに隠されていたその顔を、しっかりと、厳しく見つめる時間ができたわけだ（念のために言っておくと、このときのあごひげは「共感妊娠」によるものではなく、私と同じクラスの別の女性にふられたことを悲しんで生やしていたものだった）。

そうして観察しているうちに、私はその顔に見覚えがあることに気づいた。「あのときの人だ」と、思わず口にした。

私たちはもう何年も前に、全州高校生ディベート大会で戦ったことがあったのだった。彼がペアを組んでいた友人と申し合わせたように着ていたニットのベストが、しっかり私の目に焼きついていた。私たちが負けたせいでよけいに忘れられなかったのかもしれない――でも、話し方の採点では私のほうが未来の夫を上回っていた。もっとも、そんな点数を今だに覚えている人など誰もいない。やがて私たちのチームはもう一度顔を合わせることになった。今度は祭壇の上で、夫とディベートのペアを組んでいた友人は花婿の付添人として、私とペアを組んでいた親友のエミリーは、もちろん、私の花嫁付添人として。

夫と私はその後うまくいっているものの、折にふれて、このときの敵対関係が顔を出すことがある。たとえば、いつになったら子どもをもつべきかという議論をしたときがそうだ。私は基本的に子どもをほしいと思っていたし、たしかに私の「やりたいことリスト」に子どもをもつことも含まれてはいたが、現実問題としてはできるだけ先延ばしにしたかった。なによりも、エチオピア料理といっしょにビールを飲んだり、胎児には毒な菌がいっぱいかもしれない生のままのクッキー生地を山ほど食べたりして楽しんでいたし、ベビーシッターのアルバイトでいやというほどオムツの世話をしたせいで、ことの重大さを知っていたからだ。

「オムツのなかに何があるか、あなた知ってるの?」。メキシコ料理のレストランで何杯かマルガリータを飲んだあげく、ちょっとした口喧嘩になったとき、私は声をひそめながらこう問いただした。
「オムツのなかには、ウンチがあるのよ！」

私はそう言いながら、フォークに刺したエンチラーダをこげ茶色のモレソースにどっぷりと漬けた。

でも結局のところ、彼の勝ちだった——あえて言うなら、私は潔く彼の主張を認めた。その理由はおもに、私が母性本能というものの性質を見誤っていたからだ。10か月分のカクテルをあきらめる点を除いては、私にとってもちろん、母親になることは簡単に思えた。みんなやっていることだし、私はただみんなと同じだけでもなかった——何しろ、最後には州のディベート大会で優勝した実績があるのだから。もっとも夫に言わせると、それは彼が高校の学校新聞に熱を入れたせいで、その年はディベートのチームに加わらなかったからということになる。もし加わっていたら、どうなっていただろうか？

そこで私はついに、かわいそうな夫のご機嫌をとって彼が考えたスケジュールに従い、母親になる時期を早めることにした（もちろん、私はまだあの円グラフを目にしてはいなかった）。

けれどもそのとき、胎盤の科学が暗示しているように、私たちふたりのあいだの真の大衝突はまだはじまったばかりだった。

胎盤細胞が母親を攻撃する

私は自分の運命を決めたこのグニャグニャしたものを実際に見たことがなく、夫が作り出した3つの胎盤はすべて帝王切開手術室の隙のないカーテンの向こうで速やかに処分されてしまったので、研究室で新鮮なものを観察できるよう、クリマンが取り計らってくれた。

まだ温かいうちに台の上に広げられた胎盤は、どこかゆったりとした趣で、深紅のオムレツ、あるいは子どもたちが海辺でつついたせいで動けなくなった真っ赤なクラゲに似ていた。だが実際には哺乳動物がもつ器官のなかで最も驚くべき組織で、そのなかではさまざまなものが風変わりな並び方をしている。

哺乳動物は、毛の有無や多様な形状といった外見上の相違があっても、体内を見るとどれもほぼ同じだ。カバの肝臓は人間の肝臓を大きくしたものだと言えるし、アレチネズミの胃は基本的に人間の胃のミニチュア版だ。だが、胎盤の形状には多彩な変化が見られる。輪ゴムのような胎盤をもつ種もあれば、クッション壁で囲まれた部屋のような胎盤、あるいはゴツゴツした家具に粗末なシーツをかけたような胎盤もある。人間の子宮内の胎盤は、ヤムルカ〔ユダヤ教の男性信者がかぶる縁のない小さな円形の帽子〕に似ていると言われてきた。

この並外れた多様性こそ、刷り込みそのものと同様に、この器官が紛争地帯であることの証拠ではないかと考えている科学者もいる。ここでは母親と父親がつねに互いを反撃しながら、地図を塗り替えている。まさに愛の嵐。愛は戦場なのだ。

お腹のなかで受精したばかりの卵子がグルグル動きまわっているときの女性は、まだ——たとえば私のような——親バカな母親にはなっていない。まだまだほど遠い。その女性の免疫系は体内の保護区を守ろうとし、妊娠そのものを阻止しようとさえするかもしれない。厳密に言うなら、「妊娠することは、女性にとって大きな大きな問題なのです」と、クリマンは説明する。妊娠は危険であるばかりか栄養面で高くつくから、女性の体による最初の反応は「抵抗」だ。すべての妊娠のうちで出産にいたるものはほんのわずかで、そのおもな理由は、母親の免疫系がありとあらゆる術策を用いて、最初の数週間にわたり胎盤を攻撃することにある。

一方の父親は——隣にじっと座ってテレビドラマ『ゲーム・オブ・スローンズ』をもう4回も見直していようと、お気に入りのCDを聴きながら心はすでに遠くのビーチリゾートに飛んでいようと——自分の刷り込みアバターである胎盤を武器に妊娠を巡って戦っている。

それは乱雑だが強力な存在だと、クリマンは手袋をはめた手でオムレツを上手にひっくり返し、親指から血の塊をたらしながら説明した。胎盤の母体側は子宮内膜に張りついていた面で、とてもザラザラしているが、胎児側は滑らかで落ち着き、どことなく異質だ。「どんなに強くひねっても、血管を圧迫することはできません」とクリマンは言って、へその緒を思い切り引っ張って見せた。帆船の係留綱のように太いへその緒が、胎盤の中心部につながっている。

私はそれまでずっと、へその緒は自分が赤ちゃんのために投げかける命綱だと思っていたのだが、実際には正反対だった。胎盤全体が赤ちゃんの頭上で揺れる大きな錨のフックのようなもので、それが母親の体に投げ込まれているのだ。そしてどんどん小さいいくつものフック、つまり血管に分かれ、そのすべてが母体から胎児へと栄養分を汲み出すように作られている。成熟した人間の胎盤の絨毛〔胎盤から子宮壁内に伸びた微細な突起で母体から必要な栄養素を取り込む〕を縦につなぐと30マイル〔約48キロメートル〕を超える。

胎盤の形成はとても早くはじまり、受精からわずか5日後には、受精卵が成長してできた胚盤胞の外側の細胞によって作られていく。それとほぼ同時に、この父親由来のわずかな細胞群はクーデターに乗り出す。

通常は女性の脳の奥にある脳下垂体が、卵巣に対してプロゲステロン〔黄体ホルモン〕を分泌するよう指示している（プロゲステロンの分泌が1か月に1回ずつ止まることによって、月経が訪れる）。だが妊娠するとすぐ、胎盤が女性の脳からの指示を無視して権力を握るようになり、卵巣にどんどんプロゲステロンを分泌するよう直接指示を与えて、妊娠を妨げる月経が起きないようにする。

「胎盤は、こう言うんです、『いいかい、これからは私のやり方でやらせてもらうよ』」。そう話すクリマンは、すっかり胎盤になりきっている。「『こっちはお前の頭がなくたって、いっこうにかまわないのだからね』」

母親の体の他の部分も、次々に切り捨てられていく。9週間ほど経つと卵巣さえも無関係な存在になる。そのころには胎盤が自分の「指」で物事を解決するようになっているためだ（クリマンは、女性の体の奥深くまで達する雑草のような胎盤の内部構造を、「指」という言葉で表現した）。そして胎盤は自らの組織内でプロゲステロンを密造しはじめ、さらにエストロゲンの成分も分泌して、卵巣を外科的に排除することで妊娠を楽々と継続できるようにする。

「スペースシャトルがケープ・カナベラルから発射され、およそ10秒で宇宙に達すると、あとはすべてがヒューストンに引き継がれるようなものですよ」と、クリマンは私に説明してくれた。「胎盤がヒューストンです。妊娠は胎盤を通して、母親のオペレーティング・システム全体を掌握します」

それと同時に胎盤は母親の食欲と喉の渇きを強め、一方で胎盤ホルモンは母親が自分の血糖を利用するのを難しくしてしまう。私が3回の妊娠中に食べたタイ風焼きそばの栄養すべてが、知らないうちに私の肝臓を迂回して、夫の操る胎盤へと送られていたのだ。胎盤ホルモンはさらに授乳の準備も進め、赤ちゃんの栄養源が血液から母乳に切り替わる将来に備える。

こうした赤ちゃんと母親のドラマすべては、いくぶんかは体内での妊娠にまつわる難しさのひとつに由来している。哺乳動物の父親は、生まれてくる子供が自分の子どもかどうかを確実にわかる方法がない点だ。そのために父親は自分自身が大きな代償を払って外から子どもに食料を与えるよりも、体内から主張する方法を進化させてきた。

そして父親は、同じ母親とのあいだに再び別の子どもができるかどうかに自信をもてないため、この機会を十分に活かして母親の体内を略奪し、可能な限り大きくて健康な子を得ることは生物学的に最大の利益につながる。優しくてキラキラした目をもち、妻が好きな穀物たっぷりサラダをサプライズで買って帰ってくる夫でも、その遺伝子は妻をすっからかんにしようと目論んでいるわけだ。

クリマンは顕微鏡を使って、女性の子宮内膜を観察させてくれた。肉眼では薄切りの高級生ハムのように見える。ぼんやりした白い矢印を使って彼が――「とても攻撃的なんですよ」と言いながら

——示したのは、胎盤細胞〔栄養膜細胞〕が実際に胎盤の位置を離れ、母親の組織へと移動している様子だった。母親側に移ると、そこではまるで飢えたオオカミのように母親の動脈を攻撃する。

妊娠から数週間後に胎盤から船出するこれらの侵略的な細胞体は、母体側組織のきれいなピンクをしたペイズリー模様に浮かんだ小さな黒い水玉模様のように見え、私はギリシャ軍がヘレネを取り戻すために送った千艘の船を連想した。ただしその数は千をはるかに超え、何億という数の胎盤細胞が妊娠中の母親の肉体に押し寄せる。そしてさらに、ギリシャ軍の総大将アガメムノンさえ称賛するであろう軍隊式の戦術を用いるのだ。

胎盤細胞は母親のみずみずしく繊細な動脈に到達すると、それを取り囲み、壁の総攻撃を開始する。そして動脈のピンと張りつめた筋肉を、ゆるゆるしたピンク色の状態に変えてしまう——世の母親にとっては心当たりのある光景かもしれない。それは母親の血液供給路乗っ取り作戦の第一歩だ。

動脈はすっかり弱々しい状態になり、それから大きく広がる。それまで肉眼ではほとんど見えなかったのに、今では10セント硬貨ほどの大きさで血液が噴出しているのだ。可愛らしいささやかな小川が、今やゆうゆうと流れる、まさに人工物と言ってよいパナマ運河となり、母親の血液を子宮から胎盤を介して胎児へと運ぶ。

通常は、女性の血液の約5パーセントが胎児に流れる。だが妊娠後期ともなると、胎盤の画策のせいで、その割合はなんと25パーセントを超えるらしい——発育中の子の全血液量はミネラルウォーターの一番小さいボトルよりも少ないくらいなのに、こうして大量の血液が供給されるようになる。

おもしろいことに、人間は哺乳動物のなかで最も侵略的な胎盤をもっているらしい。私たちの胎盤は、他の霊長類の胎盤より多くの侵入性細胞を送り出し、こうした例外となる可能性があるのは最も近い類人猿の仲間であるチンパンジーとゴリラのみだ。このことから、私たちの吸血鬼のような胎盤は、人類に特徴的なその他の器官を育てるために必要とされているのかもしれない。

「胎盤は、人間の脳の発達において、きわめて中心的な役割を果たしてきました」と、イリノイ大学で胎盤を研究している（ひそかにマシュマロの取引もしている）ジュリエンヌ・ラザフォードは話す。「脳は、とても高くつく、体にとって不利な器官です。そのエネルギーはどこから来るのでしょう？何らかのエネルギー転換が存在するはずで、胎盤の侵襲性と胎盤の表面積の組み合わせによって、そこに注ぎ込まれるエネルギーを説明できます」

こうして割り増しされる血流によって、分娩後の出血が人間の女性を苦しめる理由も説明できるだろう。他の哺乳類ではほとんど知られていないが、出血は私たちの出産のおよそ10パーセントに影響を及ぼし、世界の妊産婦死亡の第1の原因になっている――犠牲となる女性の数は、いまだに年間12万5000人に達し（医療の発達した地域では、それ以上の数が輸血によって救われてもいる）、子どもがやすらぐようにという父親たちの無意識だが冷酷な作戦の巻き添え被害を受けているのだ。

クリマンが見せてくれた最後のスライドでは、別の母親の健康そうな子宮組織が、混沌とした状態に陥っている様子が見えた。私にはそれが何なのか、よくわからない。するとクリマンは「穿通《せんつう》胎盤」の例だと説明してくれた。この場合、母親は父親による包囲攻撃を止めることができていない。

放任状態になった胎盤は子宮壁を貫通し、ときには隣にある膀胱などの器官の壁にまで食い込んでしまうこともある。

「こうした事例をたくさん見てきました」と言って、クリマンはいつになく顔を曇らせる。私たちが見ていたのは、死亡した女性によって残されたものだった。

献身的愛情を強める

胎盤は、どこかの男性の子孫のために大きくたくましい脳を成長させようと栄養素を吸い上げ、私たちの子宮、乳房、血管を勝手に使うだけではない。さらに、その父親の無力な子孫のために愛情まで手に入れる。

胎盤は私たちの脳も求める。

胎盤によって生じるホルモンの津波が女性の気持ちを子育てに向かわせる仕組みは、まだよくわかっていない。それでもプロゲステロンやエストロゲンなどのホルモンがその過程で大きな役割を果たすことは知られている。ただ、どんな魔法が繰り出されるにせよ、母親らしい気配りを最大化するために、父親の刷り込み遺伝子が駆使されるのではないかと、科学者たちは考えている。

最近、イギリスのある研究室から、胎盤がどのようにして私たちの心にまでそのネバネバした指先を伸ばしてくるかに関する驚くべき論文が発表された。カーディフ大学のロザリンド・ジョンとそのチームが、ＰＨＬＤＡ２と呼ばれる遺伝子に注目したものだ。その遺伝子は通常、胎盤が生産できるホルモンの量を制限することによって、父親側の力に対する重要な抑止力として機能する。そこで研究者たちは遺伝子組み換えマウスの子孫を使い、母親側の遺伝子コピーを遮断してホルモン生産の障壁をなくし、父親側の遺伝子の思い通りにさせてみた――胎盤が大好きな化学物質を好きなだけ作り出せるようにしたわけだ。

こうして生産された余分な胎盤ホルモンは母親マウスの組織にも流入し、母親の脳をいっぱいにした。そのような状態でマウスが無事出産を終えると、案の定、余分なホルモンをもつ母親が赤ちゃんの授乳と世話に費やす時間は長くなった。研究者たちは、母親による子の世話にとって重要なふたつの脳領域での変化も突き止めることができた。胎盤ホルモンの量を増やし、父親の影響を強めると、母親らしい行動が拡大した。

ジョンはこの発見が、母親の献身的愛情を強める混乱した変化を解明する、ひとつの鍵になると考えている。

「もしも早朝4時に誰かに起こされ、その人が泣きわめいていてウンチまみれだとしたら、ふつうならうれしくないでしょう」と、ジョンは言う。「ところが新米ママはこう言うんです。『あらあら、目をさましたのね、すぐにきれいにしてあげますからね』」

公正な立場で言うなら、新米ママは正確にはうれしいわけではない。それでも快く世話をする。その理由は胎盤ではじまった栄養、免疫、行動に関する女性内部の暴走によるものだ。そして父親の遺伝子がそれを引き起こすのに一役買っている。

ある意味、赤ちゃんの父親になることは、母親を生む父親になることでもある。

*　*　*

それはストックホルム症候群〔誘拐事件や監禁事件で、拘束された被害者が加害者に好感、共感、信頼などの感情を抱くこと〕にちょっと似ている。免疫学の面でハイジャックされ、栄養の面で虐待された母親は、脅されたような状態で自分の新しい赤ちゃんを熱愛する――そしてある状況下では、もっと子どもをほしいと思わされてしまう。

というのも、私たちの最初の子どもが生まれたあと、夫は永遠に形勢が逆転したと気づくことになったからだ。将来の子どもについての話し合いで、彼のほうは急に慎重になり、私のほうは次のかわいい子ちゃんがほしくて、そんな慎重さをすっかり失っていた。もしもほんとうに父親が母親を作るのだとしたら、彼はモンスターを作り出していた。

だが、父親による人質作戦は、母親が作られる唯一の方法ではない。胎盤とそのホルモンは出産と同時に私たちの体から取り除かれてしまうので、その一時的な存在によって母親の生涯にわたる変容を十分に説明することはできない。母親になった影響は、時とともに増大するばかりのように思われる。

ここでは母親自身の仕組みが作用している。母親は、自分自身をも作り出す。

第3章 なにが母親脳を育むのか？

運命を変える一服

よちよち歩きの幼児でさえ、母親と母親ではない人は違うとわかっている。ソファーで3歳の息子といっしょに童話を読んでいると、「お母さんは少女じゃないね」と、いつもきっぱり宣言されてしまう。「お母さんはお母さんだよ」。私が息子に返すちょっとゆがんだ笑顔は、きっとどんな脳スキャンよりそのことを証明している。

母親と父親の違い、母親とほかのほとんどの人たちとの違いを観察するのは、比較的容易だ――ただしそれは外見の話になる（たとえば、赤ちゃんにゲップをさせる準備をした髪形の人はすぐにわかる）。もっとわかりにくいのは、哺乳類のメスが――たとえば513号のヒツジ、私の妹、あるいは私が――どうやって少女から母親へと内面的に、つまり細胞レベルで変身するかということだ。

わかりにくいし、――断っておくが――伝えるのも難しい。私は前に、子どもをもつ前には自分で試みたたいていのことに成功していたと自慢したが、たぶんそれは神経科学者になろうとしなかったからだろう。実に難しく、度重なる出産で脳の働きが弱体化していない人にとっても同じだ。だからこれから話すことは、母親の脳内の働きについて科学者たちが疑問をもち、それに答えている様子を垣間見ているだけで、決定的な説明というわけではない。

それでも、こうして垣間見るのは母親にとって無駄なことではない。心の変化だと感じていることは、実際は脳の変化だからだ。神経系に作用する物質、そしてそれをコード化する遺伝子が、子どもの遊びの約束や保護者面談での私たちの行動に影響を与えている。それらは産後うつやその他の周産期気分障害など、母親の健康に関する大きな問題を引き起こし、そうした問題について――私たちの多くが身をもって経験してきたように――医師たちは化学的なレベルや個人レベルで真に理解しているわけではないため、現状では増えてきているのに治療は難しくなるばかりだ。その理由は主に、健康的な母親の脳とはどのようなもので、すべてがうまく進むにはそれがどのように機能すべきかを、医師たちがまだ完全に突き止めていないことにある。私たちが自分自身を理解するには、母親の気持ちが微視的なレベルでどのようにして作られるかについて、概要を学んでおくことが不可欠だ。

そこには秘密の成分がいくつか関わっているらしい。科学者たちは1970年代から、父親マウスも、その胎盤も、妊娠に関するその他のゴタゴタも一切なしで、母親マウスを作り出す方法を知っていた。処女ラットに研究室で注射を1本打てば、そのラットは母親のように行動し、赤ちゃんラットを食べたりするのではなく抱き寄せるようになる。

注射器に入っているこの特別なソースは、あるいは運命を変える一服とは、いったい何なのだろうか？

その注射液にはとても単純な物質が含まれていた——別の母親マウスの血液だ。だがそれから数十年たった今もまだ、科学者たちは母親を生み出す化学薬品の詳細を探り続けている。

赤ちゃんの泣き声への反応

ニューヨーク大学グロスマン・メディカルスクールの研究者たちは、母親を研究しているというより、宇宙のエイリアンと交信しているように見える。巨大な研究室の一角に渦を巻くように張り巡らされた配線の真ん中で、ビーカーに入った透明な液体——手作りの脳脊髄液——が泡立ち、その下に設置されているのは高性能顕微鏡だ。すぐ近くに置かれた紫色の氷入れのなかには、小さなガラス製のピペットがある。

ポスドク研究者のスーミン・ソングがピンセットを使って、雪が降り積もったようなガラス容器から大きな白い雪片に見えるものをひとつ拾い上げる。

それは血を抜かれた脳のかけらだ。およそ15分前には、脳全体がまだメスマウスの頭のなかに入っていた——ただしそのマウスは母親ではない。

そのマウスは文字通り、生贄の処女マウスだ。

「彼女の脳は、実際にまだ生きているんですよ」と言いながら、ソングは手を休めることなくそのかけらを人工脳脊髄液にひたし、華氏約95度〔摂氏約35度〕というネズミらしくどこか臆病な温度に維持している。彼は一部のニューロンの機能を維持し、その様子を「偵察」したいと考えているのだ。「要するに、われわれは母親の脳を盗聴しようとしているわけです」と、研究主任のロバート・フルームケが何分か前に教えてくれていた。「母親の脳をいくつもの部分に分割して、それがどう機能しているかを解明しています」

マウスの脳で研究者たちが狙いを定めた部分は聴覚皮質で、そこは音を、なかでもとても特殊な音を処理する部分だ。「われわれは赤ちゃんの泣き声の音響構造に反応する、低レベルの脳回路を調べようとしているのです」

超音波で発せられる赤ちゃんマウスの遭難信号は、赤ちゃんが寒くなったときに最もよく聞かれ、処女マウスにはとてつもなく耳障りな音に感じられる。それは処女マウスが赤ちゃんマウスを遠ざける理由のひとつだ。ところがまったく同じ音を聞いて母親マウスは魅惑的な歌のように感じ、座礁した船を助けるかのように引き寄せられていく。母親たちは赤ちゃんの悲しげな号泣を音楽より好む。では、いったい何が母親の聞こえ方をそれほどまでに変えているのだろうか。

ソングは次に、処女マウスの脳のかけらを顕微鏡のレンズの下に移す。そしてマウスの聴覚皮質がある部分に焦点を合わせると、まず4倍、次に40倍に拡大する。この近さから見た処女マウスの脳は、うねるように続く広大な灰色の砂漠を思わせる。ソングはまもなくお目当ての、いわゆる錐体ニューロンのひとつを探し当てた。

「探していたニューロンがここにあります」。彼は目を見張るほど器用な手つきで顕微鏡のジョイスティックを操作しながら、そう言った（「ゲームセンターにずいぶんコインをつぎ込んだんですよ」と、白状していた）。ほとんど目に見えないガラスピペットを用いてターゲットの脳細胞に近づくと、「ホールセル記録」という手法の準備を進める。冗談めかしてニューロンに「キスをする」と言われることもある方法だ。「文字通りチューをしようとしてるんです」と、ソングは私に教えてくれた。彼は長いチューブの端に口をつけて吸い、目標とする細胞表面に窪みを作るように圧力を加える。吸うたびに、何度か実際にチュッという音が聞こえ、それは私が息子のフワフワした頰に、身をよじらせて逃げ出される前に1回だけ（10回のこともある）キスをするときの音と同じだった。

失敗して最初のニューロンを破裂させてしまったあと、彼は急いで次のものを準備し、細胞膜のすぐ下にガラスのピペットを差し込むと、なかで何が起きているかを調べられるようにした。

目標は、この1個の脳細胞が刺激を受けたときの反応を測定することだ。ここでソングは脳切片の全体に電気を通した。これは非常に重要なものに似せた刺激で、置き去りにされた赤ちゃんの泣き声の実際の電気的インパルスだという。脳細胞を吸うときのピペットが微細な電極の機能を果たし、読み取りを可能にする。近くのコンピューター画面で、孤独な処女マウスのニューロンが反応する波形を見ることができ、心電図のモニターにそっくりだ。脳細胞自身が出している電気信号が、一連の小さな山形になって次々にあらわれる。

ソングはこの手順をえんえんと繰り返しながら、何十個という処女マウスの脳細胞で得られた数値を、何十個という母親マウスの脳細胞で得られた数値と比較して、赤ちゃんの泣き声という刺激に対するニューロンの反応の変化を探す。

一般的には、母親マウスのニューロンが発火しても処女マウスのニューロンは反応しない。つまり、母親の脳細胞のほうが少しだけ敏感で、画面には先のとがった山形としてあらわれる。

これは、一個の脳細胞レベルでの母親の鋭敏化の物語と言えるだろう。

ホルモンの影響

「未婚女性」のニューロンと「母親」のニューロンの違いを説明するのに役立ちそうな、重要な増感剤——言うなれば、ママを生み出す秘密の材料——のひとつとして、オキシトシンをあげることができる。脳の視床下部と呼ばれる部分で作られるホルモンで、「オキシトシン」の語源は「迅速な出産」を意味するギリシャ語だ。この名前がついたのは、陣痛と出産に伴って——胎盤およびエストロゲンとプロゲステロンが退場していくにつれて——血液中に流れ込み、子宮の収縮と母乳の分泌を促すからだ。

科学者たちは最近、このホルモンが脳に与える影響にも注目するようになってきた。オキシトシンは人間の世界では（そう、男性にも分泌されるのだ）「愛情ホルモン」や「信頼ホルモン」と呼ばれ、社会的な絆や恋愛ばかりか、慈善事業への寄付のような活動にも関連している。フルームケらはオキシトシンが、出産に向けて女性の体の準備を整えるだけでなく、神経伝達物質としても機能し、赤ちゃん賛美に向けて私たちの脳の準備を整えるのではないかと考えている。それは母親ラットの血液中にある目に見えない物質のひとつのようで、40年も前からこうした興味深い実験室の研究で注射された処女ラットを変身させていた。

フルームケの研究室のメンバーは、オキシトシンを用いてマウスの脳が処女から母親へと移り変わる様子をリアルタイムで見ることができるかどうか、確かめたいと考えた。その一連の実験は２０１５年に発表され、今ではその分野の決定版とみなされている。

同じく研究主任のビアンカ・ジョーンズ・マーリンは、新しい光遺伝学の分野からハイテク・ツールを採用することにした。彼女は、遺伝子操作によって光に敏感に反応する脳細胞の余分なコードをＤＮＡに含むようになった処女マウスを選んだ。このようなマウスの頭蓋骨内にレーザーで青い光を当てると、その刺激で自然なオキシトシンの大量分泌が生じる。

マーリンはこれらの遺伝子操作された処女マウスを、研究室がもつスタジオなみの防音室に入れ、個々のニューロンから読み取りを行なうための脳プローブを埋め込んだ（スーミン・ソングのやり方と似ているが、マーリンの実験では脳がまだ呼吸をして泣き声を上げるマウスの内部にある点だけが異なる）。それから赤ちゃんの救難信号を響かせる。だが、処女マウスは動かない。その脳の反応は無関心な場合に典型的なもので、疲れたような山形の波形がたまにあらわれるだけだ。

次にマーリンはブルーライトを照射した。

聴覚皮質にオキシトシンがあふれた。出産時と同じだ。次に赤ちゃんの救難信号を聞かせると、処女マウスの脳は活気を帯びはじめ、より敏感な山形が出現する。3時間経たないうちに処女マウスの波形は母親マウスのものと同じになった。

オキシトシンにさらされることによって、ともかくニューロンが泣き声に対して敏感になっていた。

「3時間の変化を見て、ほんとうに驚きました」と、マーリンは話す。「私たちはたった1個のニューロンで出産の過程を再現したのです。これがはじめて起きたときには、ぞくっとしましたね。自然に涙が出たほどです」

メスマウスの脳は、このオキシトシンの噴出を吸収できることがわかっている。雌雄にかかわらず、マウスの体にも脳にも一生にわたってオキシトシン受容体は少ししかない。だがフルームケの研究者たちは、思春期を過ぎて交尾の準備が整ったメスマウス（マウスの場合は、生まれてからおよそ20日後になる）の左側の聴覚皮質にある数多くの受容体で、珍しい急激な活性化を検出した。この研究室のグループは音に関連した領域のみに焦点を当てているが、オキシトシン受容体の大量活性化はほかの場所でも起きているらしく、おそらくほかの感覚に関係する領域だろう。出産に伴う化学物質の急増に対応するための特殊な神経機構の一部が、自動的に組み込まれているように見える。

人間ではもちろん生体解剖などできるはずもないので、私たち自身の脳内のオキシトシン受容体の自然な分布については、ほとんど知られていない。だがこれまでに集められたデータによれば、人間の母性行動もオキシトシンによって調整されている。苦しみながら陣痛と出産を切り抜けているあいだも、もっと楽しく、研究室の被験者になって参加費をもらいながらオキシトシンを吸い込むときも同じだ。

いくつかの実験によれば、子どものいない女性が鼻からオキシトシンを吸うと、プラセボを吸った女性に比べて泣いたり笑ったりする赤ちゃんの顔や幼児のしぐさへの反応が強くなった。そしてオキシトシンを吸ったあとのfMRIスキャンから、子どものいない女性の脳のなかで共感などの感情に関与する部分が、同じく母親の脳の神経活動と酷似していることがわかっている。

母親ならではの順応性

だが、ちょっと待ってほしい。このような動かぬ証拠に過度に色めき立つ前に――ある科学者は私にオキシトシンを説明するとき、「母なる分子」と呼んだ――もうひとつ評判の高い研究室があることも知っておこう。すぐ近くのニューヨーク大学の一部で、まったく異なる神経伝達物質が母親らしい変化を生み出す効果について研究している。それは「幸せホルモン」とも呼ばれるドーパミンで、オキシトシンと同じく、母親自身の体内で作られる。

さらに別の研究室でも、プロゲステロン、エストロゲン、父親のおせっかいな胎盤が作るその他の副産物による行動への長く続く影響に注目しており、それらは妊娠期間全般にわたって絶妙な割合で組み合わさって、クライマックスを迎える出産時のホルモン大量分泌に向けて母親の準備を整える。

そしてもちろん、母乳を作るホルモンのプロラクチン、おまけに各種のストレスホルモンもある。

たしかに、オキシトシンの人工投与は処女マウスで母性行動の始動を促すことができる。だが、その他のさまざまな母性に関連する分子を混ぜ合わせて注射しても同じだ。もちろんオキシトシンは、ヒツジ牧場でメスヒツジに無関係な子ヒツジの世話をさせたいとき、頻繁に首のうしろの迷走神経を手で刺激して、出産時の「愛情ホルモン」の大量分泌をねつ造しなければならない理由を明らかにしてくれる（それは、ヒツジ牧場に泊まったあの晩に必要になるかと恐れていた、もうひとつの仕事だった）。

そしてもちろん、私自身の例がある。私が経験した出産は従来の方法ではなく、外科医が私のお腹を切りひらいたとき、オキシトシンの大量分泌による快感が生じた覚えは一切ない。首をマッサージしてくれるヒツジ牧場の人も待ち構えてはいなかった。それでも私は子どもたちを、とっても愛している。

メスラットの配線を変えることは――ベビーヨガ教室でオームを唱えている隣の女性の配線を変えるのは言うまでもなく――、非常に複雑な仕事に思える。あらゆる神経化学物質が互いに相互作用をしながら分泌され、その詳細はほとんどわかっていない。たとえばエストロゲンは、脳のさまざまな部分でオキシトシン受容体の発現を拡大する。その一方で、「オキシトシンとドーパミンの報酬系は別個のものですが、互いに話し合っています」と、アイオワ大学で母性行動を研究しているレイン・ストラサーンは話す。「脳内では、オキシトシンを生成する脳細胞と報酬センターとのあいだに直接のつながりがあります」

そして、すべての神経化学物質がいっしょになって脳の活動を増幅し、いくつもの、さまざまな脳領域のあいだのおしゃべりを始動させると、新しいつながりが形成され、古いつながりは消え、多様な脳機構が物理的に変形しはじめる。この順応性こそが、母親ならではの特性だ。私たちの身の回りの多くのものと同様に——哺乳瓶にも、バービー人形にも——母親の脳にも、可塑性がある。

こうした新しいつながりによって、しわくちゃな顔をした赤ちゃんとの仲睦まじい毎日が、最高の贅をつくしたデザートのようにおいしく思えるようになる。それまで赤ちゃんと触れ合う時間などほとんどなかったとしても同じだ。新しく見つかった目的から生じる思考と感動は、その後も長く続く。出産と授乳で大量のホルモンを享受できた時期が遠い過去の記憶になったあとまで、おそらくいつまでも続くことになる（もしそれを思い出すことができればの話だ。母親脳の記憶消去の側面について詳しくは、もし忘れなければ、あとで話したいと思っている）。

ｍＰＯＡと母性回路

では、ここで変化しているのは私たちの脳のどの部分なのだろうか？　正確にどの場所が、母親らしい構造なのだろうか？

私は科学者たちから話を聞きはじめたころ、母親の脳の秘密を明らかにするということは、明確に区別された何か、必要なものが完備された何かを探すことを意味すると思っていた。たとえば、デパートの女性専用ラウンジのようなものを見つけようとしていた。それを見つけるのは、晩秋の裏庭で生い茂っていた木々から最後の葉が散ったとき、鳥の巣がかかっている枝を目にし、夏のあいだじゅう聞こえていた鳴き声の源泉をようやくこの目で確かめられる瞬間のようなものだと思っていた。

もちろん実際には、脳はフットボールくらいのフワフワした組織にすぎない。そこには部屋もアルコーブもなく、森に似ていると考えてみても、きわめて重要な母親の構造は裏庭から見える1本の枝にきちんと載っているわけではない。それはごったがえしたジャングルの全部なのだ。

「ひとつだけの脳領域によって制御されている行動などありません」と、カリフォルニア大学デービス校の神経科学者ダニエル・ストルゼンバーグは注意を促す。「Xがその場所を示す」という状況ではない。異なるグループの科学者たちが、それぞれ多様な隅や窪みを丹念に調べながら研究生活を送っている。

げっ歯類を研究している科学者たちは、独自に数多くの追加手段を用いて、人間を中心に研究している科学者たちよりずっと先を走ってきた。母性の制御部位、あるいは母親らしい行動の「中心地」を見つけたという点については、研究者たちは脳の中心部にある視床下部の一部を引き合いに出すことが多い。ここは進化の点で古い本能的行動の中枢とされる。私たちの脳の最も深い部分は、哺乳動物全体で似ていると考えられるからだ。

視床下部は、「4つの行為にとって実に大切なものですよ」と、ストルゼンバーグは言う。「食べる、逃げる、闘う、そして結婚相手を見つけることの4つです」。視床下部の前側にあるのが、内側思索前野、略してmPOAだ。

mPOAを刺激すると母性行動が生じる。一方、mPOAを外科的に取り除くか、この部分に麻酔をかけてしまうと、ラットの母性行動は消えて、母親は泣き叫ぶ子どもたちを集めようとしなくなる

（こうした実験でもラットの口はまだ立派に働いている。母親はその状態でも、チャールストンチューのキャンディバーのようなおやつを巧みに集めるからだ。ただ、その状態のラットにとっては赤ちゃんがもうキャンディより甘いものに思えなくなっている）。

ｍＰＯＡは人もうらやむ脳内の役員室というわけではなく、真鍮製のネームプレートがかかっているわけでもない。それはかろうじて見えるくらいの大きさの細胞塊で、メスのマウスやラットではピンの頭より小さい。それでも、目、鼻、その他、体外から赤ちゃんに関連するデータを集める感覚野からの感覚入力を山ほど受け取る。たとえば聴覚皮質――フルームケの研究室が詳しく調べているオキシトシン豊富なマウスの脳の割れ目――も、ｍＰＯＡに情報を送り込む。

こうした何層もの入力は、母性本能が非常に強固である理由を説明するのに役立つだろう。母親ラットの感覚をひとつずつ除去した古い実験で、その強固さは実証されている。母親ラットの鼻を利かなくしても、まだ自分の赤ちゃんを見ることができる。次に目を見えなくすると、赤ちゃんの匂いを嗅ぐ。

この領域には化学信号の検出を助ける独自のエストロゲンおよびオキシトシン受容体も豊富で、これらの受容体は――少なくともメスのげっ歯類では――出産前のちょうど48時間のあいだに自然に増えるようだ。

そしてｍＰＯＡは脳内に、軸索と呼ばれる長い神経線維を投げる。あちこちに投げ縄を投じ、ほかの重要な脳の部分とネットワークを作ろうとしているように見える。最も重要な軸索はここを、ドーパミン豊富な腹側被蓋野につなぐ。「やる気」に関連する報酬系の一環をなす部分だ（この重要な相乗作用は、出産時に経験するはじめてのホルモン急増の影響が薄れたあと、何か月間にもわたって母親が赤ちゃんの匂いにうっとりできる理由を説明するのに役立つかもしれない）。実際、これらふたつの同期した領域――ｍＰＯＡと腹側被蓋野――は、まとめて「母性回路」と呼ばれることがある。この部分が赤ちゃんの出すヒントを、報酬を用いてしっかりまとめているわけだ。

だが母性の仕組み全体は結局のところ、喜び、ストレス、記憶、その他、実質的にあらゆるものに関連する数多くの他のシステムも巻き込んでいる――そしてこうしたつながりは活性化すればするほど、どんどん強くなっていく。母性回路はまた、恐怖と感情のホットスポットと言われる扁桃体からの入力も得ている。喜びを感じる中心とされる側坐核も、もちろんループの一環だ。ただし、自由意志による行動に関わる線条体は仲間外れになっている。そして、中脳中心灰白質を忘れてはいけない。

科学者は私たちの脳内の関係性と階層を説明するとき、目を見張るような回路と流れ図を好んで用いるが、それを見るとちょっとした寄せ集めの感じもする――母親がもつバッグの中身みたいに（「ママバッグのなかで一番奇妙なものは？」という記事が、最近、私の好きな母親向けウェブサイトに載っていた。回答を見ると、チュチュ、アボカド、キャットフード、クリスマス飾り、そしてプラスチック製のドラゴンというのがあった）。げっ歯類の脳から人間の脳に目を移すと、寄せ集めはもっと複雑になる。何しろ私たちがもつ特大の大脳皮質は、原始的な衝動を無視することができるのだ。

人間の母親は、巨大で毛のない2本足のネズミではない――もっとも最悪の日には、冷蔵庫の隅からチーズの最後のひとかけをあさりながら、自分はそんなものかと感じないこともない。人間の母親の脳のほうが、より大きく、より複雑なだけでなく、科学の観点からは何より不便なことに、切り刻んで遠心分離器にかけられる素材が自由に手に入る割合が極端に小さい。そのため科学者たちは、人間の母親の視床下部は注目の的であると感じながらも、脳の測定でまだｍＰＯＡを実際に認識できてさえいない——ＭＲＩで見るには小さすぎるし、ＥＥＧ（脳波）で検知するには奥深くにありすぎるからだ。道具の性能が向上するまでは、母親らしい配慮におけるその部分の真の重要性を探査することはできないだろう。一方で、人間の母親を中心に据える科学者たちはまた別の点でも前進を妨げられている。たとえば、ブルーライトを当てるとオキシトシンの大量分泌がはじまるような遺伝子操作を、人間に施すことはできない。

　人間の妊婦および母親の脳の研究の多くは、脳のもっと大きい塊の部分、または表面に近い層に焦点を当てざるをえないわけだ。そしてその部分でもまだある程度の曖昧さがあり、頭脳明晰な科学者にとっては歯がゆさが残る。脳のどの部分が大きくなり、どの部分が小さくなるのか、まだほんとうにはわかっていない。第1章で取り上げた、母親の灰白質が一部の女性では7パーセントも減少するという悩ましい痕跡のほかに、母親の脳が同じ領域で増加していることを発見した研究者もいる。この矛盾は当の研究者にとっても不可解なものではあるが、どうやらそれぞれの研究室が脳の体積測定に用いている手法の違いに関係があるらしい。

　今のところ、人間の母親の変化の細かい性質と、それが生じる場所について、すべての科学者の意見が必ずしも一致しているわけではない。ただどの科学者も、そうした変化が起きることだけは断固として主張している——母親は溶けた状態の生き物だ。

経験による刺激

一方、母親ラットを生み出すために必要なものは、女性の脳に生まれつきある、または成長とともに自然に発達する配線（Hardwiring）や、妊娠（胎盤の登場！）と出産に伴うホルモンという起爆剤（Hormonal priming）だけではない。

アルファベットによるスープのレシピには3番目のH、実地体験（Hands-on experience）もある。自分自身の手で——ラットなら足で——実際に赤ちゃんを扱う経験だ。

2011年2月7日、スーパーボウルサンデー翌日のあの運命の月曜日、私が最初の赤ちゃんを産んでから実際にその赤ちゃんに会うまでの苦しい時間に戻ってみよう。ほぼ10か月にわたって、私はさまざまな天然ホルモンにさらされ、最後の最後にはいくつかの人工ホルモンも投与され——ようやく赤ちゃんを取り出してもらった——が、明確に生まれ変わったわけではなかった。私の脳は、母親とそうでないあいだの宙ぶらりんのところを漂っていただけだった。

母親になってから赤ちゃんに会うまでの、この不自然な、パニック状態の中休みは、思い出すのもつらいが、今にして思えばとても有益なものだった。なぜなら、ホルモンと神経伝達物質が全権を握っているわけではないことを教えてくれるからだ。たしかにホルモンと神経伝達物質は、のちにやってきたひらめきの下準備をしてくれた。でも、保育器から見上げていたあのしわくちゃで小さな顔は？　彼女こそが決め手だった！

この生命の啓示は、母親になった科学者にとっても驚きとして受け止められるようだ。たまたまオキシトシンの研究をしている最中に第1子を産んだ科学者ビアンカ・ジョーンズ・マーリンもそのひとりだった。

「私は母親の行動についてよく知っているつもりでした。母親の行動で博士号を取得しましたからね」と、彼女は話す。オキシトシンはマーリンにとって人生そのものだった。「それから私は母親になりました」

自然分娩による出産だったが、その直後に内科治療が必要になって赤ちゃんと引き離され、母乳で育てることをあきらめざるをえなかったそうだ。事実上、授乳することによってオキシトシンの分泌が続く。それでももちろん、オキシトシンというホルモンがあふれ出ていなくても、赤ちゃんはまだ彼女にとってすべてだった。

人間の母性は、ただ筋書き通りに爆発的な化学反応が続くだけのものではない。花火のように演出されたものではないのだ。それはまた、予測不能な他者である赤ちゃんとの相互作用に左右される、混沌とした現実でもある。それぞれが母親として過ごす一生のある時点で、たとえ自然分娩で出産して長期間にわたり母乳育児をしたとしても、化学物質の影響は2次的なものになる。幼児になってから母乳をまったく与えていない10歳の子どもを、母親はまだ熱烈に愛している。それは私たちの脳内のつながり、思いやりと報酬の結びつきが、十分に強くなって独自に機能するまでになり、もうホルモンによる活性化に頼らなくなったからだ。どこかの時点で母親の脳は、そう、まさに母親脳になり、絶えず化学物質による誘発や報奨がない状態でも赤ちゃんの出す合図に応えるようになる。また一定の状況下では、何もできない小さな赤ちゃん自身が、ホルモンによる誘発なしで母親を生み出すのに十分強力な刺激にさえなるようだ。

私たちはすでにラットという勇敢な身代わりで、母性行動を引き出せる特殊な化学物質を注入すれば処女ラットが母親ラットになる様子を見てきた。だが科学者たちは、処女ラットを子どものラットと長期間いっしょにしておくと、化学的な処置は一切なしで母親ラットを作り出せることも発見している。

処女ラットを、ただ母親と子どものラットが暮らすケージに閉じ込めておくだけでいい。はじめの7日間は何も起こらない（ここで必要になるのは、処女ラットが子どものラットを食べてしまうことがないよう、よくよく注意することだ）。ところが狭い場所で赤ちゃんといっしょに過ごして約1週間が経つと奥深くで眠っていたシステムが目を覚ますようになり、以前は共食いをするほどだった処女ラットが、赤ちゃんたちのまわりで心優しい大人としてふるまいはじめる。

私がニューヨーク大学の研究室を訪問したとき、フルームケが担当している別の大学院生ナオミ・ロペス・カラバロが、この方法によって母性本能が「正体をあらわした」処女マウスを見せてくれた。ゴム手袋をはめ、ピーナッツほどしかない生後8日の赤ちゃんマウスを2匹、いかにもプロらしい手つきでケージに落とすと、続いて生物学的には母親ではないほっそりしたメスマウスをいっしょに入れる。ただしこれは、すでに1週間にわたって赤ちゃんマウスといっしょに過ごしてきたメスだ。

「赤ちゃんを巣に運べるかどうか見てみましょう」と、ロペス・カラバロは言った。

ケージの床におろされた赤ちゃんマウスはすぐに口を開くと、力を振りしぼって、人間の耳には聞こえない苦しげな泣き声を出しながら震えはじめる。

すると勇気ある処女マウスは、逃げるのではなく、少しずつ近づきはじめた（そのマウスの可愛らしい努力を見ていると、キッチンの食料庫のどこかにバネ式ネズミ捕りを置いたことがあるのを思い出して、後悔の念が湧き上がる）。このマウスは自分の足をそっと、赤ちゃんの小さな震える体に載せ、次に大急ぎで巣にある綿花を膨らませようとした。私が子どもたちと遊ぶ前に、リビングのソファーに置いてある枕をふっくらさせるときの様子によく似ている。これは母性行動で、この処女マウスは私の前では赤ちゃんを巣に運ばなかったが、以前の実験では運んだという。

「処女マウスが子どもを運ぶ行動は、何によって身につくのかまだわかっていません」と、ロペス・カラバロは話す。

後押ししているもののひとつは、実の母親かもしれない。母親は――大人の助けや仲間を懸命に求めて――やる気のない処女マウスをその粗末な巣に何度も何度も引っぱっていく（私はときどきこれをベビーシッターでやっている）。

だが処女マウスもだんだん進んで参加するようになり、時とともにやる気のなさが消えていく。研究者たちはあらゆる種類の精巧な小型カメラ、超音波マイク、神経測定装置を駆使してマウスを監視し、学習過程を形成する要因を探り出そうとしているところだ。

訓練中の処女マウスと赤ちゃんマウスのあいだに透明の仕切りを置いても、あとで試すと赤ちゃんをプロ並みに運ぶようになる。ところが同じ仕切りをグレーのダクトテープで覆ってしまうと、いつまでもできるようにはならない。このことから、赤ちゃんの泣き声は重要ではあっても、それだけでは処女マウスが母性行動をはじめる引き金にはなれず、この鋭敏化の規範には視覚と視覚皮質が何らかの形で関わっていると考えられている。

私は処女マウスの頭に奇妙なL字型の金属プレートがついているのに気づいたので、いささか科学の分野には不似合いな「彼女の帽子」という呼び方で質問してみた。

「ああ、バーチャルリアリティの試験ですよ」と、ロペス・カラバロは言う。「あれをつけておくと、マウスは頭を動かしません」。研究者たちは、処女マウスが母親マウスによる子育てビデオを見ているだけで、母親に変身するきっかけが生まれないかを見極めようとしているのだ。

もちろん、マウスとラットの子どもによる鋭敏化の研究は実験用ツールで、実際の暮らしのシミュレーションではない。第1に、野生のネズミに十分な上映時間を確保することはできないし、注意深く見守るレフェリー役の科学者がいなければ、処女マウスが何時間も無関係な赤ちゃんに近寄るとは思えず、まして1週間ずっと近くにいることなどない。もし近くにいたとすれば、すぐに赤ちゃんの毛皮が——ヒゲも、しっぽも、内臓も——飛び散りはじめるだろう。

それでもこの研究は、母親への転換を引き起こすホルモン以外の要素を強調する役割を果たしている。実際のところ、母親らしい鋭敏化は処女マウスの脳下垂体――ホルモン界の勇者ヘラクレス――を外科的に除去しても可能だ。たしかに、妊娠、出産、授乳のホルモンはメスのげっ歯類に急激で驚くほどの変化を引き起こすことは否定できない。だが赤ちゃんといっしょに過ごす経験も、すべてのメスの哺乳類に組み込まれている同じ脳のシステムに影響を与え、母親らしい気配りを引き出す強力なきっかけとなる。ただし、この場合の変化ははるかにゆっくり起きていく。

こうして複数の入り口があることは、母性本能がもつ威力のさらなる証拠だ。赤ちゃんマウスを通した処女マウスの鋭敏化によって、一度も妊娠していなくてもすべての女性の内部には母性の種子《たね》が存在していることがわかる。そしてそれは、ホルモンまたは経験の、あるいはその両方の適正な刺激によって、完全な母性本能へと成長していける。

1回でも長期にわたって赤ちゃんと触れ合うと、はじめは子どもの世話に気乗りしていなかったこうしたマウスも変わりはじめる。出産を経験していないメスが子どもの世話を開始すれば、測定可能な身体的変化も生じる。子どもを通して鋭敏化を果たした処女ラットでは、たとえば脳内のプロラクチン受容体が増え、海馬では新しいニューロンが芽生えるだろう。そのパターンは生物学的母親で見られるものと似ている。

十分におだてることによって、実際には自分の子どもと触れ合った経験がないオスのラットにさえ、実験で母親らしい配慮を促すこともできる。だがその行動を引き出すにはずっと長い時間がかかり、骨が折れる。「オスが赤ちゃんに積極的に対応するよう仕向けることができます」と、ミシガン州立大学のジョー・ロンスタインは話す。「でもずっとずっと難しいですよ」。ホルモンの注射による場合は、はるかに多量のホルモンを、より長期にわたって投与しなければならない。同様に、オスラットも直接の触れ合いによる刺激を受けることで子育てをはじめるが、この場合も母親ではないメスに必要な1週間よりも長い期間、赤ちゃんと同じケージで暮らす必要がある。

それでもこのことは、母性本能は哺乳動物にとって欠かせないものなので、オスにも脳の深いところに母性の種子《たね》が埋め込まれていることを示唆する。だが、それはまたほとんどの種《しゅ》で、研究室の外で自然にはけっして芽生えないことも示唆する。ロンスタインは、「メスの脳のほうが誘導しやすく、オスの敷居はずっと高くなっています」と話す。

養母と養子

だが動物を使った研究室のなかでのみ起こることを、人間は生き方として自由に選ぶことができる。生物学的な母性は、まったく気が進まない女性をも巻き込む荒波のようなものだ。だがその他の人間は、こうした同じ海に船出することを自分の意志で選び、毎日欠かさず母親の動きを体験することで、潜在的な母性本能を導き出せるだろう。私たちはすでに一部の父親が、赤ちゃんと過ごす経験に完全に組み込まれれば母親のような生き物になれること、一部のホルモンの変化さえ起きることを見てきた。そしてもちろん養父母という、ほとんど人間だけで起きる現象もある。

人間の養母に関する神経科学的研究はほとんどないが、処女ラットの場合と同様、心を込めて赤ちゃんの世話をすることで母親脳を目覚めさせ、身体的に作り上げていくことができる。ある研究では、14人の生みの親と14人の養母および育ての親に、自分の子どもの顔とその他の人々の顔を見てもらった。すると「どのタイプの母親」でも、自分の子どもに対して強い神経の興奮が生じた。

別の実験の場合は、養母とその小さい赤ちゃんを短時間だけ引き離し、そのあとで30分にわたって抱いてもらった。するとその前後に採取した養母の尿の分析から、養子との触れ合いを通して体内でオキシトシンのレベルが上昇したことがわかった。それは母親の「喜び」に関連しているものだった。

興味深いことに、母性に対するホルモンの助けなしでゆっくりと鋭敏化していった処女マウスのように、養母は時間とともに少しずつ変化していき、子どもの親権を得てから月数が増えるごとにオキシトシンのレベルも上昇する（同様に、生みの親にとっても実地体験が重要で、ほとんどいっしょに過ごさないでいると、生まれたばかりの赤ちゃんとの生理的な同調は薄れていくことがある）。

とはいえ、養母と生みの母の脳は、おそらくまったく同じものにはならない。ふたつのグループは、赤ちゃんの泣き声および視覚的な合図に少しだけ異なる反応を示すようだ。どちらのほうがよいと言うわけではない。養母の行動は養子を大事にするという点でわずかに異なっているのかもしれない——ある研究では、養母は生みの母よりも「赤ちゃんにより多くの栄養を与え、赤ちゃんをより頻繁に撫でた」。

人間は自然に共同養育を行なっており、互いの子どもに対して並外れた親近感をもつため、女性には他の哺乳動物のメスに比べて赤ちゃんに対する鋭敏化の敷居が低い可能性がある。たとえば、無関係な若者を養子に迎えることは、アザラシやカンガルーのように群れで暮らす動物が大規模な捕食や気象事象のあとで混乱状態になる偶然の場合を除いて、人間以外の自然界ではほぼ聞いたことがない。また、「養子」を迎える稀な動物は、そのほとんどがすでに母親であり、古風にも精神的に過敏になっていた場合だ。

だが、妊娠経験のない人間は母親に名乗りを上げることができる――ただしやり遂げると固く決心している場合に限られる。事実、一部の進化理論家は、侵略的な胎盤が種の生き残りにとっては逆効果と思われる特殊なやり方で母親の命を危険にさらしてまで、なぜ生物学的母親が与えられるより多くの資源を注ぎ込むかという謎を、誰でも母親になれる人間の傾向によって説明できるかもしれないと考えている。

おそらく私たちのシステムがそのリスクをとるのは、母親の死は人間の赤ちゃんにとって、ほとんどの哺乳類の場合のように死を意味しないからだ。人間という種には異なる計算が当てはまる。人間の場合、隠れ処にいるのは母親とその赤ちゃんだけではなく、みんながいっしょになって過酷な世界に立ち向かう。私たちにはほとんどいつでも手伝ってくれる人がいて、叔母さんや叔父さんまでもが出番を待ち、すべての哺乳動物のなかに潜んでいる母性本能を引き出して子育てに参加しようと、やる気満々になっている。

「人間社会は、赤ちゃんが母親からどれだけ多くを要求できるかに関して、自然選択の力を緩めてきました」と、ハーバード大学のデイヴィッド・ヘイグは言う。「出産したあとには、母親の健康の必要性は薄れるのです」

これを聞いて、私はちょっとだけ皮肉っぽく鼻先で笑ってはみたものの、それはある意味、私がこれまで耳にした最も恐ろしいことだった。

第4章

ママになると性格が変わるわけ

世界の景色が変わる

これまでに見た最悪の夢について考えてみよう。私は10年以上も前に、母親は母親以外の人とは違う夢を見ること、そしてその夢は往々にして楽しいものではないことを実感した。巨大なハイイログマに遭遇し、ホオジロザメもオオカミもやってくる（人喰いネズミはまだ登場していないが、そのうちちがいなく姿を見せるだろう）。土砂崩れにも、壊滅的な大嵐にも耐える。あえぐように目覚め、あわてて同じような悪夢で息苦しかったであろう子どもの様子を確かめる。だが実際のところ、子どもたちはベッドですやすやと眠っているだけだ。このような出産後の奇妙で鮮明な夢は夢遊病の引き金になるので、母親は危険にさらされている。

母親の睡眠を乱すものの正体を科学者たちはまだ完全に突き止めてはいないが、脳の大変革に着手したことによる副産物の一端であることはたしかだ。そして母性が私たちの夢の国での経験を変えるとするなら、目を覚ましているときの世界の景色を、もっと大きく変えてしまう。出産は女性をじつにさまざまな形で傷つけており、母性の舞台裏で起きている神経の魔術は、小さな赤ちゃんに対する女性の反応をはるかに超える刷新を実行している（赤ちゃんに対する反応の変化が、つねに変化の根源にあることはたしかなのだが）。たとえば妊娠中の女性は、なぜか、そうでない人より自動車事故に巻き込まれることが多いようだ——心ここにあらず、という状態のせいかもしれない。実験に参加した母親は、ヒトノミやイヌの糞といった気持ちの悪いものを見てもムカムカする度合が低かった（「嫌悪感が減ると……子の世話をするのが楽になるだろう」と、科学者たちはまったく筋の通った結論を下している）。

現代社会では、多くの母親が日中は子どもと離れて過ごし、別の種類の人と仕事に関わっているため、こうした風変わりな相違がこれまでになく重要になってくる。睡眠の研究者は夢遊病患者の母親に対し、誰も傷つくことがないよう、夜間は自分自身を部屋に閉じ込めるようにと助言する。それでもまだ私たちは日中ずっと、自由にさすらっている。

母親になったばかりの女性独特の変化のなかには、行き当たりばったりで、まったく害のないように思えるものもある。母親は味覚の変化を経験するかもしれない。塩味が好きになる場合がある——そのことは、「リッコメーター」と呼ばれる可愛らしい響きの（ペロペロ舐める回数を計測する）器具を用いたラットの実験で明らかになっているし、たぶん私がコーンチップス「フリートス」をやめらくなったのも、そのせいだ。母親ラットは交配前のラットより熱い——まあ、情熱的という意味ではなく、文字通りの熱さだ。母親ラットの体は温かく、深部体温が子を産む前より高くなっている。

こうした変化のなかには、母親の代謝作用のちょっとした調整に影響されているものもあるらしい。だが、母親が周囲の世界を把握して世界と触れ合う方法に見られるその他の相違は、概して、様変わりした母親のスケジュール表と報酬系の仕組み、そして何に興味を惹かれ何を危険と感じるかという母親の感覚を反映している。私たちの体内の光景がすっかり作りなおされ、私たちが外界を見るときには、以前とは異なる地平に目を向けているというわけだ。

脅威が迫っても慌てない

最も驚くべき変化は、妊婦および新米ママが環境ストレスに直面すると、ほかの人たちより落ち着いているという点だ。ありえない！　私はこの論文にはじめて目を通したとき、そう思った。鶏のもも肉を大急ぎで漬け込み、サッカー番組の時間をチェックする合間に読んだときのことだった。

でも、それは本当だ。妊娠中の女性に参加してもらった実験によれば、意図的に不愉快な思いをさせられても怒りの感情が少なく、模擬面接試験のような心理的にストレスがかかる出来事のあいだも心拍数が低かった。

また、母親は加熱室で耐えるような身体的な不快感に耐える力も優れている。氷水がいっぱい入ったバケツに両手を1分間つけたままにするという実験では、母親の唾液に含まれるストレスホルモンのコルチゾールの量は、子どものいない女性の場合より少ない。さらに、バラバラ死体、銃、怒り狂うイヌなどの不安を誘う写真を見たときも、母親は相対的に平静を保つ。ストレスに対する反応の鈍さは、妊娠期間全体を通して強まっていくようだ。

異常なほど落ち着いた妊婦に関しては、研究室の外で行なわれている実態調査でも、いくつかのとても興味深い結果が出ている。大けが、失業、家族や友人の死など、「人生の重大事」に直面した場合に受けるストレスは、妊娠初期の女性に比べて妊娠後期の女性のほうがはるかに少ない。

人生で経験するこうした出来事はときに、文字通り足元がぐらつくほどのきわめて大きな影響を及ぼすことがある。1994年にカリフォルニア州ロサンゼルス市のノースリッジ周辺を、マグニチュード6.8の大きな地震が襲った。車庫がつぶれ、ビルが倒壊し、直接的な被害者だけでなく、ストレスが原因の心臓発作でも多くの人々が命を失った。のちにカリフォルニア大学アーバイン校の母性行動研究者たちが、震源地から平均して80キロメートルの場所に住んでいた妊娠中の女性を対象に「ライフ・インベントリ・テスト」と呼ばれるものを実施し、この地震で感じたストレスについて、「まったくストレスを感じなかった」から「非常にストレスを感じた」までの4段階から選んでもらった。これを平均して4点までの点数であらわすと、妊娠のごく初期の女性の場合、この地震は最大に近いストレスで、それは道理にかなっている。ところが妊娠後期の女性の場合、この大きな地震は「まあまあ」といったところの2・38点というストレスだった。

折りしも――少なくともこの章のテーマにはうってつけの話になるが――ワシントンDCのわが家の近くで今までほとんど聞いたこともない地震が起きたとき、私は外出している真っ最中だった。しかも、それまでになく勇気を奮い起こして、まだ赤ちゃんだった娘をはじめてベビーシッターに預けていた。そして、どこあろうアンテイラーの店の試着室にいたのだ。いくつもの棚から新しい体形でも仕事に着ていける服を真剣に探し出し、試着室に持ち込んで着替えはじめたところで、ショッピングセンターの建物がブランコ式のベビーチェアーのように揺れはじめた。ワシントン記念塔にひびが入り、ワシントン大聖堂の尖塔が折れるほどの、大きな地震だった。そのショッピングセンターは国防省《ペンタゴン》の隣にあったから、私ははじめ爆弾が投下された事態を想像し、半ば服を脱いだ状態でテロ攻撃に遭ってしまったのだと思った。

周囲の誰もが悲鳴を上げて逃げようとしていたが、私はどういうわけか落ち着いており、きちんと服装を整え、しっかりした足取りでアンテイラーの店を出た。もう何週間も寝不足で、ほんの数分前には仕事に復帰する際の細かいことで頭のなかがぐちゃぐちゃの状態だったのだが、急に、ものごとがきちんと整理された気がした。迷うことなく車を置いて帰ることに決め——私の赤ちゃんから遠く離れた駐車場で足止めされる危険は冒せなかった——大またでショッピングセンターを出ると、最初に目にとまったタクシーを呼び止めた。そのタクシーにはたまたま、アルゼンチンから仕事で来ていた身なりのいいビジネスマンが乗っていて、私と同じくらい落ち着き払っていた（そのあとすぐ、走っている車のなかにいたので地震に気づかなかったのだとわかった。街のオフィスビルから次々に飛び出してくる人たちを見て、それがアメリカのランチタイムの光景なのだと思っていたらしい）。

こうして街じゅうが麻痺状態に陥るより前に、私は何ごともなかったかのように赤ちゃんの元に戻ることができた。ただし残念なことに、仕事で着る服は1着も手にできなかった。一方、まだ子どものいない若い女性のベビーシッターは、この地震で私よりずっと情けない状態になり、赤ちゃんをしっかり抱えたまま動けなくなった彼女の両腕を夫がこじあけ、わが子を取り戻さなければならなかった。

　十代のころの私なら、ヒステリーの傾向があって献血を禁じられたこともあるくらいだから、彼女と同じように異常な恐怖にかられていたことだろう。だが新しい私――母親になった私――は、汗ひとつかかなかった。

　おそらく強い地震も、新しく親になる苦労にくらべれば大したことではないのだろう。それでも広い意味では、脅威が迫っているときに平静を保ち、落ち着き払って自分と赤ちゃんの安全に集中することは、妊婦と新米ママのためになる。そしてそうした脅威は思ったより頻繁に訪れ、地震のこともあれば、おしゃぶりを消毒する鍋のこともある（近所に住むママ友は、沸騰する鍋を火にかけたまま、なんとかしてもう一度楽しみたい思っていたブランチに出かけてしまったことがあった。その後のボヤ騒ぎは、「おしゃぶり火事《パシ・ファイアー》」として語り継がれている）。あの日、地震に遭っても妙に安定していた私の気持ちが娘の命を救ったわけではないが、もしかしたらそうなっていた場合だってあり得る。数年前にカリフォルニア州で起きた大規模な土砂崩れでは、銀行の窓口係をしていた女性が右へ左へと滑りながら自宅に迫ってくる隣家を見て、冷静にもまだ赤ちゃんだった息子を素早く抱きあげてソファーの下にもぐり込み、二人とも助かった。

おまけに、カリフォルニア大学マーセド校のジェニファー・ハンホルブルックによると、母親がごくふつうの環境でもきわめて冷静になれるのは、何時間も「リラックス」することを求められる授乳時に襲ってくる、退屈と空想に対して準備を整えているためらしい。

こうした反応の抑制——感情が鈍くなると言えるかもしれない——は、新米ママの半数以上が経験する「ベビー・ブルー」の背後で進化した衝動ではないかと考える科学者もいる。おそらく、軽い産後うつは適応の一環なのだろう。ただし科学者はまだ、およそ5人に1人を襲う危険で治療を必要とするうつを引き起こす化学的な作用を解明できていない。その場合、冷静さにプレッシャーがかかり、絶望的な冷やかさになってしまう。

母性攻撃

逆説的ではあるが、母親および妊婦は感情的に環境から孤立する一方、身体的には自分の周囲をいつもよりずっと強く認識している。母親が光り輝く宇宙の中心——大声で泣き声を上げる生まれたばかりの自分の赤ちゃん——を監視するときの警戒心は、その周辺にも、言ってみれば大人の社会にまで、及んでいるように思える。

新米ママは人間の赤ちゃんの泣き声だけでなく、生き物の子ども全般の泣き声に耳をそばだてる(研究によれば、哺乳動物の母親は赤ちゃんという存在すべてに夢中になり、シカの母親は子ネコやアシカの赤ちゃんなどの録音された泣き声を耳にすると、助けようとして突進するという)。実験室の試験では、母親の脳波は強化されており、はっきりしない言葉や音のように、赤ちゃんの泣き声と音響的な共通点がほとんどないような物音にさえ反応することがわかっている。ある実験では、生後14か月未満の子をもつ人間の母親を母親以外と比較すると、子どもの声ばかりか大人の声を聞いたときにも、聴力に関連する脳の領域で「活動が活発化」した。

同様に、一般的に感度が高まる母親の嗅覚は、赤ちゃんの頭から漂ってくる匂いだけではなく、あらゆる種類の匂いを感じることができる（私の経験では、敏感になっている嗅覚がこうして拾い上げる匂いは、いつも心地よいものとは限らない）。母親はまた、あらゆるものを厳密に調べるように見える。たとえば、産休明けで仕事に復帰する女性警察官は、巡回でいつになく用心深くなると報告している。

また、赤ちゃんの写真を見たときの新米ママと子どものいない女性の反応を比較するために、対照として家の画像を用いた標準的な実験があった。研究者としては、それらのごく当たり前の光景を見ても、すべての女性が簡単にやりすごして次の画像に目を移すことを想定したものだった。ところが、母親たちがそうした家の画像まで、いつもより綿密に詳しく調べているように見えたので、研究者らは衝撃を受けたという（この結果は、私がＨＧＴＶ〔ホームアンドガーデンテレビ〕にハマっていることの言い訳になりそうだ）。別の研究では、妊婦は「色の差を見分ける能力が大幅に高くなっている」という結果も出ている。暗くした部屋で、妊娠中の女性は可視スペクトル全体にわたる85色の帽子を見て、色合いの違いをより強く感知していた。

母親はまた顔色を読み取る力にもすぐれ、それは日ごろから見慣れているチビさんのふくれっ面を見分けるときに限らない。妊婦は、人の顔にあらわれている「見かけ上の健康状態」を見極める並外れた力ももちあわせているようだ。その能力は、特に予想がつきにくい重大な局面で病気から身を守るのに役立つだろう。さらに母親はほかの人の感情に気づく達人でもある。実験によれば、まだ幼児の子をもつ母親は、無音のビデオを見て見知らぬ人の感情をより正確に判別することができた。また母親は、ほんの短いあいだ見ただけで、ほかの人の顔を認識するのが得意だ。

だが、母親はなかでもある特定のタイプの顔を細かく調べるのに熱中する。通常、女性はほかの女性の顔を見分けるのを最も得意としている——女性は友人でもありライバルでもあるからだ。ところが母親は、成人男性の顔をよく見ようとすることに考えを切り替えるらしい。母親はわずかな時間だけ見たあとでも成人男性の顔を認識し、その表情を読み取り、なかでも嫌悪のような否定的な表情を敏感に察知する。母親は潜在的犯罪者の顔を、より大きな脅威と評価する傾向がある。そして見知らぬ人に対して、より強い警戒心をもつ傾向がある。

母親はなぜ、地下鉄では無害な男性を横目で見ながら警戒する一方で、歯がガタガタするほどの地震のとき、「冷静に普段の生活を続けよう《キープ・カーム・アンド・キャリー・オン》」(ソファーに置かれた可愛くないクッションに、この言葉が刺繍されているのを見かける)と思えるのだろうか。おそらくそれは、私たちが進化の過程で立ち向かってきた危険に関係している。私たちの遠い祖先の進化の背景では、見知らぬ男は地面の揺れよりも、赤ちゃんに対してはるかに大きな日常の脅威だった。多くの哺乳動物の種で、無関係のオスによる子殺しはごく一般的なものだ。近い親戚にあたるチンパンジーの場合、幼い赤ちゃんをもつメスは概してオスを避ける。だが人間の世界の場合、それは実際には不可能なことだ。

母親の環境に対する認識と脅威への敏感さを、窮地でも気高く決断を下す態度と組み合わせると、最もよく知られる行動のひとつである「母性攻撃」が生まれる。母親は脅威を特別に自覚しながら、脅威に直面することを断固として恐れず、その組み合わせは文字通り強烈なものだ。そして全体的な落ち着きのさなかで簡単に高まっていくと思われるひとつの感情は、母親として道理の通った「怒り」になる。

母親ヘラジカがクマを殺し、メスヤギのリーダーが山の斜面でオオカミを頭突き攻撃して文字通り追い落とすことは、広く知られている。「北極海で子を守ろうとしたセイウチがロシア海軍のボートを沈没させる」という見出しもあった。そして私たち母親はそれを聞いて嬉しくなってしまう。母親ならそうするに決まってるでしょ！　ほかにどんな選択肢があったっていうの？　相手は駆逐艦じゃないんだし――大きめのゴムボートみたいなものなんだから、私だって50センチの牙があれば、あっという間にやれるわね。

だが、北極海まで出向かなくてもひと騒ぎ起こす母親に会うことはできる。自然界で最も残忍な攻撃的母親の一部は、私たちの家庭に近いところに潜み、どうやら私の子どもたちの大好きなおやつの多くを提供してくれているらしい。乳牛は去勢されていない雄牛よりも、人間にとってはるかに危険な存在であることがわかっており、農場主たちの「高速衝撃外傷」の元になることが多いのだ。乳牛が、自分の子どもに対する脅威になると疑った人間の男性を速攻で蹴り上げるという、いくつかのとても納得のいくオンライン動画がある。

私が子どものころ、父はよく気ままな20代にバックパックを背負ってイエローストーン国立公園を歩いた旅の話を聞かせてくれた。そんなときに必ず登場するのが、2匹の子グマを連れたメスグマと鉢合わせし、人影がまったくない荒れ野の小道を、文字通り後ずさりしながら、ゆっくり離れていかなければならなかったときの話だ。当時はいつも妹といっしょに話を聞きながら、大げさに盛っているにちがいないとタカをくくっていたものだ。危険の代名詞にもなっている子連れの母グマといっしょに山歩きをした人なんて、いるはずもない。

だが父が世を去って何年も経ってから、妹が父の古いカメラをいじっていて、見たことのないスライドがたくさん残されているのを見つけた。

驚くなかれ、そこには大慌てでシャッターを押した瞬間に写ったらしいメスグマの写真もあったのだ。私たち姉妹が今ここにいるのは運に恵まれたせいだと思わせるに十分な、記念の1枚だった。

こうした戦う母親を身近で観察するのは、どう考えてもちょっぴり恐ろしいので、生物学者はもう少し脅威を感じさせない動物を選んで注目することになる——たとえば、リスだ。ある興味深い研究では、何匹かのカリフォルニアジリスにガラガラヘビの音を聞かせた。ヘビはほとんどの場合、大きいリスではなく赤ちゃんリスのあとを追うことがわかっている（大きくなったリスは噛みついたり小石を蹴ったりして、全力でガラガラヘビに対抗できるからだ）。実験では、母親リスがこの脅威に対して最も猛烈な勢いで反応し、ニセのヘビに向かって激しく尻尾を振った。では、父親はどうだろうか？

父親リスは、かろうじてチラリと目を上げただけだった。父系の確信をほとんどもてない種では、予想通りというところだろう。

状況次第では、人間の母親が最も獣に近く、残忍になれるだろう。母親は誘拐犯の車に激突することもいとわず、自分の子どもをあらゆる魔の手から救い出す。「私には母性本能がありましたからね」と、あるカナダ人の母親はマウンテンライオンに噛みつかれた7歳の子どもを救い出した件について尋ねられると、驚くほど平然として答えた。「ただ跳びかかって、口をこじあけようとしただけです」

見知らぬ男とマウンテンライオンだけが母親の攻撃目標になるわけではない。『ニューヨークタイムズ』紙の人気コラム「モダン・ラブ」の最近の記事では、ある母親がプールで遊んでいた5歳のわが子に荒っぽいことをした年上の子どもに、大きいゴムボールを思いっきり投げつけたと書いていた。思いがけない攻撃にひどく驚いた子どもが、ボールを投げた人物を振り返ったとき、「似合わない水着を着た中年女性がそこにいるとは思ってもみなかったにちがいない。でも、その子が見たのは私の姿だった」と、復讐心に燃えた母親は回想している。

暴力沙汰は母親と母親のあいだでも起き、「フロリダで子育ての方法をめぐり母親同士が喧嘩――割れたコーヒーマグで互いを切りつける」という見出しが躍ったこともある。母親は抱っこひもでわが子を抱いたまま、殴り合いさえするのだ。こうした母親間の対決は、アメリカで最も危険なレストランチェーンが(『ウォールストリートジャーナル』紙のレポートによれば)チャッキーチーズ〔子ども連れに大人気の、ゲームセンターとピザレストランを合体させたような施設〕だとみなす理由を説明するのに役立つだろう。

冷ややかだが警戒を怠らない私たち母親は、根性がすわっていることで知られる永遠の集団を作り、世の中のさまざまなものに警鐘を鳴らして「反対」の行進を繰り広げる――最も有名なのは飲酒運転への反対だが、ほかにも、アメリカンフットボール、ビデオゲーム、気候変動、空港拡張、インターネットと、攻撃する対象は幅広い。かつて、女性用のジムがあまり意味もなく「アングリーママ・クラブ」と呼ばれていると聞いたことがあった。私はその名前を嫌いではない。野生で捕獲した母親ラットの脳では、攻撃行動とつながりのある扁桃体の脳細胞が通常よりも大きい。母親の感情で最もよく引き合いに出されるのは、愛情の次に、怒りということになる。

テストステロンによって促される男性の怒りとは異なり、こうした母親の怒りはまた別の（だが、今ではよく知られる）神経化学物質に由来しているようだ。ある実験では、メスラットにペパーミントの香りと苦しい電気ショックとを関連づける学習をさせた。母親ラットはすぐに、ペパーミントの香りがすると必ず恐怖で身を固くすることを学んだ。だが自分の子どもがいっしょにいるときは別だった。子どもがいると母親は勇敢にぐるぐる歩きまわり、香りの霧を出しているチューブを攻撃するか、寝床の材料を運んでそのチューブに詰めようとした。

だが科学者たちが、母親ラットの脳でオキシトシン受容体が発現する領域の機能をとめると、こうした好戦的な行動は見られなくなった。

また別の実験では、この場合は人間を対象として「熱心な見知らぬ人」というパラダイムに従い、いかにも愛らしい生まれたての赤ちゃんを連れて家の外に一歩踏み出した新米ママにとっておなじみの状況を再現した。母親と赤ちゃんを実験室の外の「待合室」に案内し、待機してもらう（——ネタバレ注意——この待合室は、実際には実験室そのものだ）。そこへひとりの研究者が「威勢がよくて、誰にでも気軽に話しかける、いささか出しゃばりの」保安要員に扮してやってくると、煙探知機の点検だと断りながら母親に近づき、「なんて可愛らしい赤ちゃんなんだ！」と大声を上げて、赤ちゃんの頰を撫でようとする。すべての母親がそれに対して拒否反応を示したが、その前にオキシトシンを余分に摂取していた母親は、見知らぬ人が近づいてくるのを、より激しく払いのけた。

次に、母乳ホルモンのプロラクチンがある。その影響は非常に強いように見え、母親の怒りはときに「授乳期攻撃行動」とも呼ばれる。効果的なことに、プロラクチンは母親の落ち着きを促す役割を果たして、心配を和らげもする。たとえば、授乳中の女性にトレーニング用ルームランナーで長時間走ってもらうと、通常の女性平均の半分しかストレスホルモンを分泌しない。

だがこの禅を実践しているような精神状態は、脅威にさらされると瞬く間に消え去る。たとえ子どもがいっしょにいなくても、授乳中の母親は人工乳で育てている母親より攻撃的だ。ある実験では、人間の母親にコンピューターのテストでひどく失礼な相手と競い合ってもらった。その相手は行儀悪く音を立ててガムを噛み、携帯電話をチェックしながら対戦したが、実際には別の研究者が変装し、態度の悪い人物を演じていた。すると、母乳で育てている母親がこの不愉快なライバルを「罰する」機会を利用しようとした回数は、哺乳瓶で人工乳を与えている母親の2倍にのぼった（こうして報復しながらも、母乳を与えている母親の血圧はほかの女性たちより低く、心はリラックスしている状態であることを示していた）。このときの罰というのは、「懲罰」の音量を好きなだけ大きくして、コンピューター上で対戦相手に向けて鳴らすというものだった。

どんな名で呼んでもいいが、とにかく吠える。私は、何年も前に報道の仕事でセレンゲティに行ったとき、子を1匹だけ連れた単独のメスライオンのあとをハイエナの群れが追う場面に遭遇した。するとそのメスライオンは走って逃げることをせず、小さなわが子を木の下に隠してからゆっくりと目立つ場所に歩いて出ると、草原の向こうからやってくるハイエナたちを真正面で待ち受けた。西部開拓時代から抜け出したガンマンそのものだ。メスライオンには力強さがあり、その鋭い視線に圧倒されたハイエナの群れはついに立ち止まると、少しだけ睨み、神経質そうに唸ったあと、8対1という優位な立場にありながら踵を返して逃げていった。

昨今、私はサバンナではなくサッカーコートのサイドラインの外に立って過ごすことが多い。だがそこにも、メスライオンはうろついている。

私が恐竜ママになったとき

私にはまだハイエナの群れに立ち向かった経験はないが、胸に秘めた敵意を向ける相手は、娘のイースター用ドレスが郵送中に行方不明になった経緯を説明しにやってきた不運なジェイクルーの販売員だ（「わかってないわね――カーディガンはもうもってるのよ」、と金切り声を上げる私の後方で、夫は眉をひそめる。「タイツも、もうもってるの！」）。そして、ランチタイムには子どもたちにもっと新鮮な空気を吸わせるべきだと要求するとき、子どもキャンプ相談員の目に映る巨大で不機嫌な自分の姿が見える。

でも私は実際に、映画『リトルフット』で最悪のタイミングで起きた火山噴火のさなか、くるりと向きを変えてティラノサウルスを正面から睨みつけた勇敢な恐竜ママのように、子どもたちのために進んで戦いにのぞもうとするだろうか。あれこれ考えを巡らせてみる。たしか、ハチが急降下して襲ってきたときには、叫び声を上げる娘たちを残し、自分で何とかしなさいとばかりにひとりで逃げてしまった。今でもときどき娘から、自分たちをしっかりかばってくれないと文句が出る。子どもたち3人には最近、ロブスターパウンドの店で騒いでいるところを老婦人に叱りつけられたとき、助け舟を出さなかったと言って大憤慨された。子どもたちの言葉によれば、私は自分のロブスターを「ガツガツ食べるのに夢中」だったそうだ（その通りで、ぐうの音も出ない）。

身体的苦痛を伴って子どもを守ったと思える唯一の瞬間は、3回目の帝王切開のあとだ。そのとき、必要な鎮痛剤の量の計算に大きな手違いがあったらしく、手術の途中で感覚が少しずつ戻り、私は自分が切られていることを感じるようになった。マウンテンライオンの爪でひっかかれた感じに最も近いと言えるだろうか。私の腹部で炎の溝が十文字に刻まれたように感じた。麻酔医が投薬の量を増やしたが、手遅れだった。私は大声で叫び、もっと叫び、嘔吐した。

息子が無事に取り出されたあと、看護師が情け深く何か（おそらくモルヒネだろう）を大量に投与してくれたので、私はしばらくのあいだ惨めな状態を抜け出すことができた。

ところが、術後回復室で歯をガタガタ言わせながら病室に戻る許可を待っていると、生まれたての赤ちゃんに、何か不安なことが起きているらしい状況がだんだんわかってきた。ビリヤードのボールのようなツルツルの頭と、垂れ下がった頬をもつ、私の赤ちゃんにだ。次々に新しい人が部屋にやって来ては、赤ちゃんを確かめ、また出ていく。そのうちの2人目の看護師が息子の呼吸に、ほとんど聞こえない（もしかしたら空想の）雑音のようなものが混じっているのに気づき、液体を吸い込んでしまったのではないかと怪しんだ。そして何度も耳を近づけては音を確かめた。その看護師は用心のために赤ちゃんをＮＩＣＵ（新生児集中治療室）に連れていきたくてウズウズしているのが、私にはなぜかわかった。

まもなく追加のモルヒネ注射が、銀の皿にのって（実際にはステンレスの医療用トレーだが）うやうやしく運ばれてきた。

私は一瞬、それを憧れのまなざしで眺めた。だがすぐに、かつて長女の胴体にヘビのように巻きついていたＮＩＣＵのチューブとワイヤーのことを思い出した。

私がモルヒネで恍惚の世界にひたっているあいだに、この赤ちゃんを「観察のために」連れ去ることなんて許さない。

「これはもって帰ってください」と、私は注射器を指さして看護師にピシャリと言った。「赤ちゃんに何かが起きているので、どうなっているかを、はっきり知っておきたいんです」

無愛想で多忙な看護師はいくつかの面倒な手続きを経てこの注射を入手し、書類だって必要だったはずだ。そのとき頭に浮かんだのは、大声で悲鳴を上げながら自分で薬を求めたあげく（そして正式に処方され）、まだ見るからに苦しそうな私には、強制的に投与されるだろうという思いだった。私の身体はまだほとんどしびれたままだったが、最後の力を振り絞ってがんばっていると、看護師が口を開いた。

「私が何を思っているかわかりますか？」。こう言ってから唇をぎゅっと結び、続けた。「あなたの赤ちゃんは、あなたのようなママをもって、幸運だと思いますよ」

忘れっぽくなるわけ

あらゆる痛みと体内の修復、あふれる愛情と怒りと、昼夜を問わず続くオムツ交換のさなか、母親の知性が何らかの巻き添え被害を受けても驚くにはあたらない。

「母親脳」という概念に関しては、熱い議論が交わされ、多くの場合は誇張され、楽観的に鼻であしらわれてはいるが、紛れもない現実を語ってもいる。はじめて母親になった女性の80パーセントほどが認知の問題を訴え、なかでも記憶に関するものが多く、科学者たちは信じるようにと説得にかかっている。母親の身体は太くなり、母親の頭はぼんやりするのだろうか。

母親は自分自身の脳を「共食い」して小さなわが子を育てているという、寒々とした説を掲げる科学者もいて、それは（すでに見たようにさまざまな異論はあるが）脳の体積が減るという事実を説明するだろう。腹を立てた別の科学者は、ときには自分自身が母親で、こうした見かけ上の脳の縮小は実際には効率アップのための「シナプスの剪定」にすぎず、いささか教訓めくが、力強い庭仕事のようなものだと反論する（その考え方は、母親脳は「無駄を省いて、効率的に」ということになる。私は前より効率的になっているのだろうか？　それはたしかだ。無駄な贅肉は落ちただろうか？　悲しいかな、答えはノーだ）。いくつかの研究は、母性は「母親を賢くする」とさえ論じている。

母親ラットは一定の課題を、格別に得意としているように見える。なかでも空間記憶は確かなもので、母親ラットは処女ラットに比べ、迷路に置かれたカラフルなシリアルを見つけるのがうまい（興味深いことに、「養母になった」処女ラットは子どもといっしょに過ごすだけで敏感になって、やはりカラフルなシリアル探しが得意になるという）。さらに、哺乳動物の母親は新たに身につけた怖いもの知らずの気質により、ハンターとしての腕もあげるらしい。リッチモンド大学のラット研究者らは、母親ラットと処女ラットが対決するクリケットの試合用に「実験競技場」を用意した（ただし、ルールの難しいイギリスのスポーツではなく、昆虫を利用するものだった）。暗視装置を通して観察していた研究者によれば、母親のほうが3倍速くコオロギ《クリケット》にとびつき、また致命的な「とどめの一発」を加えて噛む前にコオロギを放してしまう割合も低かった。印象深かったのは、昆虫をむしゃむしゃ食べるラットは「ギリシャ神話の出産と狩猟の神、アルテミス」を思い出させたと、のちに科学者たちが書いていたことだ。

母親の狩猟の腕前を示す証拠は、残念ながら、研究室と古い神話以外ではいくぶん不十分になる。カラハリ砂漠のヒョウの研究では、母親は子のないメスより、またオスと比較してさえも、「全体として期待以上の狩猟成功率」を示した。ところが但し書きを読むと、母親が食べたとされる目覚ましい数には、軽やかに走る肉づきのよいガゼルだけでなく小さなクロトカゲも含まれ、トカゲの数のほうがはるかに多いとある。腹をすかせた母親は――移動距離も大幅に制限され――文字通り動くものなら何でも食べようとするからだろう。

悲しいかな、勇敢な――あるいは自暴自棄の――狩猟には、危険がつきものだ。研究者によれば、おそらく餌を求めて歩き回る母親ラットはホルモンの働きに促されるせいで、最後に罠にかかる頻度が処女ラットよりも高い。

自然界で狩猟する母親は、移動する上での深刻な障害に阻まれ、やり方を制限されてしまう。ミルクを体にたっぷり抱えている母親コウモリは、ときには飛び立つためによその赤ちゃんを誘拐して乳を与え、余分な体重を減らさなければならない（私はなぜ、自分のときにそのやり方を思いつかなかったのだろう）。分娩後のゾウアザラシの母親は浮力が大きすぎ、潜って餌をとることができない。そこで、人間の母親がなんとか細いスカートをはけるようになるまで痩せようとするように、ゾウアザラシの母親は狩猟をするために何百キロもの脂肪を落としてしなやかな体を取り戻す必要がある。ホモ・サピエンスの場合、狩猟する母親の記録が残ってはいるが、かなり稀だ。有名な例はフィリピンのアエタ族で、授乳期間中の母親が網を使ってブタなどの獲物を捕らえることができる。

結局のところ、暮らしを支える力が高まったところで、母親には弱点もあるらしいという事実を変えることはできない。わかっていることは種々雑多で、いずれも賛否両論あるが、20の異なる論文を対象とした最近のメタ分析は、母親の記憶力は定量化できるほど低下していると力説する。ある興味深い実験では、母親にとっては、特に研究室の外で指示された簡単な課題を忘れずに完了させるのが難しい。たとえば手紙を投函するなどの課題だ。また、単語を思い出す、リストを逆さに暗唱する、などなど、さまざまなことが難しくなる。

こうした母親特有の健忘症の一部は、短期間だけの対処機構の一種かもしれない。母親は実際に出産の経験をあまり詳しく覚えていなくて、無理に思い出させようとする研究者といっしょに出産場面のハイライト映像を見るのを、当然ながら怖がるという研究がある。

睡眠不足――新米ママは年間700時間の睡眠が不足すると推定されている――も大きな打撃だ。そしておそらく、絵本『どんなにきみがすきだかあててごらん』の最後のページを読み聞かせて、一時的な昏睡状態に誘い込まれてしまう。

だが、失った記憶の一部は、私たちの新しい脳とも関係している。母親の脳の回路は以前のままではなく、新しいスキルと関心事を得るにはそれなりの犠牲も強いられるのだ。「集中には、それなりの体系があります」と、イェール大学子ども研究センターのリンダ・メイズは言う。「退化しているわけではありません。ひとつのことに高度に、きわめて高度に集中しているだけなのです。母親の生物学的な側面が、ある程度まで赤ちゃんへの集中を求めます。そのために、ある程度のそのほかのことが脇へ押しやられるわけです」

母親が赤ちゃんの便通の様子を見るのに没頭しているとき、同時に2次方程式を解くのは難しい。

子どもといっしょに全力で手遊び歌「イッツィ・ビッツィ・スパイダー」を歌いながら古い誰かの詩を暗唱するのは、もっと難しい。脳には「使わなければ衰える」性質がある。今のところは、母親脳の「子ども部屋を整える」部分が順調に働いていて、私の息子のぽっちゃりした胴体から、本人が「戦いの絵」と称して描いたものを消すのに全力を傾ける。しばらくのあいだ、スペイン語の仮定法に関する知識は雲散霧消といったところだ。

記憶に関するこの種の災難は、母親が経験する独特の時間の過ぎ方も説明してくれるのだろうか。かつての私の1日の時間は、少しずつ正確に過ぎていき、無数の細かい出来事と瞬間で構成され、それをあとから思い返すことができた。今では1日がはじまる前から終わっているように思え、昨日のことを文字通り思い出せない。そのせいで人生が驚くほどのスピードで過ぎているように感じられ、モールオブアメリカ〔全米最大級のショッピングモール&エンターテイメント施設〕の頭上に張られたジップライン（ワイヤーロープ）を滑車で滑り降りる7歳児と同じような感覚だ。

ひとつの可能性として、私たちの最も高度に発達した能力が母性によって衰える一方で、哺乳類脳の古くからの中核が大いに栄えるのかもしれない。母親脳の再構築は脳の古い部分に利益をもたらし、それは実験用ラットやサイや、そのほかの哺乳動物と大まかに共有している組織だ。そしてその代償として、人類が誇る文明の構築に用いられてきた追加部分を失ってしまう。それは言葉に言語記憶などなどだ。こうしたスキルは赤ちゃんとの関係が薄いので〔実際には誰にも本当のことはわからず、神のみぞ知るではあるが〕、分娩後には少なくとも一時的に衰えてしまうというのが、道理にかなった唯一の考え方ではないだろうか。

　だが、こうしたスキルが自己意識の中心に存在している時点で、このことを納得するのは難しい。私たち母親はスーパーマーケットでの買い物が得意だと研究者が提唱しているのは、まあよしとしよう――たぶん、迷路でカラフルなシリアルを探し当てるラットの人間版なのだろう。だがもしそれが真実だとしても（それはいつものように議論の的だ）、自分が概念上の一般的な母親という存在ではなく、ディベートチームで夫と出会い、赤ちゃんの写真を見るより詩を読んで胸を震わせ、ときたまではあっても言葉に命をかけることさえあるなら、とても公正な取引《フェアトレード》とは呼べないだろう。私はかつて、生活のためにさまざまな文章を書いていたのだ。ところが今では、誰かが買ってきてくれた「ママの1日1行」（どうやらママには1日1行の割り当てで十分らしい）という、がっかりするほど小さなピンクの日記帳に、ほんの少しの言葉を書きつけるのがやっとという有様になっている。

　これはもちろん、私自身の泣きたくなるような物語から取り出した話だ。でも、それぞれのママが書く内容は、きっとそれぞれに大きく異なっていると思う。母性というものは、シャチからウォンバットから人間の女性までに共通する全面的で予測可能な変化を引き起こすが、私たちのなかに――たとえママと呼ばれて全員が振り向くとしても――ふたりとしてまったく同じ母親はいない。そして私たちそれぞれを唯一の存在にしているものが何かを理解できれば、母性の研究は新たな展開を見せるだろう。

第5章 母親の個人差と経験の大切さ

母親の多様性と独自性

被験者39は、どこにでもいる母親のひとりだ。レギンスにスニーカーを身につけ、手首には髪をまとめるゴムが見える。妊娠35週目をすぎたこの女性は、イェール大学子ども研究センターの研究助手が青いマーカーで頭のてっぺんにしるしをつけても、まったく動じる様子がない。以前にもカラーのマーカーでしるしをつけられたことがあるにちがいないから、出産経験者だと断言できる。

それでも、スカルキャップ型の電極は新しい形式だ。タマネギが入っている網の袋にちょっと似ているが、こっちの網目は心を読み取ることができる。

EEG（脳波）は、妊娠後期に入った女性の脳を研究するために利用できる数少ない安全な方法のひとつとされる。出産を間近に控えた女性は、fMRIスキャナーで長時間にわたって横になっていることができない。大血管が圧迫されるためだ（妊娠中はトイレの間隔が短くなることも、科学の点からはハードルになる）。

研究室の助手は被験者39にイヤリングを外すよう指示し、肩から美容院で用いるようなケープをかけた。

次に研究者が、「ここから電気が出るようなことはありませんよ」と念を押しながら、頭部にピッタリはまるワイヤーのキャップを、被験者の後頭部から頭の前方に向けてかぶせていく。「これは、ご自分がもっている電気を測定するだけなんです」

脳細胞は微小な電気信号を介して互いに情報をやりとりしており、何千個という細胞が同時に発火するときに、その信号を頭皮の表面で検出することができる。科学者たちの典型的な手法は、赤ちゃんをあらわす刺激——たとえば写真や録音済みの泣き声など——を母親に示し、脳の反応を注視するというものだ。

さて、被験者となった母親の頭は、吸着カップを真似た海の生き物がかじりついたように見える。少しだけ水滴まで垂れている。伝導性を高めるために塩水とベビーシャンプーを混ぜた液体にキャップを浸けていたせいで、その滴が気持ちの悪い場所にポタポタと垂れてくるのだ。それはのちに、私が同じ仕掛けを使った被験者になったときによくわかった。ジメジメした電極1個1個の場所に、まるでカエルから湿ったキスをされているような気分になる。

「あら〜」と、被験者39が携帯電話に映った自分の顔を見て思わず声を上げた。「なんだか私、ゴーストバスターズのダナ・バレットになったみたい」

研究者が部屋の温度と湿度を記録し、いよいよ実験がはじまる。

この実験の仮題は「妊娠による変容体験」となっているが、私がこれまでに話をしてきたほとんどの科学者とは異なり、この研究センターの研究者たちは母親とそれ以外の女性との違いを探しているのではない。

そうではなく、「母親の出す合図が、一人ひとりでどんなふうに異なっているかに注目しています」と、このプロジェクトの研究主任を務めるイギリス生まれのヘレナ・ラザフォードは話す。

社会はときに人間の母親全部をひとくくりにして、単一のゆるぎない土台の上に載せたがるが、最新の研究は母親の多様性とともに母親の独自性を明らかにしつつある。赤ちゃんの匂いを嗅ぐとほかの人より元気になったり、ふつうより頻繁に自分の赤ちゃんに触れたり、赤ちゃんの泣き声により敏感に注目したりする母親もいる。母親としての全体的な満足感が平均より大きい人もいる。あるいは自分の子どもをまったく顧みない母親もいる。だが、こうした違いがどのようにして、なぜ生じるかは、まだ母親を研究する科学の大きな疑問になっている。

「ただ、母親脳があるとか、母親特有の反応があるとかの話ではありません」と、ラザフォードは言う。「私たちは母親の個人差を感じ取ろうとしているのです。母親脳に万能のアプローチはないのです」

「今年の母親」をひとり選んでトロフィーを渡すのではなく、すべての新米ママが手にする一生に一度の神経可塑性を活かして、一人ひとりの女性を支援できるツールを開発しようというわけだ。

多くの場合、最終的な目的は子どもたちの将来を向上させることにある。父親は、より幅広い行動を見せることが知られているが、母親の行動はたいていそれより変化に乏しく、そのことは子どもたちの幸せにより重要な意味をもつだろう。母親は育児にそれだけ決定的な役割を果たすからだ。以前、子どもの「環境」に目を配り続けている小児科医の研究者と話をしたことがあるが、彼女が私のことを言っていたと気づくまでには長い時間がかかった。

この形式の母親研究はほんとうにすばらしいと思うが、少し怖くもある。母親は誰だって、一人ひとりの母親が異なっていることをよく知っている。バス停のおしゃべりで花が咲くのは、その話題にほかならない。そしてすべての母親が心の奥底で、自分の母性本能に隙があるのではないかと、ちょっぴりビクビクしながら過ごしている。自分自身を顕微鏡で観察するのは、誰だって恐ろしいのだ。

別の研究室を訪問した際には、ある研究者が私の胸部の下側にセンサーを取りつけて、赤ちゃんのビデオを見ているあいだの心臓の鼓動を調べ、それから左手の指のまわりに細長いマジックテープを巻いて発汗の変化を測定した。

私はもちろん汗をかいていた。その数値はいったい何を物語るのだろう。私が子守唄を歌えないことや、去年の夏、プールで血に飢えたアブを目の前にして臆病風に吹かれたことを、その機械はどうにかして検知できたのだろうか？　発光イカの衣装を縫えなかったことや、プレッツェルの棒で丸太小屋を組み立てられなかったことを、電子の力でなんとか見破ったのだろうか？

さいわい、まだ診断の段階には遠く及ばない。それでもイェール大学の研究者らは、母親の性質に見られる際立った相違について、最大級に豊富なデータを蓄積している。脳波の測定値を分析し、瞬きの回数が多すぎるとか、ときどき居眠りするとか――だって妊娠後期なんだから！――の交絡因子を考慮すれば、たしかに何十人という妊娠中の女性がまったく同じ赤ちゃんの刺激にどれだけ異なる反応するかを明らかにできるだろう。

問題は、「なぜ？」だ。イェール大学の科学者は脳のデータを、ランダムに思えるその他の経歴に関する断片的なデータと組み合わせていく。右利きか左利きか？　二乗数をどこまで暗記できるか？　妊娠は意図した結果か？

さて、被験者39はコンピューター画面上の白い十字を見つめ、ヘッドフォンをつけるようにと指示された。私にヘッドフォンはない。実際のところ、実験のこの時点までに私は巨大なシャワーカーテンのような仕切りの後ろにとどまり、実験を邪魔しないようにと言い渡されていた。

さいわい、ヘッドフォンなしでも甲高い音は聞こえてきた。

まず、ホラー映画のドアの蝶番がきしむような音ではじまり、次にオウムがいじめられたような鳴き声が続く。それから赤ちゃんの悲しそうな泣き声が聞こえる。青いカーテンの向こう側では、母親の頭皮に取りつけられた128個の電極が脳波を描き出していく。はじめ丘陵地帯だった波形に、やがて山岳地帯が出現する。

次に、コンピューターの画面に赤ちゃんの顔が次から次へとあらわれる。いたずらっぽい笑顔もあれば、「がんばって豆料理《マッシーピー》を飲み込んだばかり」というような呆然とした表情もある。

ドシン、ドシン、ドシンと、被験者39の脳波が跳ね上がる。
私は自分の脳波も跳ね上がっているような気がした。

動物にも母親ごとの育児スタイルあり

母親の独自性は、けっして人間だけのものではない。ほかの種類の哺乳動物の母親でも、アザラシからブタまで、それぞれに行動の違いが見られる。

アフリカゾウ、アカクビワラビー、イースタングレーカンガルーにもすべて、複数の異なった母親の流儀がある。ミシシッピ水族館で行なわれた研究では、バンドウイルカの行動に大きな相違が見られ、優等生の母イルカはほとんどいつも子イルカの1メートル以内の場所から離れなかったのに対し、こっそり抜け出してプールの玩具で遊んでいるような母イルカもいた。

マーモセットの一部の母親は、泣いている子どもをおとなしくさせようとして、ほかの母親よりずっと素早くボタンを押す。アカリスの母親のなかには、実験で誘拐された子どもを取り戻そうと、特別にやる気を出すように見える者がいる（私は以前に、母親の研究をする生物学者はリスを観察すると簡単だと書いたことがあるが、この場合はそうはいかず、そびえ立つカナダトウヒの木を揺らす必要があった）。

なんと、モルモットもこの範疇に入る。すべての母親モルモットに、同じ明るさ、標準的な木片の寝床、同じリンゴと干し草の餌を与えて、条件をまったく同一にしても、一部は「赤ちゃんの毛の匂いを嗅ぐ」「赤ちゃんの鼻と自分の鼻を突き合わせる」といった母親らしく優しい時間を過ごすのに対し、一部はよそよそしい態度をとる。

モルモット研究の成功を喜ぶチームは、夜中にケージを覗きこんで何時間も過ごしたあと、「したがって、モルモットにも『母親ごとの育児スタイル』は存在する」と結論づけたのだった。

ただし人間以外の哺乳動物の母親については、研究も評価もずっと簡単だ。ウサギの母親の母性本能を評価するには、巣作りに使うボール紙をどれだけたくさん噛みきるか測定するだけで済むだろう。ヒヒの母親なら子どもに目を向ける比率を表にすればいいし、アカゲザルの母親ではひっかき行動に注目すればいい。野生のヤギでは、自分が群れで遊ぶために赤ちゃんを見捨てる頻度を記録できる。

残念ながら人間の場合には、スウェーデン軍がジャーマンシェパードで実施しているような母親を「箱」に閉じ込めて観察する標準テストはない。スウェーデン軍はシェパードの母と子をいっしょに囲いに入れ、ビデオ監視を通して育児習慣を調べている。

人間の女性は、本人そのものが箱――それも名だたるブラックボックス――なのだ。科学者たちは今もまだ、そのなかを覗く方法を考え出そうと躍起になっている。

私のなかの異なる母親

進化心理学者は今のところ、スーパーママを生み出す可能性のある要因について、信頼できる兆候をほんのわずかしか見つけられていないが、それらを確認し、確信をもっている。測定したのは握力に加え、薬指と人差し指の相対的な長さだ。さらに少数の研究によれば、より女らしい顔立ちで身長の低い女性のほうが、当初から子どもをもつことに格別の関心を寄せるらしい（もしこれがほんとうなら、たぶん、私はそのせいで最初のころ子どもをもつことに消極的だったのだ。私の身長は5年生で170センチメートルを超えていた）。また、尻の脂肪層が厚いヘラジカでは子の生き残る割合が高いのと同様、専門用語で「臀部脂肪蓄積」がある人間の女性は――つまり、キム・カーダシアン風のスタイルの持ち主は――赤ちゃんにより多くの栄養を与えることができるという、ある程度の証拠がある。科学は、母親のジーンズ姿が華奢ではなく豊かなとき、「神経発達資源の蓄えに恵まれている」として歓迎するのだ。その点なら、私は褒めてもらえると思う。

また、少なくとも出産後に子どもを育てる段階になれば、最も美しい、または最も均整のとれた女性が、平凡な女性より有利には見えない。

人間の母親の仕事ぶりを分析するために、勇敢な科学者たちはさまざまな現実的観察方法を試してきた。スーパーの通路で2歳半の子を連れた母親を追跡する、母親が絵本を読み聞かせるテクニックを精査する、就学前の子どもにダメ元を承知でどれだけ果敢に青野菜を与えているかを調べる、などだ。

研究者は1秒間を16コマに分解して、母親がわが子と接するときのしぐさ、声、微笑み、沈黙を分析する。さらに入浴時の心拍数の増加もグラフ化する（子どもたちがふざけすぎて溺れそうになったりしなくても、心拍数は上がるものらしい）。

だが、人間の母親を一人ひとり研究する際の問題のひとつは、生体解剖が許されない不便さは別にして、私たちはモルモットに比べてはるかに複雑だという事実にある。個々の母親にはそれぞれの性格があり、過去があり、自分の仕事ぶりに関する不安がある。母親はあまりにも個性的で、とりわけ決まった行動というものが不足していることを考えれば、パターンを見つけるのは難しい。母親を防音室に隔離し、自分の赤ちゃんに（「気持ちわるいの？　ママがすぐに変えてあげるからね！」「いったいどこから、そんなにいっぱい元気がでてくるの？」などと）話しかけている様子に、音楽の訓練を受けた観察者が聞き耳を立てていると、一人ひとりの女性が音の面で独自の「テーマソング」と思えるものをもっていることがわかった。

一方で科学者たちは、研究室で精査している母親らしい「感受性」のかたちが現実世界ではどのような行動にあらわれているかについて、明確にするのに苦心することがある。「こうした行動は複雑だ」と、ある研究者グループは書いており、「異なる状況間での順応」が伴うとしている。赤ちゃんの出す信号に対する適切な認知とされるもの、または最適な反応とされるものは、母親が裏庭でバーベキューをしているときとピアノの発表会場にいるときとでは大きく異なる――異なる背景をもつ母親、異なる場所にいる母親、あるいは豊かな時代と災難に見舞われた時代を生きている母親とでは、言うまでもない。

また、母親を科学的に評価するといっても、ある程度まで個人的意見になることは否めず、それは異なる価値観、状況、世界観によって込み入ったもの、あるいは混乱したものになりがちだ。一部の人類学者は、「敏感な母親」という概念自体が20世紀半ばの心理療法で使われた隠語の副産物であり、さらに不毛な時代と場所にあってはほとんど的外れな特権的概念だと考えている。さまざまな環境では多様な戦略が成功する可能性があるから、母親のあいだのどのような相違が先天的なものか学習したものか、あるいは状況の産物なのか文化の産物なのか、判断するのは難しい。

この点では、たくさんの子ども（少なくとも現代では「たくさん」と言ってよい数の子ども）をもつ母親なら――そのような母親はまた現代では貴重な少数になりつつあるのだが――明確になることもある。私自身について言うと、複数回の妊娠ではそれぞれ状況が変化したので、自分の根幹をなす母親としてのアイデンティティのうち、実際に容易に手に入るのはどの程度のものかを垣間見てきた。私は新たに出産を経験するたびに、いつも前とは異なる母親になっていた。何人かの私がいる。

多様さを生み出す素

だが、こうした複雑さを研究している科学者にとって簡単な答えというものがないにしても、少なくとも信頼できる上に測定可能な指標が存在し、私たちはつねにそれに出会っている。母性のホルモンだ。人間の母親は妊娠および出産を通してほぼ同じ、広範囲にわたるホルモンの変化を経験するとはいえ、それらは決して画一的なものではなく、さまざまに異なるレベルのホルモンが私たちの多様な母性行動を生み出すのに役立っている。

カリフォルニア州のある研究室が最近、妊娠中期の女性のプロゲステロンとエストロゲンの割合によって、生まれた子が1歳になったときの母親の子育ての質を予測できるという結論を下した。別の実験では、はじめて出産した母親のコルチゾールのレベルが通常より高いと、赤ちゃんを可愛がり、その匂いに魅了され、自分の子の泣き声を聞き分けられる割合が高いことがわかった。その一方で女性のドーパミン系のなかには、赤ちゃんの顔にあらわれる合図にもさほど活性化されないものがあるようだ。

誰も驚かないだろうが、オキシトシンはとりわけ大きな力をもっている。わが子を見つめる頻度も母親言葉を話す頻度も高く、とても注意深い人間の母親では、体液に含まれるオキシトシンのレベルが高いように見える。その違いは動物の世界でも見られ、子育てに奮闘するハイイロアザラシの母親では、体内のオキシトシンのレベルが上昇している――スコットランドの海岸でハイイロアザラシを網で捕らえて調査用の血液を採取した勇敢な科学者たちが、そのことを確認した。

私たちは一人ひとりで化学的組成が異なっているように、私たちが経験する脳の変化も、似てはいるが同じではない。万人共通は、万人同一ではないのだ。百パーセントの正確さで母親脳を識別するアルゴリズムを作り上げた研究室を覚えているだろうか（研究者たちは妊娠の前と後にＭＲＩ診断を実施し、電気的インパルスを追跡するのではなく磁気を利用して脳の地図を作り上げた）。すると母親脳に多くの共通点はあったが、すべての女性の灰白質が同じ量だけ縮小するわけではないことも確認できた。さらに興味深いことに、個々の女性の脳が縮小する程度は、その女性の将来の育児の特徴を予告しているように見えた。ＭＲＩのスキャンで灰白質の量が最も多く減少した女性のほうが、出産から２か月半後の赤ちゃんに対する神経反応が強かった。

脳の大きさだけでなく、脳の反応にも将来の育児を予測する力がある。イェール大学での研究と同様の、妊娠中の40人の女性を対象としたある脳波研究によれば、赤ちゃんの顔の写真に対する女性の神経反応は妊娠の進行とともに変化し、その反応が最も大きく増加した母親のほうが、生まれた赤ちゃんとの絆が強くなった。母親一人ひとりは、母親としての同じ仕事をするのにも脳の異なる部分を使っていることがある。たとえば、自分自身の赤ちゃんの写真を一瞬だけ見たとき、より敏感な母親の場合は側坐核と呼ばれる脳の領域に最も強い反応があらわれるのに対し、それほど敏感ではない母親では、攻撃性と関連する脳の領域である扁桃体の反応が強い。

生活史に注目

このように、母親は画一的なものではない。脳にも体にも行動にも明白な個人差がある。だがなぜ、母親によって分娩後にはっきりした脳の変化が見られる場合と見られない場合があるのだろうか。なぜ、一部の母親ではオキシトシンの急増が著しいのだろうか。ホルモンおよび身体に関する全体的な違いを大きくするような力が、私たちの外部にあるのだろうか。そして母親自身の意識的な選択は、どれだけ大きい違いを生み出すことができるのだろうか？

ほとんどの母親は、よい母親になりたいと強く思っている。アメリカ人の母親の90パーセントほどはわずかな空き時間に子育ての本を読んでいる。そして科学者たちは、こうした熱心さは悪い考えではないと言っているが――それに、手間の省けるマジックテープつきのベビー服を買いに行く前に、病院の育児教室に参加して正しい産着の着せ方を学ぶのも悪いことではないと言っているが――よい母親になるのに役立つと考えられていることの一部は実際にはそうではないこともわかってきている。

たとえば、「『できる限りのことをしてやりたい』という考えはストレスを生むのか？」と題した研究では、エリート育児の証明ともいえる「ベビーサイン言語教室」への参加は、実際には母親が子どもとふれあう経験に有害な影響を与える可能性があることがわかった。どうやら、赤ちゃんは「もっと、もっと、もっと」としぐさで求めることだけを覚えるので、それを読み取ることで母親のストレスがつのるようだ。

一方では別のグループが、過去に楽器を習った経験のある母親は赤ちゃんの出す合図に敏感に反応する可能性があることを発見した。泣き声の音の高さを、より正確に判断できるためらしい。

それなら母親たちは、手話の教科書を破り捨て、ピアノのレッスンを受けはじめるべきなのか。こうしたきわめて具体的で、いささか行き当たりばったりに思える発見を、どう判断すればよいのかはよくわからない。母親の科学は、もっと一般的なテーマを示すことができるのだろうか？

実際のところ、母親それぞれの生理機能、脳、行動の形成に役立つと科学者が確信している非常に基本的な生活史の要因が、いくつか存在する。たとえば、過去に子どもの面倒を見たことのある経験、出産の年齢、出産と授乳の方法、そしてそれまでに産んだ子どもの数などだ。

そしてそうした影響の一部は、自分が子どもをもつという考えがチラッとでも心に浮かぶずっと前から、もうはじまっている。

ベビーシッターの経験

私は子どものころにピアノのレッスンで挫折したので、それは不利な点のひとつだ。でも、十代になりたてのころから長年にわたってベビーシッターを引き受けた経験ももっている。

だからといって、まだ子どもなのに子どもが好きだったわけでは、まったくない。子どものころ住んでいた家から歩いて行ける場所に中華料理店があり、私と親友のエミリーは「あと払い」で中華風鶏の唐揚げを食べることができた。それに、レンタルビデオ店「ブロックバスター」にも足しげく通った。

だから12歳にして借金がかさみ、埋め合わせのためにふたりでベビーシッター会社「ブラッカー・ブラザーズ」を設立したのだ。ブラッカーはエミリーと私の苗字を組み合わせた名前で、ふたりは兄弟どころか親類でさえなかったが、その響きがなんとなく気に入っていた。中学の工作の時間には正式な名刺まで印刷し、それを町じゅうに配りはじめた。

最近では、まだ華奢で可愛い赤ちゃんの世話を十代になったばかりの――私たちふたりのことは忘れてほしい――ちょっと変わった女の子にまかせるような母親は周囲にほとんどいないが、1990年代はじめの当時はいくらでも声がかかった。そんな土曜日の夜の様子はまさに想像どおりのものだ。替えたオムツはその辺に放り出したままで、ときにはまったく替えてやらないこともあった。私たちの首のあたりはたいてい赤ちゃんの涙でびしょびしょになった。雇い主が注文しておいてくれたピザはもちろんのこと、冷凍庫に入っていたモッツァレラスティックまで食べつくした。預かった子どもが眠りについたあと、ヒッチコックの映画を見て怖くなり、その家の主寝室でベッドの下に隠れて警察に電話をしたこともあった（この真夜中の出来事については、まだ誰の両親にも――預かった子どもの両親にも私たちの両親にも――話したことはない。電話を受けた郊外の警官が実際にやってきて、その家を調べて帰った。翌週発行されたタウン紙の警察活動欄には「ホイップスティック通りで脅えたベビーシッター」の記載があったので、私たちはビクビクしながら、どうか誰の目にもとまりませんようにと願ったものだ）。

そんな仕事で1時間あたり2ドルほどの報酬を手にした。それでも時給を3ドルに引き上げたくてベビーシッター専門コースを考え出し、想像上の火災からできるだけ多くの赤ちゃんを救い出すために往復持久走を練習した。そうしながらも、実際にこんなことをする日は来るはずがないと思っていたのを、今でもはっきり覚えている。

そんな私たちは最悪のベビーシッターだったように思う――少なくとも雇ってくれた人たちと、不機嫌な子どもたちから見れば。ところが科学は、ベビーシッターの経験が私たちのためには――あるいは、いつか自分も母親になるなんて思ってもいなかった母親たちにとっては――よかったかもしれないことを示している。

それから20年近い歳月が過ぎたころ、エミリーは新しい心臓ができたと言って私をあきれさせた。でもエミリーの母親脳は、はるか昔の中学生時代に育ちはじめていたのかもしれない。

十代になりたての年齢の子どもが急にお金を貯めることに励むという昔からの傾向は、実際には哺乳動物のメスにとってれっきとした生物学的手助けとなり、一生にわたって影響が続く可能性もあることがわかってきている。そして人間の母親の場合、必死になって子どもの面倒を見た経験があると、最初の子どもから育てるコツがわかるようだ。

ここでこの点を大げさに強調するつもりはない。なにしろ私は、プール教室で自分の子どもたちの面倒を見るだけでも四苦八苦しているのだし、ママ友のひとりが最近やってのけたように、ふと思いついて生後6週間の赤ちゃんをはるかロシアまで連れていくことなどできそうもない。だが、元ベビーシッターの強みはこうした実用的な問題を超えているのかもしれない。あのころの経験は、どこかが痛くて泣き叫ぶ赤ちゃんをなだめる方法や、髪をきれいな三つ編みにする方法（娘を連れて行く子ども専用美容室では編み1本ごとに料金がかかることを知った）など、きちんと教えてはくれないかもしれない。だがその経験があることによって、産後うつに陥る割合が減り、赤ちゃんの泣き声に慣れ、赤ちゃん特有の匂いを好きになり、自分の赤ちゃんと心地よい絆を築きやすくなるかもしれない。平均して、妊娠しやすくなるかもしれない。

ある研究室で、なぜ泣いているのかわからない赤ちゃんの泣き声からその原因をどれくらい識別できるかを、成人を対象に調べた。すると、まだ母親になっていないが子どもの面倒を見た経験が豊富な女性は、実の父親より少ないヒントで難問を解き、実の母親と互角だった。

人間に近い霊長類の仲間を研究している生物学者は、以前に赤ちゃんと触れあった経験は効果的な育児に欠かせないことを事実として知っている。赤ちゃんを一度も見たことのないニホンザルは、自分の子が生まれると怖がって逃げ出すことがある。別の実験では、成長期がほぼ終わったチンパンジーのひとつの群れを子どもたちといっしょに生活させ、もうひとつの群れは子どもを加えずに生活させた。のちにこれらのチンパンジーが出産したとき、ベビーシッターの経験がある群れのほうがはるかに簡単に母親としてのコツをつかんだ。

実際に数種類の霊長類では、ベビーシッターの経験が子育ての絶対的な必要条件になっているように見える。子どもと触れ合ったことのないマーモセットとタマリンが母親になると、最初に生まれた子が生き残る割合はほぼゼロに近い。

これまで見たきたように、多くの未婚の哺乳動物は自然に赤ちゃんを避けるか、食べてしまう。だがメスの霊長類の場合は少し異なる。年齢を重ねるうちにある段階で実地体験を求め、8歳くらいから十代にかけて赤ちゃんに夢中になって行動する。友だちや親戚の赤ちゃんを借りるだけでなく、若いメスのサルが別の家族の群れから子どもを強奪することが知られ、ときには種が異なるサルからも奪う。

もしも実際の子どもの数が少なければ、ニセの子どもでもいい。はじめて子を産むゴリラに母親としての準備を整えるために、ワシントンＤＣのスミソニアン国立動物園の飼育係は練習用の小さいぬいぐるみゴリラを手渡す（内部に電子機器が組み込まれ、赤ちゃんゴリラにそっくりの声を出すものだ）。ウガンダのキバレ国立公園で暮らす野生チンパンジーを観察した最近の愉快な研究によれば、自由に暮らす若いメスチンパンジーは、自分で赤ちゃんに似せたものを用意するらしい。これと決めた木の枝で遊び、軽くたたいたり、抱きしめたりする。その行動は最初の子が生まれるとなくなった。

おそらくこのような母性促進の力によって、人間の高校で人気のある「ベビー・シミュレーター」プログラムの大失敗を説明できるだろう。危うい年代であるティーンエイジャーに教育者がハイテク赤ちゃん人形を使った実習授業を課したのは、本物そっくりの赤ちゃんからの感情面と胃腸の要求〔泣き続けたり、ミルクを欲しがったりする〕を実地体験することで、十代の妊娠を思いとどまらせる効果が期待できると考えたからだった。

だが残念ながら、最近行なわれたオーストラリアでの大規模な研究によって、この授業を受けた少女のほうが赤ちゃん人形を使わなかった同年代の少女たちより、妊娠する割合が大幅に高いことがわかった。これは、それほど驚くべき結果ではない。シカゴ大学の研究によると、人間の女性が赤ちゃんに対して抱く関心は実際には思春期にピークを迎えているからだ。サルの場合と同じということになる（人間の男性の場合、この種の好奇心は一生を通して低レベルのまま変わらない。とはいえ、子どもの世話をする腕前は父親に恩恵をもたらすかもしれない。父親になる前に小さい子どもと触れ合った経験は、産後にホルモンがどれだけ大幅に変化するかを予測するのに役立つからだ。事実、私の夫が子育てに協力的になったのは、夫より9歳年下の彼の妹のおかげだと思っている。夫が十代前半のころには、いつもあとをついてくる妹の面倒を見なければならなかったそうだ）。

ひとつには、ベビーシッターの経験が従来型の学習過程を通して母親の腕を上げるのかもしれない。霊長類は（人間も含めて）並外れて大きい脳をもっているため、直接の体験を通して新しい技を手に入れることができる。それでも私自身は、母親としての学習速度が遅いほうだと感じている。私の前腕には三日月型をした傷が2つもあり、どちらもベビーカーのたたみ方を間違えたために怪我をした跡だ。一度失敗して血をたっぷり流したのに、また同じことをやってしまった。それにあるときはホテルの部屋で、慣れない位置にあるベビーベッドまで夜中に行き来する通路をあけておこうと考え、自分でコーヒーテーブルの位置を動かしておきながら、あとでそのことをすっかり忘れて思いっきりぶつかり、足の指を骨折した。私の場合、十代のころという遠い昔にベビーシッターをして覚えたたくさんの技を、意識的に思い出しているとは考えられない。

わずかなホルモンの変化のほうが、ずっと大切な要素となる可能性がある。生まれたばかりの赤ちゃんを抱えて運ぶ処女マーモセットではプロラクチンのレベルが仲間とは異なっているし、もっと下等な哺乳動物でも、子どもの世話をすると神経化学物質に変化が見られることがわかっている。おそらく養母が経験する変化に似ているのだろう。小さい子どもとの直接の触れ合いのすべてが前出の鋭敏化の実験に近いもので、実験では処女ラットの埋もれていた母性の種子《たね》が、1週間にわたって赤ちゃんラットといっしょにいるだけでゆっくりと発芽した。子守は、心に変化をもたらすのかもしれない。

終末投資仮説

ただし、十代のベビーシッターが必ずしも赤ちゃんを産む最高の候補者になるわけではない――いずれにしても、まだ早いわけだが……実際には、中学生時代にベビーシッターをしながらモッツァレラチーズスティックを頬張った時期と、自分が出産する時期とのあいだが長ければ長いほど、やがて生まれる子どもは得をする可能性がある。

母親の年齢は、最大級に詳しく研究されるとともに、母親としての能力の最も信頼できる決定要因のひとつとされる。年長の母親と若い母親には著しい差があり、日常の育児能力を示す多様な評価基準を見ると、年上のほうが年下よりほとんどいつも優れている。その事実は、今や高齢出産化の傾向が進む先進国世界の子どもにとってはラッキーだ。

はじめての子を産む母親の平均年齢はアメリカでは26歳で、1972年の21歳から大幅に上昇しており、東海岸でも西海岸でも大卒女性の場合の平均年齢はさらに高く、サンフランシスコでは33・4歳、まさに虫の息といったところだ。私がワシントンDCで30歳の誕生日を迎えてまもなく出産したとき、知り合いのなかでは最も若い母親のひとりだった（私の母はニューヨーク市で32歳のときに私を産んだが、当時は自分がとてつもなく高齢だと感じたそうだ）。全米の出生率はここ数年で急降下する一方、40歳を超えてはじめて母親になる女性の数はまだ増えている。

妊娠が高齢になると母親にも赤ちゃんにもリスクが高まり、そもそも妊娠するかどうかの問題は言うまでもない。それでも多くの母親評価指標で、年上のほうが年下よりも勝っている（何歳からが「年上」の母親かという厳密な基準はないが、全般的に見て、二十代前半は十分に「年下」と言えるだろう。ただし、研究によってさまざまに異なっている）。年上の母親は年下の母親より身体を使った愛情表現が豊かで、積極的に褒め、計画的な遊びを得意とし、厳しく叱ることが少なく、声を使って子どもと対話することが多く、子どもの想像力を支え、母親として拘束されることに全体として満足している。ほかの哺乳動物の場合、とりわけゾウアザラシは、年上の母親ほど子どもを守るために攻撃的になることで知られ、海岸でほかの母親たちと戦いを繰り広げる。

相違は妊娠初期からはじまる——人間の年上の母親は決められた食習慣をよりしっかり守り、きちんと胎児検診を受け続けて出産を迎え、母乳育児をはじめる割合が高く、すぐにやめる割合は低い。赤ちゃんが1歳になるまでのあいだ、年上の母親は安全な睡眠習慣といったものに、より注意を払う。とくに十代の母親と比較すると、年上の母親は全体に見て愛情に満ちているように見え、明確なホルモンの体系をもち、研究者が母親の心拍数をモニターすると、赤ちゃんの合図により敏速に反応している。

一方、最も年下の母親、なかでも十代の母親には、自分自身に関する独特の葛藤がある。そうした女性は新たな母親としての自分に移行するのに困難を感じて精神的問題に苦しむ割合が高く、とりわけ産後うつになりやすい。心の健康に悩みをもつ母親は十代では二十代の4倍にのぼり、別の研究では25歳を過ぎると産後うつがはっきり減少することがわかった。母親になる年齢が高くなると利点があるという最もハッとさせられる証拠は、世界の幼児殺害率だ。新生児を最も殺害しやすいのは実の母親で、世界のどこを見ても20歳未満の母親が最も自分の子どもを殺害する割合が高く、年上の母親になるほど件数は少なくなっていく。

もちろん、年齢が高くなるからと言って順風満帆とはいかない。年上の母親の場合は、きしむ膝を抱え、体を使う遊びが少なくなる。子育てのストレスも感じやすい。帝王切開での出産の割合が増え、染色体異常の子が産まれる危険性が高まる（ただしその理由は、これから見ていくように、直感に反したものかもしれない）。そして年上の母親の利点のどれだけが、より多くの安全対策と富という要因ではなく、脳内化学物質と神経構築から生まれているかははっきりしない。どう見ても、年上の母親がもつ利点は生物学的なものより文化的なものが多くなる。社会経済的要因を母親の年齢と切り離すのは、いつも難しいからだ。

比較的最近まで一部の科学者は、年齢が高くなるほど俗に言う体の「老化」が進むため、母親としての状態は悪化するとみなしていた（そこをつかれると痛い！）。だがそれは、40歳を超えた母親が6人目、あるいは16人目の子どもを産むために、疲れ果てるとともに資源が枯渇する場合が多かった時代のことだ。現代の典型といえばピラティスで体調を整えた経営幹部レベルの女性で、数十年かけて蓄積した財産をいよいよはじめての子どもに注ぎ込む準備が整っている。それに対して十代や二十代になってすぐの母親は、アメリカではより貧しい地域に多い。

それでも、社会経済的変数を調整したうえでなお、白髪が気になる年代の母親のほうが有利だと確信している科学者もいる。たとえば、ウェストバージニア州のアパラチア地方にある農村地帯の母親を対象とした研究では、年上の母親が敏感さの尺度で年下の母親より勝っていた。サハラ以南のアフリカでの研究は、年上の母親のほうが子どもを診療に連れていく割合が高いことを確認している。

こうした違いに対する説得力のある説明として、母親脳への転換と基本的な成長による変化との相互作用をあげることができる。最も若い年齢の母親では、体がまだ発育途上にあるように、その脳もまだ成長を続けている。思春期の精神的激変は、実際には女性が二十代半ばになるまで続く。もし、母性による認知の変化と思春期のこうした経験とが競い合うとすれば——科学者たちは競い合うと確信しているわけだが——おそらく両方の神経変動に同時に着手することを避けるのが得策になるだろう。そして、人間は若いうちに赤ちゃんを産むよう「運命づけられている」と一般に考えられているが、アメリカの少女は早ければ8歳で思春期を迎えることもあるのだから、それは現代では幻想にすぎないのだ。狩猟採集民は今でも大昔に人間が進化してきたときと同じような環境で暮らしており、研究によれば、そうした自然に近い条件と（とりわけ）食べ物で生活している少女は、ほとんどが十代半ばから後半まで月経がはじまらない。

よい母親になるために知性が重要だと考える限りでは、それぞれの仕事で培った「実行力」があるという点で、年上の母親が有利だ。実行力のもとになる計画、記憶、マルチタスク、時間管理などの認識能力は、十代や二十代はじめの女性には欠けていると広くみなされている。研究では、妊娠によって認知力への打撃を受けたあとでも記憶課題の成績がよい女性は、子どもの出すヒントへの反応も優れている。もし母親特有の脳の変化がこの領域で女性に負担をかけるなら、母親への変身がはじまる時点で年齢が高いほうが有利かもしれない。

一方、人間の仲間である哺乳動物のメスに焦点をあてた進化生物学者は、年上の母親のほうが年下の母親よりすぐれている理由について、もっと冷めた目で見て考えている——高齢になって生まれた子どもにより多くの資源とエネルギーを注ぐのは、貴重な遺伝子を受け渡す最後の機会であるととらえて人一倍がんばるからではないか、というのだ。

一方の年下の母親は、自制して、将来の子どものためにエネルギーと労力をとっておきたいと考える。

言い換えるなら、育児の能力だけでなく育児の戦略も、女性の年齢が進み、子どもを産める時間と選択肢が減っていくにつれて、少しずつ変化していくのかもしれない。「ひとりだけの子どもに人生をささげる41歳の母親は、20年も前にはじめての妊娠を中絶をしたかもしれないが、そのときと同じ人物ではなくなっている」と、進化生物学者のサラ・ブラファー・ハーディは書いている。それは若い母親で幼児殺害の率が高い理由の、冷淡だが説得力のある説明になる。

私はまだ小さいころ、自分の母親に向かって、「誰か」――もちろんそれは私のことを意味していたのだが――のために死ねるかと尋ね、長い、居心地の悪い沈黙しか戻ってこなかったのを覚えている。

母を弁護するために説明しておくと、生物学者はそのような問いへの返事を決める背景に、複雑だが単純な計算があると想像する。たぶん私の母は、はじめて私を産んだばかりで、まだ何人かは生まれる可能性のあった32歳のときに、私のために死のうとは思わなかっただろう。でも私が10歳になって、できの悪い子どもがひとりだけなら、母の返事は変わっていた可能性がある。殉教者として命を捧げてもよいという気持ちが、具体化していたかもしれない。

（そうにちがいないと、私は自分に言い聞かせている）

年上の母親に特有の献身的な姿勢には、受けを狙ったような「終末投資仮説」という名称がつけられている。それは厳格な規則というより理論と言えるものだが、アカシカからアカゲザルまで、哺乳動物の仲間全体で知られる話がある程度までこの説を支持している。

人間に似ていると言われる、シャチの母親の例を見てみよう。似ているのは、イッカクの肋骨を砕いて生きたまま食べるという点ではなく、繁殖生活の点だ。シャチは10歳ころにはじめての子を産んでから40歳少しすぎまで繁殖を続け、メスは90代まで生きることができる。ある研究は、母親シャチが最後に産んだ子どもは、群れのほかの赤ちゃんシャチより生き延びる確率が10パーセント高いことを明らかにした。おそらく、体力の衰えた母親シャチが人一倍やる気を出すからだろう。

一部の科学者は人間の場合について、終末投資説は年上の母親が自分の子どもを気遣った行動を見せる傾向が強まる点だけでなく、これから生まれてくる子に対する母親の体の対応も説明できるのではないかと考えている。この理論によれば、高齢の母親で染色体異常の赤ちゃんが生まれる確率が高い理由は、老化した卵子が不完全になりがちなだけではなく、母親の体が自然に流産のハードルを上げているからかもしれない。おそらく最後の赤ちゃんは、もし障害があったとしても、何者にも代えがたいからだろう。

帝王切開の問題

年齢と、過去に子どもの面倒を見た経験があるかどうかに加え、出産の方式も母親の気持ちを形作るようだ。

哺乳動物では、母親らしい行動を加速させるためには普通分娩（経膣分娩）の身体的な刺激が——それに伴うオキシトシンの洪水とともに——きわめて重大な役割を果たすことが多い。ところが帝王切開では膣と頸部をすっかり迂回してしまうため、人類にごく近い親類も含めた一部の哺乳動物で、その後の行動に大きく影響することがある。科学者が211匹のサルに帝王切開を行なったところ、そのうち自分の赤ちゃんを受け入れたのは7匹だけだった。

人間の場合、現在ではアメリカ人の全出産のおよそ3分の1を帝王切開が占めている。私もこの統計値に貢献する身で、なかでも産科医がときに「三連覇」と呼ぶこともある部類に属している。ところで、私はこの腹部の外科手術に愚痴をこぼすつもりはない。最初の出産でドゥーラ（出産アドバイザー）を雇わないと決めたのは、私自身の判断だったからだ。当時は、ドゥーラを雇うなんてばかばかしいほど自然派志向の考えだと思っていた——友人が逆子を治すために、アパートの部屋じゅうに赤ちゃんの写真を逆さにしてぶら下げているというドゥーラ認定の視覚化方式を説明してくれたとき、そんなのはまったく科学的じゃないと、密かに笑っていたものだ（その友人は、ギリギリのところでほんとうに逆子が直り、帝王切開を免れた）。それに加えて、私はたまたま出産に向かかない腰をもって生まれてきた。今では自分がまだ生きていることにとても感謝しているし、おまけとして、今でも尿漏れをせずに縄跳びができる。さいわい人間の母親は母性本能の力によって出産方法に関係なく自分の子どもを愛せるし、ときには出産経験がまったくなくても子どもを愛することができる。

とはいえ、3回の手術で残された消えることのない記念品は、私の腹部に残るピンクの傷跡だけではないと考えられる多少の理由がある。帝王切開は私たちの脳にも傷跡を残すかもしれない。

帝王切開による出産後2週目から4週目の母親を対象としたある研究によると、赤ちゃんの泣き声に対する反応が鈍かった。ただしこの違いは数か月後には解消されるようだ。また、連続的なテロリストの攻撃をくぐり抜けながら暮らしていたイスラエル人の母親を対象とした別の研究では、帝王切開による出産を経験した母親は、同じ条件で生活していたほかの母親より、ストレスに対する自然な防御の力が弱いように見えた。そして私が最初の出産で経験したような緊急帝王切開は、母親が感じる赤ちゃんとの絆に最も悪い影響を及ぼす可能性がある。緊急帝王切開を行なった母親は、産後うつになる可能性が15パーセント高い。

これは、自然なオキシトシンの大量分泌が欠けているために起きることだろう。あるいは、最終的に手術台に載せられる女性の多くは――私もそうだったが――その前に陣痛促進剤としてピトシン(人工的に作られたオキシトシンの合成薬)を投与されており、これが自然なホルモン分泌の過程を混乱させる可能性があると指摘する科学者もいる。あるいは、帝王切開に至った母親は別の潜在的な健康問題を抱え、産後の痛みが異常に長く続く傾向があり、それが出産の方法とは関係なく赤ちゃんとの絆を弱めてしまうのかもしれない。

母乳か人工乳か

同じようにオキシトシンと関係する理由で、産後何週間かのあいだに子どものことをどう感じるかは、母親の変身にとって重要な意味をもつ。母乳で育てる女性で起きる神経の変化は、おそらく人工乳で育てる女性で起きる変化とは異なっているだろう。

授乳期間中は乳房が大きくなるように、胸部に対応する脳の中枢も大きくなる――科学者たちは他の種類の哺乳動物の研究からそう推測している。母乳を与えているラットでは、大脳皮質の乳頭と胸郭に対応する部位が2倍の大きさになるとともに、そのほかの変化も起きる（授乳期攻撃行動を覚えているだろうか）。母親ラットにピッタリした伸縮性の上着を着せて、胸を刺激できないようにすると、母親らしい気配りが若干混乱してしまう。

自然に漏れ出てくることもない粉ミルクで育てる母親に比べ、母乳で育てる母親は赤ちゃんの泣き声に対して、より敏感に反応するとともに、不安と緊張を感じる度合が少なくなることがわかった。母乳を与えることで、肌と肌の触れ合い（母親の感受性を高めることが証明されているもうひとつの要素）が増えるからだろう。あるいは、自主的選択の効果かもしれず、生まれつき赤ちゃんを抱きしめて可愛がりたい性格の母親は、最初から母乳育児をしようという意志が強い。

だが、母乳育児による化学物質の急増には別の側面もある。両者にとって中毒性があるのだ（ママ友のひとりは6歳に近づいた息子の離乳のために、2週間にわたってヨーロッパにひとりで避難しなければならなかった）。

研究者のなかには、母乳育児をする女性と人工乳で育てる女性との違いは授乳時の短いホルモン急増のみで、授乳が終わると同時になくなると考える者もいる。だが、これらの育児方法の相違は、神経学的に長く続く影響を及ぼすことを示す別の証拠がある。

母乳育児をした母親についてボイシ州立大学で研究したところ、子どもが5年生に達する時期になってもまだ、子どもの出すヒントに対して敏感に反応することがわかった。また、多様な経歴をもつ7千人を超えるオーストラリアの母親を対象とした研究では、母乳を与えた母親は幼児期を通して子どもをネグレクトする可能性が、全体の約5分の1だった。

ただしこうした統計値とは関係なく、どんな育て方をしたとしてもすぐれた母親になれる。人間の母性本能は非常に力強い上に堅固で、ひとつのスイッチによって変わってしまうようなものではない。しかも哺乳瓶による育児は千年も前からあった――絶滅した有蹄動物の乳の残りがこびりついた哺乳瓶は、人類が生み出した最古の陶器のひとつに数えられている。一方の現代社会では母乳育児にはっきりした短所があり、授乳期間中の母親は職場で「母親の罰《マザーフッドペナルティ》（子を産んだ女性の所得が減るなどの社会的不利益）」を受けやすく、また現代の結婚で生じている育児不均衡の持続的な要因ともなっている。それに加えて、授乳は文字通り消耗する。私はときどき真夜中にベッドを抜け出しながら、ドラキュラに狙われてしまったように感じることがある。

それでも授乳は、骨盤の大きさなどといった他の要因よりも、母親の力の及ぶ範囲にあるものだろう。私は最終的には母乳育児を選択できたことをありがたく思ったが、長女を出産するために病院に向かったときには、授乳のことなどほとんど頭になかった（実のところ、授乳用の上着は外出先で子どもを寝かせたいときに母親が張る特別なテントのようにしか見えていなかった――外から見えるのは、突き出した小さな足だけだ！）。陣痛を待つあいだに病院のベッドで一番気になっていたのはネットフリックスの番組表だ――そしてその直後、自然分娩の可能性がなくなったときには、自分が生き残れるかどうかで頭がいっぱいになった。

すっかり意気消沈して産科病棟で身じろぎもせずに横たわっていたとき、ベッドの横に授乳コンサルタントがあらわれた。その手には、80年代の格好悪いブラのようなプラスチック製の円錐形ポンプがあり、これからはじまる愛情たっぷりの関係に暗雲が立ち込める思いがした。私自身は粉ミルクで育ち、それなりにちゃんと大きくなってきたのだ！　母乳が赤ちゃんの免疫力を高めるという漠然とした話にはほとんど共感できず、私の母親としての気持ちに母乳育児の恩恵をしっかり刻みつけてくれる人はいなかったから、お腹を血まみれにした外科手術のあとでは、ただ面倒なことが降ってわいたようにしか思えなかった。

だが現実には私のような女性にとってこそ、母乳を与えることはなおさら重要な意味をもつ。私はすでにいくつかの挫折を経ており、外科医の冷たいメスにさらされたばかりか、生まれた赤ちゃんはＮＩＣＵに直行し、親子の絆が脅かされていた。そんなときに授乳の方法を学んだことは、私の帝王切開の経験での不幸中の幸いだった。もしも産後の入院が４日も長引かなければ、とりわけターミネーターのような授乳コンサルタントの術中に陥らなければ、私は赤ちゃんを母乳で育てるという考えにたどり着かなかったかもしれない。

なぜなら、私が長女を出産した日は私自身の新しい人生のはじまりでもあり、目に見えない流れに逆らって泳ぎはじめた瞬間でもあったからだ。

私ははじめて母親になったところだった。

あとから生まれる子どものほうが得?

まあ、当たり前のことではある。何ごとにもはじめてはつきもので、自分たちの母親からもよく話を聞かされてきた。すべての母親は、どこかの時点で初心者だった。それは避けられない現実だ。

それにもかかわらず、この考えは最初に思えるほどわかりきったものではないのだ。ラットでも、カワウソでも、人間でも、どんな母親になるかという点で最も重要な手がかりは、自分が以前に母親だったかどうかだろう。

私はようやく病院から解放されると、よく考えずに選んでしまったせいで衝撃吸収機能がまったく足りないベビーカーを押して、歩道のわずかな窪みでもガタガタ揺れるのに四苦八苦しながら近くの公園に通った。そんなとき目に入った、2人目の子を遊ばせている母親の余裕の笑みを忘れることはない。

はじめての出産を終えてまもなくのころには、ベビー用品専門店で何時間も過ごすのがつねで、割引されたエコプラスチック製のガラガラや生まれたばかりの赤ちゃんが不思議に泣き止むクネクネ曲がるキリンを探して、売り場をさまよったものだ。

もちろん、実際に不足していたのは私自身の中身だった。はじめての出産から数週間か数か月しか経たないころには、母親になる変化がまだ進行の途上だ。妊娠中期から変化ははじまっていただろうが、まだその変化は完了せず、母親への変身中にすぎなかった。

ベテランのママが知っているのは、最高の噴水スプレーやおしゃぶりの知識だけではない。女性が出産した回数を示す「出産経歴」の研究は、育児の要領を身につける（もっと正確に言うなら、抱っこひもを身につける方法を覚える）という単純なことを調べるわけではないのだ。そうした基本的な子育てのコツに関する表面的な違いの裏で、2回目の出産を経験した母親には、最初の出産を終えた母親とは大きな違いがある。

第1に、女性がいったん母性への重大な移行を果たすと、それ以降の出産では、2人目であろうと12人目であろうと、はじめてのときのように不安な経験に繰り返し耐えることはない。何らかの崩壊は起きるかもしれないが、母親脳の大部分はバッテリーも含めて活発に働き続けるので、組み立ての作業はいらず、必要になるのは改良と微調整だけだ。すでに敏感になるという変化を経ているから、いつでも準備万端の母親らしい精神をもって、一番下の赤ちゃんの出す合図にも、はじめて経験する新米ママにくらべて素早く効果的に対応できるようになる。

2回目の出産を終えた母親が、初回の出産で記憶にある目がくらむような感覚がなかったと報告するのは、単に贅沢なベビーシャワー（出産を控えた妊婦のために開かれるパーティー）がなくて落ち込んでいるというわけではない。大転換そのものの感動が欠けているのだ。2人目の子を産むということは、女性が母親になるのではなく、母親が2番目の子をもつことを意味している。出産の前も後も同じ母親で――おそらく、より母親らしくなるだけだろう。

「切符はすでに切られているわけです」と、イェール大学の子ども研究センター所長リンダ・メイズは言った。そして母性はまちがいなく片道切符だ。

そのために2人目を出産した母親は、母親の能力を示す多くの測定値で優位に立つ。一般的に、リピーターの母親は子どもの泣き声を嫌がる度合が小さい。初心者の母親は、自分の赤ちゃんの特定の泣き声や叫び声の意味を読み取るまでに、より長い時間がかかり、経験者の母親は、子どもが痛がって泣く声をそのほかの種類の泣き声と聞き分けるのが得意なことが多い。複数回の出産を経験した母親は、子どもに触れる回数が多くなる傾向がある。また、子どもと長い期間引き離されること、帝王切開、早産などの出来事にも、一般的に動揺する度合が小さい。

動物界全体をとおして、出産経験のある母親ははじめての子を産んだ母親より優位に立つ。2回目の出産をしたチーターの母親は、よりよい巣を選ぶ。熟練したメスヒツジは、出産後、より素早く赤ちゃんヒツジを舐める。アシカのベテランママは、新参者のようによその赤ちゃんを育ててしまうという失敗をほとんどしない。

研究室の実験では、複数回の出産経験を積んだ母親ラットは、はじめて出産した母親ラットよりはるかに素早くコオロギを捕まえることができ（はじめて出産した母親ラットは処女ラットより素早く捕まえる）、また古典的な迷路のテストでも、小さいテラコッタのポットに隠したカラフルなシリアル探しでも、新人をしのいだ。人生経験豊かな母親は、母親らしい粘り強さを示す技でも――滑りやすい木の棒を渡るのも、綱を登るのも、またワイヤー・ハンギングという古典的なテストも――初心者の母親に勝っている（ところで、こうした母親ラットの活動は、私が参加した産後特訓エクササイズ・クラスを彷彿とさせるものばかりだ）。

子どもにとっては、母親のこうした相違が生死に関わってくることもある。私たちの近い親戚にあたるゴリラとヒヒの場合、最初に生まれた子は2番目以降に生まれた子より死ぬ確率が2倍高い。それは遠い世界の動物の話ではない――私たちも同じだ。ある種の哺乳動物の場合、なかでもげっ歯類は、最初に産んだ子供たちを食べてしまうことで知られている。人間ではさいわいにも母親による共食いはまずないが、母親による育児放棄やネグレクトは頻繁に起きている。経験のある母親の場合はどちらも非常に少ない。

経験を積むと、冷静さと行動を起こす準備とのあいだで母親ならではのバランスを見せることが多い。たとえば、経験のある母親ラットは見知らぬオスを攻撃する行動をはるかに素早く開始し、子どもたちのためにより長く、より激しく戦う。熟練した人間の母親は、子どもの苦痛に直面したときに新米の母親より冷静でいられる――子どもの出す騒音を耳にして苦痛を感じる度合が小さい（私は出産後何か月かしてお腹を痛がる長女の泣き声をはじめて聞いたとき、映画『俺たちに明日はない』のラストシーンで、ふたりが目に見えない銃弾にむせび泣く最後の数秒間のフェイ・ダナウェイのような気分になっていた――でもその感情は、次女以降はもう湧き上がってこなかった）。同時に、戦いの試練に耐えてきた母親は問題をより素早く察知し、自分の子どもの苦痛の声を耳にすると、より短時間で心拍数が加速する。「はじめてじゃない」ことで生まれるこうした母性の勇気の背後にどんな仕組みがあるのか、科学者はまだ研究中だ。一部には、おそらく熟練があげられるだろう。人間はほとんど何にでも「慣れる」ことができ、そこには戦いを告げる赤ちゃんの叫び声も含まれていて、赤ちゃんのやり方の基本をよく知っていれば、赤ちゃんを理解するのも扱うのも容易になる。

だが、脳のなかでも何か目に見えないことが起きているのはたしかだ――2回目以降の妊娠では、私たちの心がより母親らしくなるような何かが起きている。それは「累積効果」で、「ひとりで終わり」の母親が増えている時代にあって、とりわけ注目に値する。

ラットとヒツジの研究によると、複数回子どもを産んだ母親では、とても重要なmPOA(内側思索前野)をはじめとした脳の一定の場所でエストロゲン、鎮静剤、オキシトシンの受容体が増加している。そのために新たな子どもたちが生まれるときには、それらがすでに活発に機能していることが考えられる。それならば満足感を引き起こすホルモンの量がほんのわずかであっても、そうした世慣れたメスには高い効果を上げることになる――ほんのわずかなシャンプーでも、髪があらかじめ清潔ならよく泡立つのと同じだ。

だが、十分に油がまわって快調に動く母親マシンであっても、すべてがバラ色とはいかない。たとえば母親特有の健忘症は、複数の子どもの母親で多いように見える。3人の子どもをもつ人間の母親は、ひとりの子どもの母親より言語想起のテストではるかな困難に直面することがわかっており、その要因は連続した妊娠によって化学的変化、またおそらく身体構造上の変化が積み重なったこと、そしてそのような変化が多くは……ええと、なんと言うんだったか、そう、「恒久的」になる場合が多いことを示している。

子どもの数が多い母親は酒におぼれる傾向も強い。定石通り、私がはじめての子を産んだばかりのころ、あるレストランでベテランママが授乳中にもかかわらずワインをガブ飲みしている様子を、テーブル越しに呆然と見つめていたことを思い出す。今なら私にもわかる。また、私たち複数の子をもつママには、下の子になるにつれていっしょに遊ぶ際にいくぶん気を抜いた様子が見られるという非難も寄せられている。それには返す言葉もない。私たちには時間が足りず、たとえば、2歳の誕生日を祝うために、手作りした緑色の砂糖菓子を載せて「はらぺこあおむし」バースデーケーキを手早く焼き上げるような余裕はない。そこで、未解決の問題がもちあがる。あとから生まれる子どものほうが得をするのだろうか？　よい方向に微調整され、集中力も反応時間も向上した母親の恩恵を受けるが、やさしく撫でてもらう回数は減る。おそらくこの妥協点が、第1子は学校でがんばることが多いのに対して、第2子以降はもう少しのんびりしていて、うまく順応することが多い理由だろう――その母親も、おそらく同じだからだ。

偶然にも、私の2回目の出産には最初の出産ととても不気味な類似点があった。赤ちゃんはまた女の子だった。このときも、予定日を過ぎても陣痛ははじまらなかった。このときも、しぶしぶ帝王切開のために車椅子で手術室に運ばれた。映画『恋はデジャ・ブ』の展開が実際に起きたかのように、またもやスーパーボウルサンデー翌日の月曜日だった。

ところがどうしたものか、試合の展開はまったく異なるものになった。産後にも大変なことは何ひとつ起きず、すべてが落ち着いていた。赤ちゃんの泣き声は、近くで車の盗難防止警報機が鳴っているようには響かなかった。病院の玄関ホールを裸で駆け抜ける人もいなかった。簡易「おくるみ」を忘れずに荷物に入れていたので、授乳はあっという間にすんだ。傷もそれほど痛くはなかった。実際、病院を巡回して新生児の写真を撮影しているカメラマンに予約を入れるほど元気だった。前回は、そんなことをするなんて、笑えるほど想像を絶していたものだ。

赤ちゃんは撮影のあいだじゅう魅力的な振る舞いを見せた。太陽さえ恰好のタイミングで雲から顔を出し、私にとってはこれまで見たなかで最も美しい新生児ポートレートの一枚に数えられる出来映えになった。病院の真っ白なシーツがとろけたバターのようなクリーム色に染まり、赤ちゃんがその柔らかな日差しを浴びている写真だ。

でも今になって考えると、太陽がほんとうにそんなに明るく輝いていたのかどうかわからない。何しろまだ2月のはじめのことだ。たぶん澄みきった空は、私の心のなかにあったのだろう。

*　*　*

私の（少々くすんだ）ベビーシッターの履歴書、私の年齢、私の手術歴、私の授乳習慣、さらに私のミニバンの後部座席に散らかったチャイルドシートの数――そうした要素のすべてがまとまって、私を私という母親に作りあげ、私は少なくともある程度までは、そのほとんどを自分でコントロールしてきた。

ところが、母性を作りあげているその他の力は、私たち個人の手がまったく届かないところにある。科学者で母親の女性はずっと前から、母性行動が家族内でどれほど伝わっていくように思えるかに気づいていた。一定の子育てのパターンが世代を超えて続いていき、ほとんど継承されていくように見える。そして近年では母性の隠れた遺伝的特徴が話題になり、研究者たちはとくに有能な母親を際立たせるような遺伝子に目を光らせている。

それでも、赤ちゃんを抱きしめて皮膚と皮膚が触れる機会を増やすことはできるものの、その皮膚の下に何があるかを考えるのは、はるかに難しい、大仕事になる。

第6章 母親遺伝子を探しに

世代を超えて伝わる母性行動

ノースカロライナ大学ブリーンズボロー校にある家族観察室は、まるで近所の家の居間か、プラスチックの飾りがついた「子どもの遊び場」のようだ――ただし、マジックミラーの反対側から数人の科学者と私がじっと見つめ、ひそかにメモをとっている点だけが異なっている。

ミラーの向こうに座っているのは体格のいい18か月の男の子フレデリックで、20代の母親といっしょだ――母親はピンクのフリルつきロンパース〔赤ちゃん用に作られた上下一体型の洋服〕を着ているから、研究助手はその洋服の下に心拍数測定用のコードをもぐりこませるとき、ちょっと困った様子を見せていた。

それでもそうした準備がすべて整い、母と子は念入りに用意された幼児向けおもちゃをあれこれ吟味しはじめた。肌の色が同じ赤ちゃん人形、けたたましい電子音が鳴る電話、選び抜かれた厚紙絵本などが揃っている。

するとそこに、予定通り、鬼がぶらりと入ってきた（「ピエロは使えないんですよ」と、研究主任のエスター・リアケスが小声で言う。「恐怖症の子が多くて」）。

「やあ、フレデリック」と、鬼は部屋の入口から明るい声で呼びかける。「何をしてるんだい？　私は鬼だよ」

フレデリックは顔を上げ、びっくり仰天という様子を見せた。

鬼が身につけているのは美容院で使うような大きな緑色のケープだ。少し南部訛りのある女性の声は、同じく緑色をしたプラスチックのお面のせいで、少しこもった感じに聞こえる。

突然あらわれた緑色の訪問客が、これもプラスチックでできた緑色の手の甲に走り書きされた台本に目をやりながら、思いもよらず次々に話しかけてくるので、フレデリックの目はますます大きくなっていった。

「きみは鬼を知っているかい？　顔は緑色だ。背もとても高い。手も緑色で、大きいよね？　きみにはさわらないようにするよ。これまでに鬼を見たことがあるかな？　今、何をしているんだい、フレデリック。きみが何をしているか知りたいなあ。きみのことが見えるけど、きみは鬼ではないね。私みたいに緑色もしていない。きみはちっちゃい子どもだ。子どもは遊ぶのが好きだね。私も遊ぶのが好きだよ。きみは、鬼が遊ぶのを好きだって知っていたかな？　でもこんなに大きい手じゃ遊べないねえ。大きすぎるよ！　私は鬼だからね」

鬼は子どもの歌「ディス・オールド・マン」を口ずさみながら、曲にあわせて体を軽快に動かしていたかと思うと、突然うたた寝をはじめた。かすかないびきが部屋に響く。

こうした実験に子どもがどう反応するかは、まったく予想がつかない。鬼とハイタッチしようとする子もいれば、大泣きする子もいる。フレデリックはその中間で、ぽっちゃりした手を不安そうに母親の膝に置いて、大げさに動きまわる鬼から目を離さない。

そしてそのあいだじゅう、リアケスの目はずっと母親を追っている。

母親たちはこの実験に参加するにあたって、研究者が関心を抱いているのは子どもの気性だと伝えられており、それは形式的には本当のことだ。だがリアケスがそれよりはるかに興味をもっているのは、普段なら考えられないこうした状況での母親の行動で、この場面は大人ではなく子どもを慌てさせるように作られている。

鬼がおしゃべりをはじめるずっと前から——実際には、おもちゃ箱の中身が床に広げられる前、いや、センサーとワイヤーが詰まった小さなバックパックを子どもに背負ってもらって実験の準備を整える前から——研究者たちはひそかに母親の反応を測定し、1秒あたり30フレームのビデオ録画でその行動を記録している。子どもが安心するような笑顔を見せたか？　口うるさく注意するか？　髪留めを整えてやるか？　鼻をふいてやるか？

「もし子どもが1秒だけ泣き声を上げたなら、母親が何をしたか、それが適切な反応だったかどうか、ちゃんとわかります」と、リアケスは話す。

「適切な反応」と彼女が言うのは、母親がわが子の出した合図に対して思いやりのある態度をを示したかどうかという意味で、好奇心旺盛な子どもを後押ししたり、怖がっている子どもがそれ以上怖い思いをしないように慰めたりする行動を意味している。とりわけ、子どもをまったく無視して携帯メールのやりとりに夢中になっていないかに注目する。今では誰もがやりがちだ。

どうすれば一部の母親の反応を理想に近づけられるかを見極めようとしているリアケスは、長年にわたって200組以上の母子にこのテストを実施しており、はじめたのは2010年より少し前になる。母親の行動のデータを細かくコード化する骨の折れる作業に加え、隠されたセンサーから得られる生理学的情報と、母親の社会経済的背景および生活史に関する質問用紙に記入された大量のデータも利用する。

「ときどき、私ってバカなんじゃないかと思いますよ」と、科学者であり3児の母でもあるリアケスは本音を漏らした。それでもやっぱり彼女は、いつでも、もっと詳しく知りたいと思っている。

2012年ごろになるとリアケスは、友好的な鬼に対する母親の反応を決める手がかりについて、自分も、洞察力のあるコード化の担当者も、何か見逃しているものがあるのではないか、その最大の理由は目に見えないからではないかと、考えるようになった。

たしかにチームの研究者たちは、母親が見せる作り笑いや愛情に満ちたアイコンタクト、陽気に受け流す様子などを、ひとつずつ記録していた。母親の年齢も子どもの数も知っていたし、母親の人生に関する山ほどの詳しい情報も把握していた。

だがもし重要なことが母親の内部で起きていて、外からはまったく見えなかったらどうだろう。もし女性に固有のゲノムが、母親一人ひとりの姿をあらわすパズルに欠けているピースだとしたら？もしかしたら遺伝子のくじ引きで、特定の遺伝子をもつ母親と、もたない母親がいて、そのためにそれぞれの脳がわずかに異なり、そのことがマジックミラーの反対側からリアケスが目にする驚くほど多様な行動の理由をいくらかでも説明しているのかもしれない。

新しいベビーベッドの組み立て説明書を読んで丸2日も頭を悩ませたなら、覚悟を決める必要がある。母親を完成させるのは、それよりはるかに難しい。私たちのDNAは自分だけの取扱説明書で、自分の体が適切なたんぱく質を適切な時期に組み立てるようにしている。母親の身体にある細胞のそれぞれの核には、すべて同じ遺伝子が含まれているが、角膜と大腸とでは異なるものが活性化している。母性という点では、遺伝子の組み合わせが私たちの脳組織のなかで固有に発現してオンになったりオフになったりしながら、変化する心を形作る原料物質を自由に操っているわけだ。

母親への移行にあたっては数百の、いや、おそらく数千という遺伝子が活性化し、私たちの体と脳を目に見えない無数の方法で微調整する。ひとつのDNAの断片だけでは母親を調整することができない、言ってみれば「母親らしさの形成」は不可能だという点で、科学者たちの意見は一致している。

それでも、ひょっとすると、いくつかの重要な遺伝子が母性行動の質を左右しているかもしれない。もしかしたら、どこかのちょっとしたコードが女性をひと押しして、ほんのちょっぴりでも敏感さを増したり減らしたりしている可能性がある。

リアケスの考えがこの方向に傾いている一方で、ヒト個体群の研究をしている科学者はすでに親としての行動に影響を与える可能性をもつ候補遺伝子をいくつか調査してきた。また、げっ歯類を研究した文献は、社会的認知に関連する脳システムが母親らしい気配りにとても重要だったことを示唆しており、それはこの分野の研究を専門とするリアケスには大いに納得がいくものだった。

そこで彼女は、げっ歯類の研究を人間に結びつけられるのではないかと考えた。

社会科学の最大の謎のひとつは、フロイト派の分析は言うまでもなく、母性行動のパターンが家族内で繰り返されていき、ときには多くの世代にわたって伝わることだ。私たちをよく調べてもらえれば、母と私には共通点が数多くあり、膝が節くれだっているのと、イタリアの甘いお菓子カノーリを嫌いな点だけではないことがわかるだろう。おそらく育児の特徴を見ても、私たちはよく似ている。もしある種の重要な母親遺伝子が実際に私たちの血統に伝わり、母から娘へと受け継がれたのだとすれば、それは時とともに家族全体を形成していく育児行動の循環を説明するのに役立つ。遺伝子マーカー、あるいは「リスク対立遺伝子《アレル》」が判明すれば、追加のカウンセリングを利用する可能性のある個々の女性を識別し、有害な循環を断ち切るのに役立つ可能性もある。

やがて国立衛生研究所の研究資金を得たリアケスは、200人あまりの母親に研究への参加を依頼し、小びんに底から2ミリメートルまで唾液をためてもらった。

それから唾液をコロラドの研究所に送り、遺伝子の分析を行なった〔その成果は後述される2017年の論文にまとめられた〕。

遺伝子という占い師

鬼との面会（私が会いたかっただけで、科学的な分析の目的があったわけではない）を無事に終えたあと、リアケスと私はゆっくり歩きながら彼女の洞穴のような研究室に戻った。大学の副学部長のひとりで、これまでに数えきれないほどの論文を発表し、やさしそうな青い瞳をもち、デスク横の深皿には摘みたてのイチゴを山盛りにしているリアケスは、まちがいなくスーパーママだとわかる。だから、彼女がニューヨーク州の北部地方で育ち、最初の子を十代のときに産んだと知って、ちょっと驚いた。3歳の娘を連れて大学に通い、それからバーモント州の大学院に進み、そこで母性行動のさまざまな性質に関する研究をはじめたそうだ。

リアケスは母性を多様な角度から考察し、複雑な要因がまじりあいながら関わっていると推測してはいるが、ほかの研究者が考えているほど母親の行動に関して年齢が重要な要素だとは思っていない。私には彼女自身の人生そのものが、母親としてのアイデンティティの少なくとも一部は生まれる前からDNAに刻まれているかもしれないという考えに馴染んでいるように思える。

それから研究室にある大きな画面で、保存されていたさっきと同じ実験の映像を見せてもらう。鬼が登場したり（同じ種類の実験の別バージョンで）毛の生えた大きなクモに似せたリモコントラックが部屋じゅうを走りまわったりするのに子どもが反応すると、それを見た母親の対処があまりにも多様なことには驚くばかりだ。

動揺した子どもを本能的に抱き寄せる母親もいれば、気を紛らわそうとする母親もいる。一方で、敏感さの評価が最高の9とされた母親たちはある種のタンゴを踊るかのような状況を生み出し、子どもの感情のリードに従って母親の振り付けが徐々に進化していく。

もちろん、よい育児をするためにはどれだけ敏感になる必要があるかについては、さまざまに異なる意見があり、ノースカロライナ州の郊外で基本的な子育てとして通用することが、たとえばアマゾンの熱帯雨林では行き過ぎたものかもしれない——そこでは毛の生えた大きなクモなど、見慣れている可能性があるからだ。それでも、赤ちゃんの出す合図を認識すれば母親が子どもの生存を確実にするのに役立ち、それは誰が見てもよいことであり、複雑な社会をもつ人間の場合、子どもの感情に対応することが母性の働きの多くを占める。

リアケスがあげた点数が高い母親のひとりは、子どもがクモに興味を抱いたのを感じるとテストを面白いゲームに変えてしまい、クモが近づくと足を上げて、その下を通すようにしていた。ところが別の母親たちは、子どもの恐怖を無視したり、クスクス笑ったりし、ときにはクモを撫でさせようとする。ひとりの母親は、「さわってみなさい、ほら!」と、大声を上げた。リアケスによると、研究室の2人掛けソファーに座ったまま、まったく動かない母親も何人かいるという(心の奥底に潜んだ暗く怠惰な私が、その母親って私のこと?と思いを巡らせる)。「スマホから目を離さない母親も、持参した雑誌を読んでいる母親もいますよ。爪磨きを取り出した母親までいましたね」と、リアケスは話す(フゥー、私は爪磨きさえもっていない)。

謎めいた名前をもつ目に見えない遺伝単位が、ほんとうにリアケスの研究室で見られるような——

有名ベビー服のセール品ワゴンの近くや、ウォーターパークのうんざりするほど長い急流滑りでの光景は言うまでもない――母親の不可解な行動の多様性を説明できるのだろうか。私は、この占い師に私自身の母親としての運命を見てもらい、自分の遺伝子をタロットカードや茶葉占いのように読み解いてみたい。

もしも母性行動が実際にこうして伝わっていくものなら、私は母の母親遺伝子を受け継ぐことができて、この上なく幸運なのかもしれない。私には母がいつも全知全能の存在のように思えた。母は何はともあれ定番のピーナッツバター&ジェリーサンドだけはつねに作り置きして冷凍庫に隠しもち、それも片側は白いパン、もう一方は（栄養を考えて）全粒粉のパンを使い、耳もきれいに切り落としていた。そのおかげで、母が早い時間から仕事に飛んでいく必要があっても、私と妹はとにかく手作りの昼ご飯にありつけた。

だが私の知らないところで、母は私がどんな母親になるのかとひそかに心配していたらしい。「ちょっとだけ不安だったのよ」と、打ち明けたのも、私が長女を産んで数年経ってからという気の配りようだ。

私はその昔、寝室の棚にずらりと並んでいた人形（長いまつげとうつむき加減の瞳をもったマダムアレクサンダーの、それもコレクターズエディション）に振り向きもしなかったから、母は将来どうなることかと思いもしただろうが、何も言わずに見ていた。私には裏庭でカブトムシを捕まえたり人喰いザメの本を読んだりするほうが、ずっと性に合っていたのだ。今では私が自分の娘たちに同様の不安を抱いていることを白状しなければならない。娘たちは私のDNAとともに、以前は新品同様だった私の子どものころの人形たちも受け継いでいるが、人形は服もろくに着せてもらえずに遊び部屋の床に転がっていて、それは将来の私の孫にとって不吉な前兆かもしれない。

だがおそらく母親遺伝子は、最後まで任務を果たし続けることになる。

「鏡よ鏡、どうせ私は母親にそっくり」

私たちの育児に関する遺伝的な手がかりを探すのは、道理にかなった探求だろう。いろいろ言っては見ても、私たちに備わった現代の崇高な乳房〔乳腺〕が大昔のオポッサムのようなむさくるしい獣の汗を流した汗腺から少しずつ生まれてきたのと同じように、母性行動は進化したひとつの形質であり、それは無数の世代を経て出現して分岐してきた遺伝子によって調整されたものだ。そしてそのあいだに新しい変異が絶えず浮上し、受け継がれるか消滅するかを繰り返してきた。

現在では、哺乳動物としての基本的な類似点はさておき、ハリネズミの母親とオオカミの母親の行動は大きく異なっている。そして同じ種の仲間のあいだでも遺伝的変異が続いていくのはごく自然なことで、人間も同じだ。

7歳のときから気心の知れた間柄のエミリーと私はよく似たタイプの母親かもしれないが、おそらく私の妹と私ほどには似ていない――あるいは、研究の結果ではそうなっている。だがこれは、妹と私がまったく同じ家庭で育ち、寝室も、ときには（まちがえて）歯ブラシまで共有しているからなのか、それとも遺伝子のおおよそ半分を共有しているからなのか？

それを分けて考えられるように、科学者たちは一般的な姉妹を一卵性双生児の姉妹と、また養子の姉妹と比較している。１００パーセント共通の遺伝子をもつ一卵性双生児の姉妹は、一般的な姉妹よりも母親としての類似性が高い。一方で――寝室も歯ブラシも共有しているが血はつながっていない――養子の姉妹は血のつながった姉妹より、平均して育児スタイルが似ていない。

実際には遠心分離器を利用しなくても、母親と娘の行動は反復すること、また家族歴が繰り返されることはわかる。「鏡よ鏡、どうせ私は母親にそっくり」と、ソファーに置かれた別のクッションに、また刺繍の文字が浮かび上がる。親との――身体的および心理的な――類似は、科学を超えたテーマだ。それは人間を描く文学の中心にあり、ヒット作『スターウォーズ』は言うまでもないだろう。

それでも、少し遠い場所からはじめるのが一番よさそうだ――たとえば、あそこの牧場のような場所から。

家畜化された動物では？

この本を書きはじめるまで、私がヒツジについて知っていたことといえば、子どもたちに繰り返し読み聞かせた絵本『みどりのひつじはどこ？』の内容くらいなものだった。それでも母親遺伝子をテーマにすると、このフワフワの毛に包まれた不思議な動物が再びモデル生物として浮上する。

農場の人たちにとって、母性行動の分析は内省とは関係ない。家畜小屋のあたりをうろつく母親は文字通りの「稼ぎ頭」だ。「私たちにとって母性本能が役立つのは、その点です」と、ある農場の人が話してくれた。「お金を生み出してくれるんですよ」

荷役用の動物の場合、用心深い母性行動は子どもの生き残りを確実にし、農場の収支を向上させる。また家畜に関する文献では、「出生率と母性本能」は「とれる肉の量の多さ」とほぼ同じくらい高く評価される、メスの特質だ。農場主と牧羊者は世界ではじめて登場した遺伝学者とされ、関わる遺伝子についてはよくわからないまま、動物に望ましい形質を生み出す技をもっていた。その彼らが今では四苦八苦しながら、飼っている動物の血統を最適化するために、母性行動がどのように代々伝わっていくかを理解しようとしている。

スコットランド・ルーラル大学の動物行動学者でヒツジの専門家でもあるキャシー・ドワイヤーは、長年にわたって近くの農場の人たちから、地元の一部の品種のヒツジの母親は、ほかの品種の母親より上手に子ヒツジを育てるという話を聞いていた。具体的には、サフォーク種のヒツジが母性という点では「役立たず」で、子ヒツジの死亡率がとてつもなく高いのに対し、別のごく一般的なブラックフェイス種のヒツジはとても上手に子育てできる。

そこでドワイヤーは、骨の折れる一連の家畜小屋調査を実施してこの噂に決着をつけることにした。そして長時間にわたる観察の結果、ブラックフェイス種のヒツジは実際に生まれたばかりの子ヒツジをより多く舐める、素早く乳を飲ませる、めったに頭突きしない、母親らしい泣き声をより多く発する、という思った通りの結論を導き出した。またY字型迷路のテストでは、ブラックフェイス種のヒツジは自分の子どもをより短時間で見つけ、より長い時間いっしょにいた。

一方のサフォーク種はというと、「母性行動に少しだけ無関心で、餌台に通いたい気持ちが少しだけ強かった」そうだ。サフォーク種の場合は2回目や3回目の出産でさえ育児に苦労し、ときには子ヒツジを拒絶したり、攻撃したりした。

行動の大きな違いの原因は、母ヒツジではなく子ヒツジだという可能性はあるのだろうか？　生まれたばかりのヒツジは、ほとんどの哺乳動物の赤ちゃんと同じく（人間も例外ではない）物分かりのよい生き物とは言えない。自分の母親を見分けられないし、最初は「大きいものにならなんにでも」引き寄せられてしまう。

だがブラックフェイス種の子ヒツジはサフォーク種の子ヒツジよりもずっと我慢強く、頭が働くことで定評があり、そのためブラックフェイス種の母親が熟練しているように見えるのかもしれない。

そこでこの違いを除外するために、ドワイヤーは一連の胚移植を実施した。ブラックフェイス種の母親がサフォーク種の子を産み、サフォーク種の母親がブラックフェイス種の子を産むようにしたのだ。すると赤ちゃんの種に関係なく、子育てのスタイルは前と同じだった。

この実験による深い考察のあと、「母性行動にはとても強固な遺伝的要素があると感じています」と、ドワイヤーは話す。いずれにしても、こうした品種ごとの育児のやり方の相違は、家畜化された数多くの動物で明らかになっている――たとえばゴールデンレトリバーとジャーマンシェパード、ウサギの品種ごと、さらにシロネズミや実験用ラットのさまざまな品種で見られる相違だ。

いったい何が、こうした遺伝的多様性を生み出しているのだろうか？　ドワイヤーは、自らが研究している例では人間が手をかける度合いによって決まると考えている。ブラックフェイス種は人があまり介入しないハイランド地方のヒツジで、人間がつき添うことなく荒野で出産するため、怠惰な母親のもとに生まれた子ヒツジとともに、母親が子を放置する傾向を導く遺伝子も、自然選択の手で取り除かれてしまう。

だがサフォーク種のほうはローランド地方の肉用種で、はるかに手をかけて飼育され、居心地のよい小屋のなかで出産すると、人間の助けを借りてすぐに母子の絆を築くことができる。

このために、過去75年あまりものあいだ人間が甘やかしてきたことで一流の母性行動に対する選択圧が緩んでしまった可能性がある。人間の干渉によって動物の遺伝コードがそれほど短期間で実際に変化できるものだろうかという私の質問に答えて、ドワイヤーがあげたのは、農場でブロイラーの若鳥を育てるのに40週かかっていたのはそれほど昔ではないが、今では食用になるまでの飼育期間がたった6週間にまで短縮されたという実例だ。

農場主は遺伝学者の草分けではあったものの、サフォーク種の場合は知らないうちに望ましい特徴とは反対のものを引き出してしまい、フランケンシュタインの物語を思わせるモンスターママを作り出した。肉づきは抜群だが母親としてはさえない、過保護な血統だ。

この危険に気づいた現代の牧羊者の多くは、自分の群れで同じようなことが起きないようにしている。たとえば私が訪れたコネティカット州の牧場の場合、メスヒツジ1頭ずつの母親としての実績を評価しており、その結果はその年に食肉解体場に送られるヒツジの計算に影響する。よい母親には生きるチャンスが与えられるということだ。

ただし、農場での母親としての実績の評価はとても大ざっぱなもので、1頭の母親が産んだ子ヒツジ全部の体重といった間接的な尺度を用いることが多い。もし家畜の専門家が最も望ましい母親の習慣につながる遺伝学的要因を見極め、DNAのテストを実施し、牧場や豚小屋を最高のママでいっぱいにできれば、それよりはるかに信頼性が高く、便利になるだろう。

これはサフォーク種とブラックフェイス種を区別する作業より、ずっと難しい。さらに意欲的な遺伝学的研究のいくつかはブタに関してのもので、おそらくこれは大柄なブタの母親の評判がとりわけ悪いためだろう。豚肉業界で「クラッシャー」と呼ばれている大柄なブタは、寝返りをうって子ブタを押しつぶしてしまう傾向がある。そのために養豚農家は、子ブタを失う率が小さい母ブタの品種を生み出すことにとりわけ意欲的なのだ。

だが、「クラッシャー」の撲滅は口で言うほど簡単ではない。ときには「スーパーメスブタ」と呼ばれることもあるこうしたブタを探るべく、ドイツのあるチームは子ブタの悲鳴に対する母ブタの反応を決める遺伝的要因を見つけようとした。研究者はまずブタの檻に高解像度のスピーカーを隠し、30秒にわたって苦しそうな子ブタの悲鳴を流した。次にこの「悲鳴テスト」に対するメスブタの反応を、同じ音量で30秒間流したラブソングに対する反応と比較しよう考えた――カーディガンズの「ラブ・フール」が、ラブ・ミー・ラブ・ミー・セイ・ザット・ユー・ラブ・ミー……と歌う。

実験の目的を考えると残念ではあったが、90年代のポップミュージックの威力を証明する結果となり、ブタの母親の大半は子ブタの絶望した悲鳴よりも「ラブ・フール」によって、はるかに感情をかきたてられたらしい。

さらに残念なことに、家畜のわかりやすい母性行動で代々受け継がれていくものが、必ずしもいっそう強めたい種類の行動とは限らない。母親の優れた能力とされる安定した尺度のひとつは、攻撃性だ。動物が自分の子を守りたいと考える意欲とその赤ちゃんの生存率には、遺伝的な連関があるように思われる。だが、動物の子どもを取り上げて殺す役割を担っている農場の担当者は、経験の浅い人なら母親のこの意欲を引き出したくないと思うだろうと話した。

「この攻撃性が家畜の仕事をしている人や放牧場に入る一般の人たちに向けられると、はるかに大きな問題になることは明らかだ」と、用心深い家畜研究者グループは書いている。

その一方で、こうした研究のすべてはまだ、特定の遺伝子ではなく、受け継がれる一般的なパターンに注目している段階だ。遺伝的関連があっても、正確にどの遺伝子が関与しているかがわかるわけではない。その結果、牧場主と牧羊者はいまだに古くからのやり方を続けており、たとえば「保持するか売るか」を決める手軽な血液検査などは行なっていない。時代遅れの種々雑多な手段を使って最良と最悪の動物の母親を見分け、特徴を観察してそれを最大化しようとしているだけなのだ。

考えていた。

遺伝子の「持ち味」

ここ人間界では、一時は科学者がより楽観的で、いくつかの決定的な母親遺伝子を識別できると考えていた。

何と言っても遺伝学者は、人間のその他の性質や能力の多くを説明する遺伝子をいくつも列挙できているように思えた。2008年にはのちに「誠実遺伝子」と呼ばれるようになったものを特定しており、それは男性の性的な誠実さ（または不誠実さ）を決める、バソプレシン受容体変異体をコードするものだ。さらに「放浪遺伝子」を見つけた学者もいて、それが世界旅行に駆り立てる衝動と人類の移動パターンを促すと考えられた。おそらく最も有名なものは「戦士遺伝子」で、一定の人々に積極的な攻めとリスクを負う冒険を促すとされている。

賢母遺伝子も同じようにあるかもしれない――それは、「わが子に熱があれば1マイル離れていてもわかり、わが子が車に酔って吐いたものは1滴も残さずに車のシートの隅々から拭きとる」遺伝子と呼んでもいい。

これまでに、女性をより敏感な母親にする1個の遺伝子候補がある（または、ない）かどうかについての論文が、おそらく20以上は発表されているだろう。一般的な候補は、オキシトシン、ドーパミン、バソプレシン、エストロゲン、セロトニンといった母親の神経化学物質と関連をもつ遺伝子だ。たとえば、すべての人間はドーパミン受容体の生成をコードする遺伝子をもち、その受容体が快楽物質であるドーパミンを吸収する。これは脳の報酬系の一要素で、母親らしい気配りには必須らしく、鼻をつまみたくなるオムツをはいた赤ちゃんが花のように可愛らしく見えるのも、そのおかげだ。

だが、ドーパミン受容体には5つのタイプがあり、それをコードする遺伝子は数多くの異なる遺伝的多様性をもっている。いわば持ち味のようなものだ。異なる女性は異なる持ち味をもって生まれてくる。受容体の一部のタイプは楽しさを伝える神経伝達物質をより効率よく吸い上げるかもしれず、その場合、こうした遺伝子を生まれ持った女性は自分の子どもと触れ合うと、より大きく報われたと感じ、ひいては最高の母親になっていくだろう。

人なつこい緑色の鬼が呼ばれていない場合、特定の遺伝子と実世界での母親の奔走とのこうしたつながりを見つけようとする研究は、むしろ感嘆するほど平凡な設定で進められる。この種の実験を行なう場所は、一般的には母親の自宅か、居間を模した研究室の一室で、カメラは「目立たないように天井に取りつけられる」(わが家の居間では、今のところきれいに片づいている場所は天井だけだから、私なら絶対カメラに気づく)。私たちの遺伝的な気質を探るために科学者たちが分析の道具として利用するのは、母親にとっては見慣れたブロックや粘土のおもちゃだ。母親がどんなふうに子どもといっしょにタワーを作ろうとするか? 子どもがひとりでできなくてイライラしているときに手助けするか? そして折を見て唾液採取に協力してもらい、具体的には、どの遺伝子によって母親としての成否を予測できるかを見極める。

イスラエルでのある実験では、母親とその3歳の子どもに「色とりどりの粘土と型抜きの道具」で遊んでもらい、その様子の観察と簡単な遺伝子テストを組み合わせた結果、研究者は社会的行動を調整する神経伝達物質バソプレシンの関与を明らかにした。

その研究は、バソプレシン受容体の遺伝子で一定の変異をもつ母親は、遊びながら作り方を教えたりやさしく導いたりすることがわずかに多いと結論づけている。つまり、この遺伝子タイプをもって生まれた母親は、子どもが粘土で何を作るかを決めたり、粘土の形の失敗を直したりするのを、（この実験用具を食べてはいけないことを教えるのも含めて）上手に手助けしていた。

また別のグループの母親には、自宅で18か月の子どもに「字のない絵本」を読んでやるように、またどんなものでもよいので「ペグボード〔ペグ（木釘）を穴のあいた板に差し込んでいく用具〕」を使って、さまざまな形を作ってみせるように指示した。観察と遺伝子調査の結果から科学者が下した判断は、バソプレシン遺伝子の長いバージョンのコピーを2つもつ母親は、子どもに対する敏感さが劣るというものだった。

シカゴ大学の遺伝子研究チームは実際に母親の能力を試すことにし、母親の鉄人レースというべきものを開催した。何をさせられるか知らない母親とその幼稚園児の年齢の子どもに、遊んでいるところをビデオで撮影させてほしいとお願いして了承を得ると、研究者が唐突にあらわれて「洋服、紙、空の容器」をあたりにまき散らす。そして不運な母親には、「お絵かき玩具の『エッチアスケッチ』、練習問題のプリント、雑誌、鉛筆に加え、子どもといっしょに次の課題を順番通りに完了するようにと書かれた指示の一覧表が手渡される――（1）おもちゃを棚に戻す、（2）洋服を箱に入れる、（3）紙と容器をごみ箱に入れる、（4）幾何学的な形を数える、（5）一組の幾何学模様を紙に写す、（6）

布巾でテーブルの埃を拭く、(7)『エッチアスケッチ』に対角線を描く、(8)おもちゃをひとつ選んで静かに遊び、そのあいだに母親は雑誌を読み、電話を受ける」。

母親に与えられた時間は15分きっかりで、そのあいだにこれらの課題をすべて終わらせる必要がある。私がほとんどの週にこなせる量より多い。だが、苦労しただけの甲斐はあったようだ。女性がプレッシャーを感じながら「エッチアスケッチ」で描いた対角線の出来栄えと、唾液の試料、その他のテストを組み合わせた結果から、オキシトシン受容体に見られる遺伝子コードのいくつかの変異が母親の能力に関連しているという結果が得られたのだ。

友好的な鬼や大きなクモのテストなどのツールを用いたリアケスの研究室も、女性の遺伝子の変異が――ごく、ごく、わずかではあるが――現実世界でのわが子に対する行動の説明に役立つ可能性があることを発見した。リアケスとその同僚たちは2017年に論文を発表し、ドーパミン受容体の遺伝子の長い(効率の低い)バージョンが、別のひとつの遺伝的変異とともに、間接的に感受性の低い育児とつながりがあることを明らかにした。つまり、DNAにこれらの「リスク対立遺伝子」をもつ母親は、自分の赤ちゃんの行動をより悲観的にとらえ、それが育児における感受性の低さにつながるというわけだ。

オーケストラの総譜のように

だが、そのすべてがちょっと還元主義的だと思えるなら――鬼が姿を見せるまでもなく人間の母性は目もくらむほど複雑なのだから――最近では多くの科学者たちが、リアケスと彼女が率いるチームも含めて、そう感じはじめていると聞いても驚くことはないだろう。

私は西海岸に家族旅行をしたついでにコロラド大学ボルダー校に立ち寄り、リアケスの研究仲間である遺伝学者アンドリュー・スモーレンに会うことにした。彼は研究室を案内しながら、ひとつの装置の前で立ち止まると、ノースカロライナ州在住の母親の遺伝子を華氏95度〈摂氏35度〉まで熱して十万回コピーする方法を見せてくれた。次に30万ドルは下らないずんぐりした箱を通す――「この箱を買わなければフェラーリが買えますよ。私はときどき、フェラーリのほうがいいと思ったりしますがね」と、遺伝分析装置を前にジョークを飛ばすが、これはDNAの断片を長さの順に並べるもので、どの被験者がどんな遺伝子の種類をもつかがわかる。

「一般に、育児は――よいところも悪いところも――親から受け継がれると思います」と、スモーレンは話す。「リンゴは木から遠いところには落ちない――この親にしてこの子あり、と言いますからね」

最後に巨大な冷凍庫が並んだ部屋に着く――ざっと見積もっても1台にエゴー（eggo）の冷凍ワッフルが72箱は余裕で入るほどの大きさがある。華氏マイナス112度（摂氏マイナス80度）という超低温に保たれた貯蔵庫に保管されているのは、過去の実験で使われたヒト由来の試料だ。

スモーレンが大型冷凍庫のドアを開けると、冷気が煙のように噴き出す。母親遺伝子はどの家庭にもある製氷皿に似た小さなトレーに整然と保管され、次にやってくる才能ある若者がその秘密を解き明かすのを待っている。

もっともこうした秘密は、科学者たちがかつて期待したほど簡単には明かされないかもしれない。「これらの遺伝子が関わっている可能性があります」と、スモーレンは自分の研究で特定した候補について話しはじめた。「実際にその可能性はあるのでしょう。それでも、たったひとつの遺伝子がそれほど複雑な行動の原因になるというのは、なかなか信じられないことでもありますね。完全に論理的な帰結ではあっても、です。行動に関与する特定の遺伝子を見る私たちの力は、かつて思われていたほど確固たるものではないことに驚かされますよ」

たしかに、「それには使えるアプリがある」と言うのと同じように「それにはあてはまる遺伝子がある」とする魅力的な考えは、増加の一途をたどる遺伝研究者が通過してきたパラダイムに属している。私はたくさんの研究者たちの話を聞くうちに、私の細胞の核に最善には及ばない母親遺伝子変異体があるとしても、母親としての私を押しつぶすようなことはなかったのだろうとますます実感するようになった。

ラットの研究によって、母親ラットの脳で活性化される数百もの遺伝子の多くが、誰も予想していなかった染色体座位にあることがわかっている。つまり、どれか1個の受容体のひとつの「特色」をもっているとしても、それが人間の母親という大きな組織に重大な関係をもつ可能性は、ますます小さくなっているということだ。

「たくさんのものが一体となって働き、それぞれが実に多くの別のものと相互作用を繰り広げているのです」と、ウィスコンシン大学マディソン校で母性行動を研究しているスティーヴン・ガミーは話す。母性への移行は、たとえば音符が1個だけあるというような単調な問題ではなく、遺伝子全体が奏でるシンフォニーであり、「何かが上がっていけば別のものは下がっていくオーケストラの総譜のようなもの」なのだ。

一方で、人間の遺伝子研究は大ニュースになるような候補遺伝子から離れ、それほど注目は集めないがより徹底したゲノム全般の関連を探る方向に向かっている。そうした研究では、あてずっぽうに少数の候補遺伝子を選ぶのではなく、膨大な数の人々のＤＮＡ配列全体を細かく調べ、たとえば性的指向や特定の条件、疾病といった、ひとつの特色と関連する複数の変異を探していく。

残念なことに、母親の研究にこうしたゲノム規模の技術を用いるのは気が遠くなるほど難しい。第1に、ゲノム規模の研究の絶対的な基準として、数万人という参加者が必要になる。だが集めるのが難しい母親を対象とした研究の場合、出産準備教室やベビーヨガ教室で一人ひとり苦労して被験者を募ることが多く、ときには母の日のカードで好感を得る作戦まで動員され、それでもまだ数百人をかき集めるのが精一杯だ。

さらに、多くの母親研究は何時間もの個人的な観察に基づいているのに対し、ゲノム規模の研究では、通常は単純な調査用の質問をひとつだけしてから（「これまでに同性愛経験はありますか？」「喘息にかかっていますか？」）、ＤＮＡの試料を提供してもらえば終わりだ。

結果を得るために最低限必要な数の母親を集められたとしても、1回だけ、はい、いいえ、で答えてもらえば見事な活躍をしている母親を見分けられる質問など、想像もつかない（「サンドイッチ用に切り落としたパンの耳だけを食べて暮らしたことはありますか?」「ラミネーターをもっていますか?」「クリスマス用の飾りを販売する会社から7月半ばにクーポンが郵送されてくるのに満足していますか?」）。そこで説得力のあるゲノム規模の研究を進めるためには、母親一人ひとりについて観察実験を続ける必要があり、緑色の鬼はまだ何年も残業をすることになるだろう。

科学者は絶えず新しいアプローチを考えついており、人格の遺伝学に関する新たなゲノム規模の研究が育児習慣を明らかにするときがくるかもしれない。だが母親の育児に関しては、「関与している特定の遺伝子を特定できれば、それで核心をつけるかどうかはわからない」と、粘土のおもちゃを用いた論文の著者アリエル・ナフォ＝ノームは言っている。

カナダの研究者ヴィアラ・ミレヴァ＝ザイツも同じ意見だ。彼女は世界有数の影響力を誇る母性行動研究室で長年にわたってキャリアを積み、母親遺伝子の候補に関する一連の有名な論文を発表してきた——セロトニントランスポーターの変動が、生後6か月のわが子に対する母親の態度にどのような影響を与えるか、またはオキシトシン遺伝子タイプが母乳育児継続期間とどう関連するか、などだ。

ところが、その基礎研究が最新の科学論文でもまだ引用されているにもかかわらず、本人はときどきそれがほんとうに問題の核心をついているかどうかわからなくなる。

「私はわかったことのすべてを、これらの論文で明らかにしています。統計的分析の細部にこだわりました」と、ミレヴァ＝ザイツは話す。「それでも手に負えないほどの複雑さがあるのです。この研究では、とても乱雑な結果に対応することになります。あまりにもノイズが多いので、ノイズのなかでパターンを見つけようとしているようなものですね」。母性遺伝学の研究に関しては、「私たちはまだ、このとてつもなく大きい山の麓にいます。登り方さえよくわかっていません。一人ひとりがさまざまな方法で、ただ山をつついているだけです」

今では投げかけられる疑問が以前よりよくなっていることに期待を寄せながらも、ミレヴァ＝ザイツ自身は母親を研究する科学の世界をすっかり離れ、現在は夫と子どもといっしょに田舎の（この話にぴったりの）ヒツジ牧場で暮らしを立てている。そして牧場の仕事のかたわら、写真家としても活動しており、家族写真の撮影が得意だ。

「その方法で、私は母性行動の美しさと複雑さをとらえています。その方法で、母親のほんとうの姿を見ることができます」

子ども部屋の幽霊

だが、母親の決定的な遺伝子マーカーを素早く突き止められる望みが薄れるにつれて、科学者たちはだんだんに、育児が遺伝する可能性の少なくとも一部は、実際には少し異なる生物学的現象だという確信を強めるようになっている。それは遺伝によって継承されるのではなく、私たちの遺伝子上に刻みこまれた化学的な物語によって継承されるという考えだ。

ロシアのマトリョーシカ人形のような効果で、なかでも母親と娘は（ただし娘だけでなく孫やひ孫も）育児のパターンを繰り返す傾向があり、ときには見てはっきりわかるものだが——たとえば、同じくらいの年齢で第1子を出産するとか、お尻をたたくような習慣を同じように心地よく感じるなど——ほかにもわが子に対して親密さや冷淡さを伝える方法のように微妙な感触がそっくりになることもある。

私はこうしたパターンの現実味をふと、何の脈絡もなく思い浮かべ、ちょっと不気味に感じてしまう。たとえば娘のスケート靴の紐を締めてやりながら、母が見せるちょっとイライラした表情が自分の顔にもそっくりそのまま浮かんでいるのに気づいたり、腕時計の皮ベルトをプールバッグの持ち手に通しておくやり方が、母とまったく同じだと気づいたりするときだ。なかでも子どもが病気になって、耳の痛みを治す薬をゆっくりつけてやろうとすると、私の話し方は母そっくりの、まるで腹話術の人形のような特別ゆっくりした調子になる。そんなときにいつも昨日のことのように思い浮かぶのは、私が7歳のときに重曹のお湯をやさしく浴びさせてくれた母の様子で、子どもが水疱瘡にかかるともう二度とかからないのを残念に思うことさえある。

なんとも言えない不思議な気持ちになったのは、私が長女の子ども部屋を定番の淡いピンクではなく、赤、青、黄色の原色で飾ったことを母に指摘されたときだ。母が言うには、この配色は私が幼いころの子ども部屋と同じだそうで、私はその部屋のことをはっきり覚えていない。

精神分析の世界では、目に見えない第三者が育児に口出しをしているという考え方はそのまま「子ども部屋の幽霊」と呼ばれ、最も強力な幽霊はたいていの場合、自分の母親だ。私たち人間の母親がその母親に、どのように、なぜ似ているのかを解明するのは、実際のところ無理難題と言える。それなのに、自分の母親に関する自分自身の感情が、自分の子どもとの関係を予測する主な判断材料だという事実に変わりはない。科学者のあるチームによれば、全体の約75パーセントの割合で、女性の子ども時代の記憶を用いてその女性の1歳の子どもとの関係を予測できたという。

科学者はこれまでに長期的な研究を通して育児パターンの反復を理解しようとしてきたが、それは被験者が両親の支配下にある子どものころから親になるまでの30年以上にわたって家族を追跡する、根気のいる仕事だ。

今ではカリフォルニア大学デービス校の名誉教授になっているランド・コンガーは1980年代の末ごろ、悲惨な農業恐慌の真っ只中にあったアイオワ州の農家で調査を開始した。「銀行家までもが銃で自殺をするような時代だった」とコンガーは回想する。はじめは数百人にのぼる7年生のしつけに対する恐慌の影響に関心を抱いていたのだが、最終的にはその7年生が自立して母親と父親になるまで追跡することになった。

そして、「私たちは家族内の世代間の連続性を目にした。自分の親から厳しく扱われた子どもは、自分自身が厳しい親になる可能性が高い」としている。もちろん、人生が予測できる結末を迎えることはないが、このテーマを無視することは難しい。

それ以降、同様の研究がイングランドからインドネシアまでのいたるところで実施されており、その範囲は高学歴の家庭から都市部の貧困層までに及ぶ。ニュージーランドのある研究では、3歳児がやがて大人になってその子どもが3歳になるまでの期間を通して追跡した。その結果、被験者が大人になると、温かさや思いやりを示す方法がその親に不気味なほどよく似ることがわかったという。母親からその子へと受け継がれるパターンのほうが、父親からその子へと受け継がれるものよりも強いようだ。

反復する育児には、母親と娘が共有する遺伝的特徴を反映している面はあるが、特定の遺伝子はまだわかっていない。少なくとも一部は、いわゆる「サル真似」と呼ばれる単純な模倣の結果だろう。だが残りの部分はもっと謎めいており、遺伝子と環境が入り混じった「氏か育ちか」の問題になる。反復する育児に関する注目すべき研究には、実際にサルの母親に関するものもある。たとえば、サバンナモンキーの母親が育児にかける時間の長さは、その母親が自分の育児にかけた時間とほぼ同じだ。またアカゲザルの場合、子を虐待する育児の系譜は6世代以上の母系をたどって続く。

重大な転機となったのは2005年に行なわれた研究で、ジョージア州にあるヤーキス国立霊長類研究センターの科学者だったダリオ・マエストリピエリが、虐待されている（母親に引きずりまわされたり、叩かれたり、踏みつけられたりしている）メスの子ザルを記録した。そしてその後、それらの子ザルが成長すると、自分が最初に産んだ子を同じように殴りつけることを確認した。予想通り、虐待されたサルの半数以上が虐待する母親になった。一方で大事に育てられた子ザルはすべて、成長すると有能な母親になった。

だがここにはちょっとした策略があった。マエストリピエリは実験の最初の段階で仕掛けを施し、生後1日目の赤ちゃんを一部入れ替えて、虐待するはずの母ザルが、優れた母ザルの産んだ子を育てるように、またその逆になるようにしていたのだ。

こうした子ザルが成長すると、遺伝子を受け継いでいる生みの母ではなく、養母の行動を真似ていた。このことは母親の虐待行動が、単純な遺伝子という方法によって家族の血統に伝わるのではないことを示唆している。

エピジェネティックな違い

それでもまだ遺伝子は物語の中心にあるかもしれない。15年ほど前に、カナダのマギル大学の研究室でフランシス・シャンペインが（この洒落た名前からは、親が遺伝子を超越した方法で子を育てられる可能性を感じてしまう）、研究に用いているラットの家族はすべてが同じ遺伝子をもつ家系に属し、研究室の同じ条件下で暮らしているにもかかわらず、母親ラットの行動が少しずつ異なり、なかでも自分の赤ちゃんを舐める回数に差があることに気づいた（かわいそうなことに、ラットは一度に最大で20匹もの赤ちゃんを育てることがある）。母親のうち最上位の5パーセントはわが子を特別熱心に舐めて育てるのに対し、最下位の5パーセントは平均以下しか舐めない。

「母親たちの行動にはなぜ差があるのだろう？」と、シャンペインは考えた。「環境に違いが見えないのに、どうして自然に変化するのだろう？」

母親が子を舐める習慣は、ダリオ・マエストリピエリのサルの母親たちが見せた習慣と同じく、親から子へと伝わっていくことがわかった。シャンペインが親子を入れ替え、舐める回数の多い母親が、舐める回数の少ない母親の産んだ赤ちゃんを育てるようにすると、平均以下しか舐めない母親の子は平均以上舐める母親に育った――マエストリピエリのサルと同様、養母の育て方を受け継いでいたのだ。

この実験の共同研究者は、母親の舌の代わりに小さい絵筆を用いて赤ちゃんを撫でることによって、その赤ちゃんラットが母親になったときの子育て行動を調整し、将来の母親が熱心に子を舐めるかそうでないかをプログラミングできることまで発見している。

だが、「プログラミング」という言葉に注目してほしい。赤ちゃんラットが練習や模倣を通して育児の方法を覚えたとは思えない。人間の母親がオムツの替え方やベビーカーの使い方を覚えるようなわけにはいかないだろう。ラットの場合は、舐められたという身体的経験がメスの本能と行動を形成したことになる。ラットの母性本能は、まるで舌で舐めながら形を変えられるソフトクリームのようだ。

「そこで、その背景に何があるかを掘り下げることに集中した」と、シャンペインは当時を回想している。「私は、育てられた方法によって幼年期にエピジェネティックな変化が起き、それが子育てで再現されることを示したいと考えた」

「エピジェネティクス（後成遺伝学）」は、「遺伝子の上（「エピ」はギリシャ語で「上」という意味）」ということで、DNA塩基配列の変化を伴わない遺伝子発現と表現型の継承的変化を研究する。これは私たちの遺伝子コードの一定部分が、どのように、なぜ、いつ、発現するのか、あるいは発現しないのかに注目する、やや新しい学問分野だ。ひとりの人間はおよそ37兆個の細胞でできており、その数は天の川銀河にある恒星の数よりはるかに多い。それぞれの細胞の核には、同一のＤＮＡが入っている。それでも、一部は肝細胞になり、一部は皮膚細胞になる。そして女性の脳細胞になる細胞も、幼少期と出産後では大きく異なった働きをする。

遺伝子そのものは、いずれの場合もほぼ不変だと言える。変化は主にエピジェネティックなもので、女性の環境と人生経験によって促され、一定の遺伝子をオンにしたりオフにしたりする。妊娠という大きな経験は脳にある種のドミノ効果を生み出すが、もっと若いときの、もっとわずかな経験も同様だ。女性が子ども時代にどう扱われたかもそうした経験のひとつで、ラットの場合はそれが自分の母親の舌で舐められた経験になる。たとえば「メチル化」と呼ばれる過程は、特定の遺伝子を化学的にコーティングすることによって発現を抑制し、レシピを読み取れなくしてしまう。

舐められた回数が少ないラットの場合は母性の化学的性質に関連したＤＮＡ領域が遮断されることを、シャンペインのチームが発見している。そのようなラットでは、ストレスホルモン受容体の遺伝子がより多く遮断されることによって、ストレス処理の効率が悪くなり、母親になってもあまり熱心な子育てはせず、舐めることで感じる幸福も少なくなってしまう。

一方で、たくさん舐められた赤ちゃんラットでは一定のエストロゲン受容体に対応する遺伝子が発現しやすく、自分が子どもをもつようになったときには、主要な母性ホルモンに対して敏感な母親になる。またオキシトシン受容体の遺伝子も発現しやすく、脳内でオキシトシンのニューロンが多く成長する。その結果として、自分が娘をもったときに舐める行動が受け継がれていく——何か重要な「舐める遺伝子」があるわけではなく、また舐める行動を学習するわけでもなく、ラットの柔らかい舌と娘の遺伝子の発現のあいだの複雑な相互作用を通して受け継がれるのだ。

舐める行動の学習は、人間の母親には直接あてはまらない……まあ、ふつうは、と言っておこう。特別熱心な自然回帰派の母親グループが、赤ちゃんを舐めようという気持ちになることは想像できる（これは実際にはまったくの誤解だ）。それでも一部の有望な並行研究によって、人間の赤ちゃんを触ったり撫でたりする行動は、舐める行動と同等であることが示された。

「赤ちゃんは触ってもらう必要がある」と、アイオワ大学のレイン・ストラサーンは説明している。「十代の子どもに触らなければ、きっと感謝されるだろう。でももし赤ちゃんに触らなければ、その赤ちゃんは死んでしまう」

ブリティッシュコロンビア子ども病院の印象的な研究は、生まれたばかりの赤ちゃんの両親に、赤ちゃんとの毎日の身体的な触れ合いを「抱きしめ日記」として記録してほしいと依頼した。そして子どもが4歳になった時点でDNAを採取すると、「身体的な触れ合いが多い子ども」と「身体的な触れ合いが少ない子ども」のあいだでエピジェネティックな相違が生まれていた。舐められた回数が多いラットと少ないラットの違いと同じだ。

もちろん、このとき調べた人間の遺伝子は頬の内側から綿棒で採取したもので、はるかに困難な脳の生検を行なったわけではない。それでも2009年の小規模な研究では、自殺した人の脳の生検を実施した。その結果として、子どものときに虐待を受けた人の海馬の試料では、脳組織のなかで抑制された（メチル化された）遺伝子の数が多いことがわかっている。また、被虐待児に関する別の小規模な研究によれば、両親が専門的な介入を受けた場合には（そしてその行動が改善されれば）、子どものDNAのメチル化のパターンも変化した。

このようなエピジェネティックな変化は、家族内で受け継がれる母性行動のパターンを説明できるだけではなく、脳の身体的な相違の一部についても説明できる。ベイラー大学が主導したある研究では、第1子を産んだ母親30人のMRIスキャンを実施し、自らの子ども時代に母親と健全な関係を経験した女性では、自分の子どもの写真を見たときに脳の報酬系が集中した領域での反応が強いことがわかった。また、生後7か月の自分の赤ちゃんと遊んだときには、脳システム内のオキシトシンの量も多かった。

イェール大学の別の研究は、子ども時代に自分の母親と過ごしたよい思い出をもつ若い母親では、感情の処理に関わる脳の領域で灰白質が多く、赤ちゃんの泣き声に対する反応も強いことを明らかにしている。

一方、自分の母親から優しくされなかった女性は、自分の子どもをもつようになっても、赤ちゃんの顔に対して示す関心が低い傾向が見られる。そうした女性は赤ちゃんの泣き声に対して動揺する度合が高いようだ。あるイギリスの研究グループは、母親との関係が不安定な生後18か月の子どもたちを探し、20年以上経ってから大人になってからその脳スキャンを行なった。大人になった脳は通常とは異なって見え、扁桃体がより大きくなっていた――扁桃体は恐怖と攻撃に関連する部位だ。

興味深いことに、同じ種類の発見が里親の家族にも当てはまるように思える。研究者たちは、赤ちゃんと里親との関係を最もよく予測できるのは、赤ちゃんが家族に迎えられたときの年齢かどうかを知りたいと考えていた。だが研究の結果、赤ちゃんと里親との関係の指標となるのは、里親自身が子ども時代に経験した、昔に自分を世話してくれた人との関係であることが明らかになっている。血縁関係がなくても、家族の歴史は繰り返される。

育児がどのように続いていくかという謎をエピジェネティクスが完全に解決するかどうかは別にして、すべての母親は発達中の世代で、母親の温かさはろうそくの火や秘伝のレシピのように女性から次の女性へと伝えられていくと考えてよさそうだ。なんといっても女性は、骨盤に収まっている胎児のときからすでに数百万という卵子の元をもっている。だからほんとうにマトリョーシカ人形と同じで、妊娠中には未来の孫娘もお腹のなかにいるということだ。

私がはじめて胎動を経験したのは――私のお腹の奥深くで娘が金魚のように跳ねたのは――妊娠16週のころで、母と妹といっしょに、母の祖先の故郷にあたるアイルランドの田舎を旅行しているときだった。ちょうど、ひいひいおばあさんのわらぶき屋根の小屋があった海辺の岩場を散歩したあとのことだ。ゴールウェイのパブではじめて赤ちゃんが動くのを感じたとき、私は熱々のポテトとリーキ（ポロネギ）のスープを口に運んでいた。

名も知らないすべての母親たちが何世紀も前に——わずかな日照と湿った灰色の石、ヒツジ（もちろん）、ジャガイモ、海藻が頼りの自給自足生活をし、夜は焚火だけに照らされて過ごすなかで——していたことのすべてが脈々と受け継がれ、現代の私を形づくったのかもしれないと考えると、少しうろたえてしまう。そうした母親たちは、火を起こしたり夕食の海藻プディングを煮たりする合間に、どんな子守唄を歌ったのだろうか？　そうした女性たちの行動が今の私を、高価なベビーカーを押してランチにファラフェルを頬張る私を、導いていたのだろうか？　私はそれらの名もない祖先たちがパン生地をこね、冷たい水で服を洗い、子どもの顔に触れるときの、節くれだったぼんやりとした手を想像する。それらは彫刻家の手だ。

その女性たちの存在を圧倒的なものに感じる一方で、今、たったひとりの女の赤ちゃんを大切に育てようとしているほとんどすべての人が——生母も養母も乳母も、シングルの父親も——未来の母親の世代を形成していると思うと、解放された気分にもなる。

* * *

もちろん、自分の母親と祖母だけが生みの親でもなければ、私たちは彼女たちのコピーでもない（さいわい、私の母の「感謝祭で友人たちが家にくる3分前に、慌ててあなたの下着を掃除機で吸い取ったのよ」という遺伝子は、私の世代を飛び越してくれたようだ）。

誰が私たちのような現代の母親を作り上げたかを考えるには、もちろん過去を振り返らなければならないが、足元にも目を向ける必要がある――膝の高さ、あるいはもう少し低いところでは、子どもがカーペットにお絵かきをしたり、お姉ちゃんの脚にしがみついたりしている。そう、私たちの子どもだ――子どもたちのことを忘れてはいけない。言うまでもなく子どもたちは、私たち母親がどんなふうに作られたかなどにはまったく関心がない。少なくとも母親がカップにチョコレートミルクを注ごうとしている限りは安心している。私が次女の出生前検診に長女を連れていき、どうやって母親になるかを教えようとしたとき、珍しい超音波の装置や規則正しい赤ちゃんの心臓の鼓動などにはまったく関心を示さなかったのだが、ひとつのことだけは心に残ったらしい。検診から家に戻るとまっすぐキッチンに向かい、プラスチックのカップを取り出したかと思うと、病院で見た母親の検査の様子をそっくり真似て、カップのなかにおしっこをした。

いずれにせよ、私の物語の中心にいるのは娘だ。母親が母親を作り上げるのと同じように、子どもは親を生み出す巨大な力になる。娘たちは（そして息子たちも）、同じように母親の作者の一員なのだ。

第7章　子どもがもたらす驚きの影響

子どもが母親を作る

そしてある日突然、たしかずっと前に経験した、あの感覚が戻ってきた――喉の奥のほうからビリヤードの玉が転がり出てくるような、まぶたの裏に甘ったるい疲れがにじみ出てくるような感じ。そして人前でお腹のガスが突然音をたてて出てしまう事態。あわてて夏の日の夕方にトイレを占領し、ピンクの平行線２本がくっきり赤く変わっていくのを、少しだけ驚きながら見つめる。私は39歳にして――かかりつけの産科医の口癖によれば――「また大切な場所に戻る」ことになった。４人目の赤ちゃんのために。

それでも、これまでと同じ古くからの妊娠の物語は、いつだって、まったく新しい。前回はリコッタピザに夢中になったけれど、今回はピリ辛ソースと安っぽいアイスティーを夢に見る。長いこと忘れていて、前回はとくに聴きたいと思わなかった古い曲を、何度も聴かずにいられない。たとえば「イッツ・マイ・パーティー・アンド・アイル・クライ・イフ・アイ・ウォント・トゥー」とか、あとはティファニーの曲ならなんでもいい。夜のテレビは見ながら寝てしまうのが常だったが、元気で見ていられる。いつもは人の名前をちっとも覚えられないのに、80年代の映画やすぐ打ち切られたホームコメディーでときどき顔を見ていた、それほど有名ではない俳優を見つけては名前を言い当てるという不思議な力が身についてきて、映画好きな夫をうならせた。ところが言葉を忘れてしまう。私の母は70代、私は30代で、ときどき顔を見合わせては同じ言葉を思い出そうとする――ケルン、ミント……。

もしかしたらこれまで3回の妊娠中にも、気づかなかっただけで同じことが起きていたのかもしれない。何しろ私はこのところたくさんの論文を読んだばかりで、そこには母親は見知らぬ人の顔を見るとよけいに疑い深くなるとか、出産すると言葉を忘れるなどと書いてあったのだ。あるいはもしかしたら科学の文献にあるように、ホルモンのジェットコースターに乗るたびに、私の母親としての能力と欠点がいろいろに混じりあっているだけなのかもしれない。

でももしこれが、4番目の赤ちゃんに特有な出来事なのだとしたら？

子どもは――とにかく私の子どもたちは――いつでもどこでも大混乱を引き起こす可能性を秘めているが、とりわけ母親を研究する科学では破壊力をもっているようだ。母性の相違を分析したい研究者にとって、子どもとその可愛らしい気まぐれは、（子どもたちの大好きなスナック菓子「ドリトス」を求められるのは言うまでもなく）ひとつの交絡変数となり得る。

同じ実験をしているとき、ひとりの子どもは金切り声を上げ、別の子どもは夢中で鼻をほじっているなら、研究者の意図をよそに、それぞれの母親は異なる反応を示すだろう。そうした理由から、科学者は他人の子どもの同じ写真を母親に見せようと考えたり、本物そっくりな赤ちゃんシミュレーターを開発したりすることになった。電気仕掛けの等身大の人形は驚くほど説得力があり、とりわけ通りがかりにチラッと見たときの効果は抜群で、持ち歩く研究者は驚いた同僚からの祝福に応えなければならないこともよくある。

ところが別の研究室では、子どもの影響を最小限に見積もるのではなく、母親を作りあげるには——胎盤を投入する父親や遠いアイルランドのひいおばあちゃん以上に——子どもの存在がいかに欠かせないものかを探っている。

子どもはそれぞれが予測不能な存在で、一人ひとりが母親を異なった形に仕上げる。産後うつに陥る確率、睡眠の習慣、笑顔になる頻度、さらに次の赤ちゃんを産みたいという気持ちまで、すべてが今育てている赤ちゃんの気性、健康、その他の特徴に左右されるのだ。ベビーベッドに暗視カメラを設置した科学者たちは、赤ちゃん一人ひとりが生まれたときから（あるいはこれから見ていくように、生まれる前から）それぞれに独自の混乱を起こす存在で、就寝時に繰り広げられる出来事を仕切っているのはまちがいなく赤ちゃんであることに気づく。壊れそうなほど小さい赤ちゃんは、私たちが思っているよりはるかに大きな力をもっている。

この事実は、おそらく過去に母親になった人たちには火を見るより明らかなことなのだが、現在ではサンプルサイズがどんどん縮小しているために、気づくのが難しくなっているのかもしれない。

1976年にはアメリカの母親の40パーセントが4人以上の子どもをもっていたが、現在では14パーセントにすぎず、一方でひとりっ子の家族が倍増した。家庭という舞台で対峙する相手がひとりしかいなければ、自分の子育てがそれぞれの子どもの特性によってどれだけ影響されているかを判断するのは難しい。

2018年には、ミネソタ大学の研究者たちが――多くの研究者たちと同じく、はじめから母親を研究しようとしたわけではなかったのだが――目の色から知性までのさまざまな人間の特徴に遺伝子または環境が（あるいはその両方が）どの程度影響していると思うか、数千人の人々に尋ねた。研究者たちを驚かせたのは、回答者には多種多様な人々が含まれていたにもかかわらず、最も洞察力のある回答を寄せたのは母親だったことで、それもすべての母親というわけではなく、ふたり以上の実子をもつ母親だった。

次の子の誕生ほど、私たちが子育てに関して個人的にコントロールできることがどれだけ少ないかを際立たせるもの、そして私たちの暮らしと心はぷっくりした小さな手のなかの粘土のおもちゃにすぎないことを明らかにするものは、ほかにない。

胎児と母親の連動

ふたたび、イェール大学の並外れてエネルギッシュなヘレナ・ラザフォードの元に戻り、イェールニューヘイブン病院セントラファエルキャンパスのホールを颯爽と歩く彼女に従って、赤紫色のセーターのあとを追う。ラザフォードは母体胎児医学病棟で左に曲がると、6号室に入った。

そこは別世界と呼べる部屋で、玄関ホールのテレビの音、超音波検査を控えて膀胱をいっぱいにしながらゆっくり歩く妊婦たちの重い足音などの喧噪を逃れ、静けさに包まれている。

6号室には病院の検査用の部屋とは思えない空間があった。置かれているのは消毒済みの白いベッドではなくゆったりしたリクライニングチェアーだし、心地よさそうな格子模様の布までかけられている。頭上の蛍光灯は消え、室内を満たしているのは黄色味を帯びた柔らかいランプの光だ。造花の蘭に目を奪われて、リノリウムの床の反射も気にならない。ラザフォードはこの部屋を、これから母親になる女性が――そしてもちろん胎児も――できるだけ自分の家にいる気分になれるようにと考えて設計した（病棟の看護師たちも昼休みには、試験用のこの部屋で過ごすという）。

午後の被験者が到着する。大ぶりな冬用ブーツと37週目の堂々としたお腹が圧巻だ。

ラザフォードはその妊婦をリクライニングチェアに案内して、こう声をかけた。

「はじめに、いくつか簡単な質問をさせてください。今から1時間半前までのあいだに、何かを食べましたか？」

被験者は少し考えてから、頭を横に振る。

「食べていないかどうか伺ったのは、もしここに来る前にたくさん糖分をとっていると、赤ちゃんがとっても活発になってしまうからなんです。どの赤ちゃんも同じ状態のときに測定したいので。飲み物はどうです？　何か飲みましたか？」

午前11時ごろに紅茶を飲んでいた。

「夕べはよく眠れましたか?」

(また考え込んでしまう)

「難しい質問ですよね――ただ『はい』か『いいえ』だけでいいんですよ」。近い将来のママは考えを固めて、「はい」と答えた。

次にラザフォードは妊婦に丸々としたお腹を出してもらい、伸縮性のあるベルトをボタンで留めながら胎児心拍数モニターをセットすると、ゼリーの袋を破いて中身を絞り出し、大きなおへその周辺でモニターをすべらせる。彼女はプロらしく、すぐに胎児の鼓動を見つけた――標準的な1分間に140回前後だ。母親のほうはあらかじめ洋服の下に自分の心拍数モニターを装着している。まもなく母子の心拍数は――胎児のものは近くのノートパソコンの画面に、母親のものはラザフォードのデジタル腕時計に――それぞれ表示されるようになり、あとからダウンロードされる。これで実験の体制は整い、それぞれの装置が正しい位置にある限りは問題ない。ラザフォードは部屋を出るときに、こう念を押した。

「もし何かが動いてしまったら、すぐに大声で呼んでくださいね」

これから母親とお腹の赤ちゃんをおよそ20分のあいだ休ませて、両者の心臓の活動の基準を明らかにしようというわけだ。いつものように、ラザフォードには女性の体内で起きている目に見えない激変について数えきれないほどの疑問がある。だがとりわけ知りたいと思っているのは、母親と赤ちゃんのあいだの生理的覚醒レベルの関係性だ。そしてそれを母親と赤ちゃんの連携した心拍数の変化を通して測定しようとしている（私の心の耳に、ティファニーの「アイ・シンク・ウィー・アー・アローン・ナウ」［ふたりの世界］と歌う甘い声が聞こえてくる。「♪もうふたりの心臓の鼓動しか聞こえない♪」）

ゴシップ誌『イン・タッチ』のバックナンバーを嬉しそうに読みはじめた妊婦を部屋に残し、私たちは外に出た。その号には、永遠の特集記事「ジェニファーとブラッド——女の子が生まれる！」が載っている。

母性プログラミング

胎児が母親の身体的状況や精神状態の大きな変化に反応することは、ずいぶん前から科学者たちに知られてきた。

母親の覚醒レベルを荒っぽい手段で上げようとすれば、大きい音が出るドアノッカーのような道具を使うこともできるし、また1960年代の非常に残念な実験のように、悪質な（まちがいなく男性の）研究者が妊婦に向かって、胎児が酸素不足に陥っているとニセの報告をすることもできるだろう。母親が苦痛を感じると胎児は敏感に反応し、胎内で身もだえするとともに、その心拍数も急上昇する。

だが今では、その逆が成り立つこともわかってきている。

2004年にジョンズホプキンス大学の研究者ジャネット・ディピエトロは、妊婦とその妊娠後期の胎児の心拍数を記録しながら、様子を見ていた。

「私は一方通行だけを考えていた——赤ちゃんが母親に反応する、というものだ」と、ディピエトロは当時を回想する。ところが、彼女が収集したデータを精査した統計学者は、まったく逆だと報告してきた。胎児が動くと、母親の神経系が動揺するように見えるという。胎児が母親を刺激していた——犬が尾を振るのではなく、尾が犬を揺らすというわけだ。

ディピエトロははじめ、この画期的な発見は何かのまちがいだろうと思った。そこで統計学者にこう言った。「私はそうではないと思います——X軸とY軸を確認する必要があるかもしれません」

ところがデータを見直しても、そのパターンに変わりはなかった。胎児の体が揺れると、その2、3秒後に必ず母親の体が同じ反応を戻し、母親の皮膚伝導率が上がる（手汗は母親の覚醒のもうひとつの尺度になる）。

何かがわかってきたと感じたディピエトロは次に、妊婦の感覚のうちのふたつを使えなくするという実験を考え出した。ただしラットを使う科学者がやりたくなるように恒久的に目を見えなくするわけではなく、ジェルアイマスクで目を覆うとともに、防音イヤーマフで耳を聞こえなくする方法だ。

そのようにして目と耳を使えなくなった母親に、研究者がこっそり近づいていった。その手には、破裂前のポップコーン豆をいっぱい詰めた段ボールの筒をもっている。そしてその筒を女性の大きなお腹の5センチほど上で3回振って、騒々しい音を出した。

胎児だけにはその音が聞こえたので、研究者は胎児の驚愕反応が母親の身体に次々に伝わっていく様子を見ることができた。

母親は胎児の動きの大半を意識して感じてはいないのだが――ただあちこちで奇妙な空手チョップのような感覚がある――体のほうはそのすべてを銘記しているようだ。そしてディピエトロは、こうした赤ちゃんから母親へのメッセージが重要な心理的目的を果たし、母親を形作ると考えている。

「私の印象では、合図を送る機能があるはずだ。つまり、胎児は母親が自分に注意を払ってくれるよう準備を進めている」と、彼女は言う。赤ちゃんが内側から母親に合図を送り、その気持ちを微妙に外界からそらしていることになる――それならば、妊娠中の女性の多くで物理的環境への反応が鈍るという特徴が見られる理由を、説明できるかもしれない。

胎動のタイプはさまざまに異なっている。ディピエトロは子宮の内部を探りながら、胎児がいくつかのとても独創的な動きをする様子を観察しており、ときには母親を内側からそっと舐めることもあった。さらに、胎動の量は種類より多様かもしれない。36週の段階で、最も活動的な胎児と最もおっとりしている胎児の動きの量には、少なくとも5倍の差がある。

「お腹の赤ちゃんがとても活動的であれば、どんどん刺激を受けることになる。おそらく女性はそのようにして、異なるタイプの赤ちゃんを育てるために異なる準備をしているのだろう」と、ディピエトロは言う。これから生まれてくるのは、ごく一般に考えられている「赤ちゃん」ではなく、愛しい「わが子」なのだ。

出産教室に参加した第1子妊娠中の母親に聞き取り調査を行なった研究では、生まれる前から赤ちゃんの性質を「驚くほど鮮明に」理解している女性がいることがわかったが、これでその理由を説明できるかもしれない。お腹のなかでの活動に応じて、やがて生まれてくる子がのんびりしているのか活発なのかを、何か月も前から判断できるようだ。

これから生まれてくる赤ちゃんが子宮内から母親の状態を整える「母性プログラミング」と名づけられたこの状況は、胎児の活発さの違いだけにとどまるものではないだろう。胎児は胎盤固有のホルモン分泌を通して、まるで人形遣いのように母親を操っており、それは妊娠ごとに（また父親ごとに）異なっている。そしておそらくマイクロキメリズムも影響を与えており、胎児細胞が母体に――母親の心臓だけでなく脳にまで――直接組み込まれていく。

だが今のところは、より単純な心拍数などの尺度を追跡するのが、胎児の影響のかたちを明確にする最も確実な方法になる。そこでラザフォードは少し前にディピエトロの研究室を訪れ、その手法のいくつかを学び、実践するようになったのだった。

どちらが主導権を握っている？

20分が経過した。ラザフォードと私はカーテン越しに、雑誌を読んで満足した妊婦を覗き込む。ここからは、今までほど楽しめる時間ではなくなっていくはずだ。

「次は、目をつぶっていただきますよ。そしてこれから5分間、赤ちゃんの泣き声を録音したものを流していきます。聞こえてきたら、泣いている赤ちゃんの様子を頭のなかで思い描いてみてください。いいですか?」

それはとてもかわいそうに感じられる泣き声で、顎を震わせて泣いているようなか弱い声が、大きくなったり小さくなったりしながら続く。私たちが部屋の外に出たところでラザフォードが、「あれは繰り返しです」と、泣き声について説明してくれた。泣き声研究の専門家が――そういう分野があるらしい――実際の子どもの声を録音したものだという。「3分半経つと、8秒ほど泣きやみますよ」そう囁いたラザフォードの目が、かすかに輝く。「でもまたはじまるんです!」

彼女が知りたいのは何よりもまず、泣き声が止まってからどのくらいの時間が経つと、母親と赤ちゃんが落ち着きを取り戻せるかということだ。

ただし、「胎児の個性」と呼べるもの、そしてその母親に対する影響からも、目を離してはいない。胎児の一部は泣き声により強く反応し、落ち着くまでにより長い時間がかかる。おそらく9か月から10か月ものあいだ、お腹のなかのとりわけ活発で敏感な赤ちゃんから徹底的に影響を受け続けた母親は、電極キャップをかぶって赤ちゃんの泣き声を聞いたり顔を見たりするこうした標準的な母親のテストにも、より強く反応することになるだろう。激しいロックンローラーの母親たちは、異なる脳波パターンを示すのだろうか? ラザフォードは思いをめぐらせた。

そして、このとき母子のどちらが主導権を握っているのだろうか? 母親と赤ちゃんの相互関係がダンスのようなものなら、リズムをとってリードしているのはどちらだろうか? 赤ちゃんの心臓がモニター上でドラマーのようにリズムを刻み、母親の心臓はただその拍子に合わせて行進しているだけなのか？　それともその逆なのか？

その後、私は自分自身で進行中の個人的な状況に照らしてラザフォードの考え方をじっくり検討しながら、めずらしく静まりかえった家でベッドに横になれた時間があった。その日、私の赤ちゃんはわずか7週目になったころだったから、正式にはまだ「胎芽」と呼ばれる存在で、超音波の技術者が呼ぶ「グミベア〔お菓子のグミから生まれたクマのアニメキャラクター〕の段階」に達していない。あなたには指さえないのよと、私は思いを巡らせる。そんなあなたが、どうやって私の形を変えられるっていうの？

子どもが変わると母親も変わる

胎児が、閉じ込められたまま、しかも不完全な状態で、どうすれば母親のボタンを押せるか見つけ出すのはとても難しいので、この方向の探求なら子どもが生まれてからのほうが簡単になり、もっと直接的に研究できると思うかもしれない。

ところが、実際にはそのほうがもっと難しくなる。

それは、大がかりなニワトリか卵かの問題になるからだ。出産した瞬間から、母親と赤ちゃんはしっかりと密着して意気投合し、それぞれに分けて観察することは難しい。母子は科学者が「一対」と呼ぶ、調和のとれた仲間になってしまう。

「それぞれを別の存在として考えれば研究には便利です。でも、分けることはできません。母子は実際のところ、対話するひとつの単位なのです」と、イェール大学の子ども研究センター所長リンダ・メイズは言う。

そうと知らなくても、新米ママと新生児では概日リズム、脳波、さらに優しい声の調子までもが同期している。どちらが舵をとっているかなどわかるはずもない。母子は際限のないフィードバックループを生み出しているのだ。

つねに込み入った状況にある産後うつの場合を考えてみよう。いつも機嫌の悪い赤ちゃんは母親のうつを助長するように思えるが、因果関係の循環が実際にはどこではじまっているのか、あるいはどこで終わっているのか、簡単には判断できない。うつ状態の母親は子どもから刺激を受けてもあまり元気にならないし、同様に母親との交流が不足して赤ちゃんが変化することもあり、遺伝子レベルでも赤ちゃんのDNAにストレスに関連した細胞の損傷が生じるかもしれない。そのような赤ちゃんでは、生後わずか数か月のうちに母親の顔を見たときの反応が鈍くなり、ほかの人たちの表情を読み取る力も弱い。こうして、すでにうつ状態の母親に対する赤ちゃんの刺激が不足し、悪循環がさらに強まってしまう。

誰が誰を形成するかを見極めようとする科学的探究の全体を見渡すなら、このような複雑な共生関係は氷山の一角にすぎない。母子は密着して暮らし、呼吸しているだけでなく、物理的環境も共有しているので、そのことが少なくとも母子の集団行動の一部を形成する。

そしてもちろん、母子は遺伝子も共有している。

母親の行動を説明する上での個々の子どもの役割を見分けるために、科学者たちは母親の研究で用いてきたのと同じ単一遺伝子の手法を用いて、赤ちゃんのＤＮＡのひとかけらが母子の相互関係に影響を及ぼすかどうかを調べてきた。

ところが、子どもの候補遺伝子研究（候補は山ほどある）の多くは、母親の遺伝子研究と同じ壁にぶつかっている。研究の結果を再現できないばかりか、セロトニントランスポーターやドーパミン受容体に関わる１個の遺伝子タイプは、複雑な子どもの行動においてまったく取るに足らないものに見える。さらに、赤ちゃんの遺伝子の半分は母親の遺伝子と同じだという事実もある。そのために、もし１個の遺伝子が何かの原因であるとしても、力をふるっているのがどちらなのか、あるいは両方なのかも、判別するのは難しいことがある。

こうした混乱を避けるために、一部の遺伝学者は古くはあるが実証済みの手法に戻っている。双子の研究だ。すでに、一卵性双生児の母親は通常の姉妹よりもよく似た育児をすることを示す研究を見てきた。だが次の段階の研究では、一卵性および二卵性の双子の赤ちゃんを調べていく。

ここで大きな疑問となるのは、母親が一卵性双生児（ＤＮＡが１００パーセント共通している双子）を育てる方法は、二卵性双生児（通常のきょうだいのようにＤＮＡの50パーセントだけが共通している双子）を育てる場合よりも類似しているかという点だ。もしもそうならば、子どもが主導権を握って母親の行動を誘導していることを示す重要な手がかりになる。

「もしもすべての親がすべてのタイプの双子を同じように扱うなら、子どもは無関係ということだ」

と、南イリノイ大学でこうした双子の研究室をもつリザベス・ディラーラは説明している。「もしも親が子どもを扱う方法に違いがあり、遺伝的に似ていないほどその違いが大きければ、親の行動に違いを生み出しているのは子どもに関する何かだということになる」

たしかに双子研究にはいくつかの大きな限界がある。双子や三つ子の赤ちゃんの身近で過ごしたことのある人なら誰でも、双子を育てるのは容易ではないことがわかるはずだ。双子の母親にとっては授乳も簡単にはいかず、「ダブルフットボール抱き」という難しい方法を身につけなければならない。双子独特の育児方法は心が折れそうな消耗の産物であって、子どもたちの遺伝子の問題ではないだろう。たとえば、幼い双子は事故死する確率が高いが、それは怖いもの知らずの遺伝子のせいではなく、母親には目が一対しかないせいだ。わが家の近所に住んでいた勇敢な双子ちゃんは、母親が部屋をちょっとでも離れると、すぐリビングの窓にかかった木製のブラインドをよじ登っていた。双子の一方が家の内側から鍵をかけてしまったこともある。締め出された母親がもう一方を必死で追いかけながら消防署に電話する様子を、鍵をかけた子が窓から目を輝かせて見つめていた（双子をもつ母親は短命に終わる確率が高いようで、こうしたストレスが原因になっているのかもしれない）。

とはいえ、母親たちの驚くべきライフスタイルにもかかわらず、一卵性双生児はいくつかの点で二卵性双生児やその他のタイプのきょうだいたちよりも類似した育てられ方をしていることが、データによって示されている。

興味深いことに、ペンシルベニア州立大学の双子研究者ジェナイ・ネイデルハイザーによれば、二卵性双生児が一卵性双生児と間違えられていて、またはその逆で、あとから科学者が調べて本当のことがわかった場合にも、同じことが言える。

つまり母親は、一卵性双生児という心惹かれる認識に反応しているわけではなく、子どもたちの瓜二つの個性と、生まれもった特徴に導かれているわけだ。研究者の推定によると、母性行動に見られる相違のおよそ4分の1は、子どもたちの遺伝的特性によって引き起こされている可能性がある。

養子縁組の研究も、子どもが母親に与える、拭い去ることのできない影響に焦点を当てている。養子縁組による母と子には、一般的にはまったく血のつながりがない。それなのに養子の遺伝的特徴が色濃く投影されていき、時が経つにつれて養母の行動は血縁関係のない人物、おそらく会ったこともない人物――養子の実母――に似ていくことがある。

子どもが母親に対して独自の力をもつ証拠は、そのほかに薬剤の研究でも見つかっており、研究者たちは子どもの行動を化学的に変えることによって母親の行動を解析しようとした。1979年に行なわれた初期の研究では、「極度に活動的な子ども」の一部にADHDの薬を処方し、一部には処方せず、母親たちには誰が治療を受けているかを知らせなかった。すると、実際に投薬を受けて行動が落ち着いた子どもたちの場合、その母親の行動も変容した。

アフリカのモーリシャス島で実施されたもっと最近の長期的研究では、地域の子どもたちに、オメガ3脂肪酸と呼ばれる脳の働きを強める物質を含んだ紙パック入り栄養強化ジュースを与えた。また比較のために、「別の子どもたちには通常の紙パック入りジュースを提供」してオメガ3脂肪酸による栄養強化をしなかったと、ペンシルベニア大学ローウェル校の心理学者エイドリアン・レインと共同でこの研究を実施したマサチューセッツ大学ローウェル校の研究者ジル・ポートノイは述べている。すると、6か月間にわたって毎日この脳を強化するジュースを飲み続けた子どもたちでは、1年後に問題行動が減少する効果が見られた。またそれと同様に注目を引いたのは「親の行動にも改善が見られた」ことだと、ポートノイは言う。子どもたちの世話をしていたのはほとんどが母親で、子どもの行動が改善されると母親の反社会的行為も減少したのだ。さらに、母親による親密なパートナーへの攻撃も減り、科学者たちはその要因を――母親自身はほとんど口にしていなかったが――子どものジュースだと考えた。

「私にとっては非常に興味深い。紙パック入りジュースによって家族全体を改善できるかもしれない」と、ポートノイは述べている。

＊　＊　＊

だが、もし私の家にそんな魔法の紙パック入りジュースがあっても、子どもたちのうちの少なくともひとりは美味しくないと文句を言い出して、計画は失敗に終わるにちがいない。わが家の子どもたちは性格も態度も千差万別だ。たしかにすべて同じ両親から生まれたきょうだいとして、似ている点もある。たとえば、全員が映画『キャッツ』にうっとりしていて、誰ひとりとしてあれが史上最悪の映画だとは思っていない。それでも私が3人の子ども全員を同じ名前で呼んだところで——かわい子ちゃんか、ハニーパイか——3人が3人ともまったく異なっている。そして全員が私をママと呼んでいるが、私のほうもそれぞれにまったく違うやり方で対応する。そして3人が声を合わせて何かを訴えてきても、私は三重唱のそれぞれのパートを別々に扱わなければならない。

ふたりの娘の違いを見てもそうだ。2年のあいだをおいて、まったく同じスーパーボウルサンデー翌日の月曜日に生まれてきたが、私の子宮に宿った時からそれぞれが独自路線を歩んでいた。ひとりは夜型、もうひとりは朝型人間だ。ひとりは遠くに虫の羽音が聞こえただけで叫び声を上げて逃げるが、もうひとりはカブトムシを肩まで這い上らせて喜んでいる。ひとりはドリトスのナチョチーズ味に目がなく、もうひとりはクールランチ味が大好きだ。

長女は——本人の希望にあわせてスズランちゃんと呼んでもいいが——せっかちで、見ているだけで考えていることがだいたいわかる子だ。ディズニー映画のロマンチックなシーンでは緊張に耐えきれずに部屋を抜け出してしまう。短気だが、優しくて愛情深い面もあり、あるときは激しい雷雨のなか、パセリの植木鉢を救おうと勇敢にも外に駆け出したことがあった。また、私がしたキスの跡をなぜすぐ手でこすり落とすのかと聞くと、「こすり落としてなんかいないよ、私はすり込んでいるんだから」と言った。でも、彼女に逆らうと、すぐ攻撃される。あるとき、結婚式の会場で別の出席者のコップから水を飲んだと言って叱られたことがある、するとその仕返しに、当時4歳だった長女は叱った70歳の女性を思いきり抓《つね》ったのだ。そしてついでに目の前にいた大叔母さんのお尻を乱暴に叩いた（長女を弁護するためにつけ加えておくと、そのお尻は本人のちょうど目の高さにあった）。

そのあと家に戻ってから、私の母が長女に、他人にはもっと優しくするようにと教えることにした。「酢よりハチミツのほうが、ハエをたくさん捕まえられるのよ――いい？――人には厳しくするよりも優しくするほうが、言うことをたくさん聞いてもらえるの」と、母は私の長女に言いきかせた。

そして小学校の教師らしく、今こそ教育すべきときだという信念で小さなショットグラスを2個取り出し、一方にはハチミツを、一方には酢を注いだ。味見で実体験させようという作戦で、私は早々に隣の部屋に退散した。

1分後、母は大慌てでキッチンに飛んでくると、早口でこう言った。

「あの子は酢のほうが好きなんだって」
・・・・・・・・・・・・・・・・
一方の次女は、あの不思議な2月の日差しのなかで生まれ、今もまだ日光を浴びているように明るい。丸々太った赤ちゃんコアラのように幼児の遊び場を不器用に歩き回っていたころでさえ、プリスクールの先生は彼女が機転の利く政治家みたいな一面をもっていることを見抜いていたし、少し大きくなると幼稚園では如才なく、ある先生が最近話していたように「みんなを引き連れて歩く」外交官のようになって指揮をとり、心の傷ついた友だちにはいつでもかけるべき適切な言葉を知っている。

長女がマシンガントークで私に議論を吹きかけるなら、次女は目につかない丘の斜面から正確に命を狙うスナイパーだ。とろけるようにおいしいチョコレートトリュフだけれど、中にはベアリングのボールが詰まっているのに例えられるかもしれない。まだ2歳にもならないうちに昼寝をしなくなったとき、私は次女の甘さの下に隠された金属の味をはじめて感じとった。「私はぜったいに降参しない」――彼女は私にそう宣言した。夫は次女を、力をつけつつある独裁者になぞらえることがある。いい面を数え上げるなら、次女は自分でトイレに行く練習をし、ある日、こともなげに「もうオムツはいらない」と宣言した。そしてその通りになった。自転車にも、補助輪など使わずに乗れるようになった。

私が次女のベッドでいっしょに横になり、例によって寝かしつけることができないで疲れ果てていると、彼女はいつも私の髪を優しく撫でながら、「あなたはほんとうに可愛いお姫さまね」と囁くのだった。まるで自分は母親、私は子どもという感じで。

えこひいき

こうして、同じようにすばらしく、同じように可愛いわが家の娘たちを紹介してきたところで、母子の科学に関する次の話題を紹介するには少し躊躇がある。それは、母親の偏愛傾向だ。子どもたちは私たち母親を感情的に苦しい立場に追いやり、恐ろしい勢いで右往左往させるが、母親のほうもまたどの子どもが役立つかといった身勝手な理由で、子どもの扱い方に差をつけることがある。

科学者は子どもがもつ固有の特徴（美しさ、健康、知性など）を、「生来の素質」と呼ぶ。私はこの言葉をキーボードに打ち込むときさえ心が痛む。私が自分自身の3人の子育てで、それぞれ異なった対応をしていることは認めるものの、3人すべてをまったく同じだけ愛していると心から確信できる。どんな科学論文を読んでも、そうでないと思うようになることはないだろう。

とは言うものの、もし母親たちが自分自身に関する偽りのない真実を知ることができるなら、おしゃべりな研究者が母親を調べる必要もないはずだ。たしかに、毛の生えた動物たちには母親による残酷な「えこひいき」の証拠がたくさん存在する。ハイイログマの母親は1頭の子グマを木に追いあげ、別の子グマと立ち去ることが知られている。ブタの母親は子ブタを押しつぶさないにしても、乳首ごとに出す乳の量を変えることができる。強い子ブタたちに乳を独占させ、弱々しい子ブタたちは飢えるにまかせるわけだ。

なるほどね、でも私はぜったいにそんなことはしない。きっと母親はみんな、私と同じようにそうつぶやくだろう。でもすでにだれもが命にかかわる偏愛に手を染めた可能性が高い。女性の身体は、自分では気づきもしない流産によって、子宮内で一定の胎芽を選択するようにできているようなのだ。そしてその選択は意識的にも行なえる。遺伝学的検査がより一般的になっているヨーロッパでは、ダウン症と診断された胎児の中絶率は約90パーセントにのぼる。

それでも私が最も驚くのは、苦心して母親脳を培い、マウンテンライオンとの決闘も辞さない意志を身につけるというのに、人間の母親はその他の哺乳動物の母親より、赤ちゃんが生まれたあとでも見捨てたりしてわが子を裏切る傾向が強いという点だ。

この衝撃的な現実は、有能な人間を育てるために必要となるコストとストレスが圧倒的に大きい点を反映しているのかもしれない。さらに人間の子ども時代は法外と言えるほど長いために、人間の母親は同時に何人もの小さな子どもたちに対応しなければならず、その点では霊長類の仲間たちとは大きく異なる離れ業を求められる。新しい子がひとり加わるごとに、10年を超える苦労の時間と1千万カロリーほどのエネルギーが追加で必要になる計算だ。

物質的に豊かな現代のアメリカでは、余分に1千万カロリーが必要だと聞いてもそれほど無理な要求には思えない。コストコに何回か通えばいいだけね！と話す声が聞こえてきそうだ。だが、現代の母親の傾向が形成されつつあった近代以前にさかのぼってみれば、それとはまったく違う、はるかに悲しい物語につながる。母親が赤ちゃんを殺したり捨てたりするのは、むしろ日常的に耳にする話だった。20世紀初頭になってもまだ、アメリカの都市部では幼児殺害がそれほど珍しくはなかった。世界には今もまだ貧困にあえぐ場所があり――人類学者ナンシー・シェパー＝ヒューズが衝撃的なフィールドワークを行なったブラジルのスラムがその例だ――そこでは日ごろから、女性による「致命的選択的ネグレクト」と呼ばれる受動的な幼児殺害が起きている。今でもアメリカの生後1週間の赤ちゃんを殺す確率が最も高いのは、実の母親だ。

母親のもつ殺人傾向は、サラ・ブラファー・ハーディの著書『マザー・ネイチャー』（早川書房）に頻繁に登場する題材になっている――この本はたしかにすばらしい科学書ではあるものの、寝る前に読む本としては必ずしもお勧めしない。高名な霊長類学者である著者はいくつかのとても悲惨な理論を提示しているが、私は読みながら、ときどき声を出して笑いそうになった。私の子どもたちに危害を加えるですって？　子どもたちがちょっとでも痛い思いをすると想像しただけで気が遠くなる。だから私は子どもが膝をすりむくと、オキシドールのヒリヒリした痛みをなるべく減らしたくて、一生懸命に息を吹きかけるのだ。子どもたちはときに私をとんでもなく怒らせるようなことをするが、彼らを吹雪のなかに置き去りにしたり、野犬の餌食にしたりしようとは思わない。

だがハーディをはじめとした科学者は、無力な赤ちゃんを見捨てる傾向は生まれつき備わっているものだとする――そしてそこから、なぜ一定の産後気分障害が起きるかという謎に関して別の理論が生まれる。産後すぐに生じる、このごく一般的な感情の麻痺は、冷徹で無情な目的をもっているのかもしれない――ある科学者の冷やかな言葉によれば、「新米の母親が感じるであろう高揚感を鎮め、子どもの資質をより客観的に評価できるようにするため」のものだ。おそらく「ベビー・ブルー」は――誰もがまだ赤ちゃんに強い愛着を感じないうちに素早く襲ってくるもので――母親が全力投球で育児に専念する前に、立ち止まって考える時間を与えているのだろう。

その昔には、順調に育つ見込みのない子どもに貴重な年月とカロリーを費やす余裕はなかった。私たちは最強で最良の子に集中せざるをえなかったのだ。この陰気な考え方では、母親はえこひいきするように進化したことになる。

あなたや私のようなごくふつうの母親が、今でもまだ、勝者を選ぶという進化上の秘密の力を与えられているということなのだろうか？　幼児殺害の論理は、うたた寝する息子にやさしく毛布をかけるとき、あるいはその息子が使ってはいけないと言われているbではじまる単語〔bitch〕を、ほんとうに「ビンゴ」だと思っていることがわかったときにあふれ出す優しい愛情とは、まったく折り合わない。母性の無条件な側面は、たしかに勝利することができる――ただし、適切な条件の下ではという話だ。私たちが暮らしている現代の快適な社会では、病弱な子どもや障害をもった子どもが生まれても、母親は通常は育児を放棄したりせず、多くの場合は寄り添って苦しみながら、むしろ周囲の者たちが自分のことを恥ずかしく思うほどその子を可愛がるだろう。私の友人は、息子がかかっている稀有な遺伝病の研究基金を集める独自の財団を立ち上げた。別の友人は死を目前にしたわが子のために自分がもつ全力と全財産を注いだ。研究によれば、現代に生きる人間の母親の幸福は生涯にわたって自分の子どもの幸福と直結しており、重い病気の子をもつ母親は強いストレスを感じ、文字通り胸が張り裂ける思いをするため、心臓病で死ぬ確率がとても高い。だが、現代の西欧の女性たちは、異なる時代と場所で異なる生き方をした母親たちと比べて、根本的に「より望ましい」と言えるのだろうか?

一部の研究は、文化という名の衣の下を深く探れば、母親がもつ闇の核心はまだそこにあるとしている。カロリー過剰な時代にあって、私たちは進化で得た冷酷さを少し違った形で表現し、たとえば感情的ネグレクトのような別の方法を用いて一定の子どもを「切り捨てて」いるのかもしれない。

イタリアの超早産児を対象とした長期的研究は、かなり動揺するような内容になっており、超早産児の母親は満期出産時の母親に比べて生後3か月の時点の赤ちゃんとの触れ合いの質が低かった。また子どもがよちよち歩きの幼児になっても、おやつの時間を注意深く観察していた科学者たちは、母親たちの行動にわずかだがなかなか消えない相違があることに気づいており、それを厳しく「高次元の否定的母性愛」と名づけている（ただし常に、何か別のもの――たとえば早産で引き起こされた余分な負担によるストレスなど――がこのような相違の原因になっている可能性はある）。スウェーデンの母親たちは、自分では気づいていなかったかもしれないが、チェルノブイリからの核降下物によって影響を受けた可能性のある子には費やす資源を減らしたという研究もある。

もうたくさんだ。怒りがこみあげてくる。私の母親脳が、これ以上は想像させまいとしている。

ベビースキーマ

見捨てる側面より偏愛する側面のほうが、私にとっては考えやすい。現代における母親の偏愛傾向は、ほとんどが細部に見られるものだ。約80パーセントの母親が複数いるわが子のなかで1人を好むと言われ――そう言われているだけですからね、子どもたち！――両親の半数以上がさまざまな子孫に対して、いわゆる差別待遇を見せるとされている。

そして理論通り、母親は最も前途有望な子どもに大きく賭けるようだ。そのような子どもが苦しんでいるように見えれば最も力を貸し、学習塾にも適性試験の参考書にも余分にお金を出すのは、特権をもつものの身勝手のようにも見える。米政府の育児支援政策「ヘッドスタート」の長期的研究プログラムによれば、資源が限られている場合、両親は最初から最も賢い子どもに最も多くの金を費やす――そしてこの傾向は特に大家族ではっきりしており、厳しい予算によって選択を迫られている可能性がある。

マラウイ共和国で2019年に実施された興味深い研究では、ある経済学者が、西欧ではごく一般的で無害と思われている習慣を導入して、その影響を観察した。アフリカのその地域では普及していないらしい、子どもの成績表を家庭に配布したのだ。すると両親は、子どもたちの学業成績を示すその新しいデータを見て、成績のよくない子どもを激励するのではなく、頭のよい子への投資を大幅に増やし、ときには劣等生を学校に行かせなくなってしまった。

だが、母親の偏愛傾向を判断する上で最も目を引く予測因子は、最も表面的なものでもある。母親は一番可愛らしい子どもを溺愛するようだ。

進化生物学の分野では現在、身体的な美しさの意味、または意味のなさについて、激しい議論が巻き起こっている。一部の科学者は、見た目の魅力は配偶者候補の健康、あるいは「すぐれた遺伝子」を正直に伝える合図だと考えている一方、目を引く外見は——度を越えて華々しいことで知られるクジャクの尾羽のように——気まぐれであり、ファッションのように変わりやすいものだとする科学者もいる。

念のために言っておくが、私は美しさはファッションだとする主張に肩入れしている。そう考えると男性がいかにも滑稽に見えるからだ。もしも人間の男性が、赤ちゃんを育てる上で最も「丈夫で長持ち」する女性を手に入れたいと思うなら、「がっしりして逞しい手足と足首」、「大きな腰」、そして堂々とした胴回りをもつ相手に色目を使うことになるだろう。つまり、スーパーモデルではなく、カブスカウト〔ボーイスカウトの幼年団員〕の各組《デン》で選ばれるお母さん役だった「デンマザー」のような女性だ。

ところが相手が幼児になると、人間が美しいとみなす範囲が格段に狭まるように思える。子どもの魅力に関しては微妙な社会的側面が存在することがあり、たとえば一部の文化では、生まれたときの髪の毛が多すぎたり少なすぎたりする赤ちゃんを嫌う。また、アフリカ系アメリカ人の家族における肌の色の明るい赤ちゃんに対する厄介な偏愛傾向を報告する研究があり、明らかに冷え冷えとした文化的底流を反映したものだろう。

だが全体としては、幼児の魅力を構成する要素——一連の子どもらしい顔立ちを示すもので、研究者はベビースキーマと呼ぶ——は固定されていて、世界中どこでも一定だ。大きな目、広い額、小さな顎、ぽっちゃりした頬など、幼児を可愛らしいと感じる手がかりは文化と人種の垣根を超えており、種の境界さえ感じさせない。哺乳動物の赤ちゃんはほとんどすべてが似通った特徴を備え、バンビのようなアニメのキャラクターではさらに強調されているし、フレンチブルドッグやペルシャ猫のような生身の交配種でも同様だ。科学者たちは、哺乳動物以外でも親による保護に依存する動物は、やはりベビースキーマに頼っているかもしれないと主張する。孵化したばかりのワニの赤ちゃんは(生まれるとお母さんワニの鋭い歯をもつ口のなかに入って運んでもらう)は、たとえば母親からのそうした恩恵を受けないカリフォルニア・アリゲータートカゲの赤ちゃんより、可愛らしく見える。

このようなひじょうに安定した特徴が正確に何を意味しているかは、とても幼く、傷つきやすいという点がわかる以外、謎に包まれている。同じ人物の赤ちゃんのときの写真と高校卒業アルバムの写真とを比較した研究によれば、可愛らしい子どもが必ずしも魅力的な大人に成長するとはかぎらない。私はその昔、ベビーフード会社のロゴに似た「ガーバーベビー」に実際に選ばれた赤ちゃんのベビーシッターをしたことがあり――その赤ちゃんの完璧な丸顔は、紙オムツの宣伝や育児雑誌の表紙に使われていた――たしかに可愛らしかったが、そのピークはまちがいなく9か月くらいのときだった。

それでも、この不可思議な一連の赤ちゃんの特徴は、たしかに効果を上げている。たとえば、子どもの可愛らしさの程度は、血のつながりがなくて世話をする人の態度と行動に影響を与えているという有力な証拠がある。またある研究は、新生児集中治療室では魅力的な赤ちゃんのほうが予後がよく、それはスタッフから「より手厚く面倒を見られているからだろう」と結論づけた。デイケアの施設で働く職員は、魅力のない子どもの力量と知能を過小評価する傾向がある。可愛らしさはまた、孤児の養子縁組の結果に大きく影響する。20世紀初頭には、望まれない赤ちゃんがまるで余った子ネコのように新聞広告に出されていたことがあり、ほとんどは無料だった――一部の母親は引き受けてくれる人に金を払うことさえあった――が、最も可愛らしい赤ちゃんには100ドルもの値がつけられたという。

だが両親だけは、こうした偏見から解き放たれるはずではないか？　「生みの親だけが愛せる顔」は、どうなのか？

実際のところ父親のほうが、より寛大に見える。なぜなら、子どもの外見で父親が注目している大切な点はただひとつ、自分に似ているかどうかだけだからだ。2017年のある研究は、アメリカの母子家庭に関する大規模な「脆弱な家庭と子どもの幸福に関する調査」で得られた大量のデータを活用し、「赤ちゃんは誰に似ていますか？」というたったひとつの質問に焦点を当てた。すると、両親ともに赤ちゃんは父親にそっくりだと答えた場合は、1か月間に父親が子どもといっしょに過ごす時間が長いことがわかった。こうした父親による労力投入のおかげで、生後1年になると父親似の子どものほうが母親そっくりの子どもより健康度が高くなっていた。フランスで実施された研究では——子どもは自分に似ているとする父親の言葉を客観的に審査して、実際に父親に似ていることを確認したうえで——父親は自分そっくりの子どもに、感情の上でより親しみを感じることがわかった。セネガルでは別のグループが、父親に似ている子ども——実際には父親に似た匂いをもつ子ども——は、より大きく育ち、より多くの食事を与えられることを確認した。おもしろいことに養子縁組の場合でさえ、父親は「自分そっくり」の外見を好むようだ。

こうして簡単に父親の手助けを得られるのだから、母親と母方の親族が口を揃えて、とりわけ父親が聞いている場所では、生まれた赤ちゃんは父親そっくりだと繰り返し言葉に出すのもうなずける。私はこうした一連の研究を見つけるまで、生まれたばかりの私の赤ちゃんを見た母の姉妹たちが、耳が父親に似ている、いや顎が父親そっくりだと口々に話すのを聞いて、赤ちゃんがちょっとおどけた顔をしているから自分たちとは距離を置きたいのだとばかり思っていた。だが叔母たちは、本当は私の手助けをしようとしていたのだろう。

だが私たち母親は——自分が母であると永久に自信をもつことができるのだから——子どもが誰に

似ていようと、夫でも、ハンサムな配管工でも、またいとこのマーサでも、いっこうに構わない。

私たちには素の可愛らしさを見る目がある。

1990年代に、心理学者がテキサス州オースティンにある産科病棟に泊まり込み、100人以上の母親が生まれたばかりの赤ちゃんと触れ合う様子を観察した。すると最初から、より可愛らしい赤ちゃんの母親は「より愛情深く、楽しそう」で、そうした母性行動の違いは子どもたちが大きくなっても続いた（一方で、赤ちゃんも意外にうわべを気にするらしく、魅力的な〔左右対称のバランスのとれた〕顔つきを好むと知って、ちょっとだけ気が楽になる）。

その数年後にアルバータ大学の研究者が、ショッピングカートの安全性という地味に思える主題を探っていたとき、また別の驚くような結論を導き出した。売り場の通路を進む親子を観察するという方法をとり、スーパーマーケット刑事よろしく見張っているうちに、より可愛い子どもの母親がカートに載せた子どものシートベルトをきちんと締めている割合は、そうでない子の2倍以上であることに気づいたのだ（もちろん両親以外の人物に、子どもの相対的な可愛いさを評価してもらった）。また別の研究は、双子の赤ちゃんが8か月になるころには、母親はより大きくて健康なほうに惹かれるとした。

おそらく最も忘れられない研究は、1980年代に警察で撮影された虐待犠牲者の写真に関するもので、頭と顔の割合が変則的な子どものほうが、型通りの可愛い子どもより虐待を受ける割合が高かったことを明らかにした。子どもを虐待するのは男性が多いが――なかでも母親の新しい恋人など、親族ではない男性が多い――母親は美しい子どもを守ることにより多くの力を注ぐという悲しい現実もあるだろう。

さらに最近では、科学者たちはこうした母性のタブーを探求するために、典型的なベビースキーマから少し逸脱する口唇裂をもつ赤ちゃんに焦点を当ててきた。母親にアイトラッキング用の眼鏡を装着してもらった2017年の分析によると、赤ちゃんに口唇裂がある場合、母親がわが子に視線を送る頻度は一般的な身体的特徴をもつ赤ちゃんをもつ母親よりも少なかった。また別の研究は、早い時期に外科手術を行なって口唇裂を治療することで、外見の問題を修正できるだけでなく、子どもと母親との関係も回復できる可能性を見出している。典型的な可愛らしさを取り戻す時期が早ければ早いほど、母親は最終的に、より優しくなった。

このときも私は、これらの論文に1日じゅう目を通しながらもまだ、研究が意味しているのは私のことだという事実を拒絶する。幸いにも私は自分の子どもたちのことを、はじめは細かい部分が気になりはしたが、とても可愛いと思っている。ひとりは、尖って毛の生えた耳をもって生まれてきた。ひとりは内斜視だった。ひとりは下唇が足りないように見えた。場合によってはヨーダに似て見えたし、E・T・に見えることもあった。私は異星から私の腕のなかに降り立ってじっとこっちを見つめている小さな生命体に、「もう宇宙船には連絡したの？」と囁いたものだ。だがもちろん、どの子も私にとっては美しく見えた。

これが現実ではないだろうか？　研究論文がなんと言おうと、母親はみんなわが子を無条件で可愛く思い、欠点もまったく目に入らないし、ウンチの臭いさえ嗅ぎたいと思ってしまうはずだ。母親は誰だって、ダンボのお母さんのジャンボと同じではないのか？　ジャンボは、息子のおかしな外見をサーカスの観客があざ笑ったりすれば、大暴れして怒りを爆発させる愛情深い母親ゾウだ。

もちろんここでの難点は、赤ちゃんダンボが実際にはディズニーが作り上げたベビースキーマの傑作だという点になる。ベビーフェイスをすっぽり包み込む大きな耳をもつダンボは、単に母親が愛せるだけでなく、見る者が意識しなくても全力で守りたくなる、まさに「えこひいき」さえしたくなるような赤ちゃんなのだ。

子どもの性別は母親にどう影響する？

私はちょうど妊娠10週目になったとき、年齢のせいもあって新しいタイプの検査を勧められた。母親の血液から胎児の胎盤DNAのかけらを採取し、染色体の異常を調べるものだ。

血液採取には長い長い時間がかかり、注射器に深紅の液体がゆっくりと満たされるにつれて、いつもの「体じゅうの液体」があふれ出るような吐き気に、妊婦特有のつわり、さらに子どもの遺伝子の秘密を探るべきではないかもしれないという頭のなかの痛みが混じり合っていった。私の顔がどんどん青ざめていくのに気づいた看護師が、子どもはいるのかと聞いてきたので、私は弱々しくうなずく。ええ、女の子がふたりに、男の子がひとり。

何日もしないうちに検査会社からEメールが届きはじめ、もう赤ちゃんの青写真をすっかり調べ終わったようだ。結果は何ごともなく、私はほっと胸をなでおろした。そのうえ、赤ちゃんの性別まで判別してくれた――それは重要な検査結果に比べれば些細な、初期検査の細部にすぎない。

私ははじめて妊娠したとき、生まれるまで性別を教えてもらわないという選択をしたのだが、すぐに分娩室で結果を知るのはもうたくさんだという思いになり、2番目の子からはできるだけ早い機会に性別を教えてもらうことにした。そして長女に続いて次女が生まれたあとには、きっと私には女の子しか生まれないだろうという自信さえ芽生えた。私の家系には女性が圧倒的に多い。私には妹がいるだけだ。父には妹がひとりいて、その叔母の子は全員が女性。私の母は4人姉妹で、兄弟はいない。母の母も5人姉妹で、兄弟はいない。母方の親戚に男のいとこがひとりだけいるが、当然のことながら親類の集まりには顔を出さない。気の毒な祖父はいつでも山ほどいる女性の親類縁者から塩分の摂取量をきびしく見張られ、そんな女性陣をまとめて「みんな」と呼んでいた――私は祖父の、「みんながフランクフルトソーセージを食べさせてくれないんだ」とブツブツ言う声を耳にしたことがある。

「うちの家系には男がほとんどいないのよ」。叔母たちは今でもよくそう言ってから、オードブルに手をつける。

だから私は、3回目の妊娠をしてまもなくのころに赤ちゃんが男の子だと知り、びっくりしてしまった。そこで担当していた産科医に不安を打ち明けると、その親切な女医さんには小さな息子がいて、すぐにそれがお気に入りの息子だということがわかった。そしてこう言った。

「心配いらないわよ！　そのチビさんを、きっとすぐに大好きになるから！」

私にとってそれ以上ゾッとする言葉はほかになかった。そこで次に、唯一の男のいとこをもつ叔母に相談してみた。すると、「ああ、そうねえ……ボールを転がしてあげればいいんじゃないかしら」という曖昧な言葉が返ってきた（今、急にひらめいた。叔母だって男の子をどう扱えばいいかわからなかったのだ）。

こうした指示を受けても、私は息子に対する準備が整わないまま出産を迎えた。生まれてすぐから男の子の抱き心地はいつもと違い、まるで小さなセメント袋のように、どこか硬く感じられた。その男の子は、姉が使ったピンクのおしゃぶりを噛んで隙間だらけの歯を生やし、お下がりのハート模様のパジャマを着てはしゃぎ、よちよち歩きのころから金曜日の夜はきまって姉たちの横で（どこか気が進まない様子を見せながら）『プロジェクト・ランウェイ』（ファッションデザイナーがテーマのリアリティ番組〔デザインの優劣がつき負けると脱落していく〕）の再放送を見て過ごした（負けてしまった服を見て、「まるで80年代だね」とつぶやいたことがある）。そうやって女の子らしいものばかりに囲まれていたのに、自由に走り回れるようになったとたんに荒っぽい襲撃者へと変身し、海賊行為とスターウォーズの「暗黒面」に没頭して、姉たちの古い乳母車を「デスコーチ」と呼びはじめた。ゴムの刀で空気を切りつけ、寝室の鏡の前でマシュマロのような体を必死で曲げているが、どう見てもトップレベルの「ベビーリリーサー」（ベビースキーマをこう呼ぶこともある）と言わざるをえない。スーパーに行くとよく老婦人たちがあとを追ってきて、投げキッスをしてくれる。それでも、私が彼の「お気に入りの女性」だと言ってくれるのだ。

男の子が生まれて、私は明らかに変わったと思っている。今ではバルバリア海賊とカリブの海賊の違いも、ブロードソード（幅広の刀）とカットラス（刃が湾曲した剣）の違いもわかる。でも母親の科学によれば、私は男の子を産むことによって、目に見えないところでも影響を受けたらしい。男の子の母親は最初からかなり異なっていて、最も確実に未来を教えてくれる遺伝子検査の結果を自分の脳で扱えるようになるずっと前に、性別を明らかにするメモを手にしているようなのだ。

そのメモにはいくつかの悪いニュースも含まれている。男児の胎児をもつ女性は多くの妊娠合併症にかかりやすく、たとえば流産、妊娠糖尿病、早産、帝王切開分娩などの確率が高まる。理由はわかっていないが、より大柄で、より成長が遅い男児の胎児は、肉体的により大きい負担になるばかりでなく、子宮内ではより繊細だ。男性は大きくて強いと思われていて、だいたいはそうなのだが、「虚弱な男性」（科学者はときに男の子をそう呼ぶ）は実際には一生を通じて女性より死亡する確率が高い。私の息子が生まれてすぐ、肺からゴロゴロというような音が聞こえたとき、看護師がすぐ厳戒態勢に入ったのはもっともなことだった。男児の新生児はほとんど常に、問題を抱えるリスクが高い。子宮内で、母親のXに基づいた免疫システムが息子のY染色体がその理由を明らかにするだろう。子宮内で、母親のXに基づいた免疫システムが息子のY染色体を標的とみなすことがあり、また頼るべき複製のX染色体がないことで、男の子は遺伝性疾患にかかりやすくなることがある。

＃（ハッシュタグ）男の子ママ――多くの負の反応に対して、私たちはときにオンラインで自分たちをこう呼ぶ――は身体的困難に加えて精神的困難も経験することがある。私たちは妊娠に関連したうつを発症する可能性が70パーセント高く、ケント大学で行なわれた最近の研究によれば、母親の免疫系での炎症によるものらしい。私たちはまた妊娠初期および妊娠中期で計測可能なほどむかつきを感じやすい――これはある独創的な研究で計測されたもので、実験では「ゴキブリ」、「粘液で満たされた喉」、「広口瓶に保存された人間の手」に対する母親の反応を測定した。この場合は、繊細な男児の胎児がとりわけ環境からの脅威に対して脆弱なために、その母親は周囲に対してよけいに敏感にならざるを得ないと考えられる。

明るい面をあげるなら、未来の#男の子ママは最悪のつわりを経験することがなく、#女の子ママになる人のほうがずっと大変だと、よく言われている。私たちはまたカロリーを約10パーセント多く摂取しても体重が増えない（と言われている）し、妊娠に関連する認知の問題の一部も免れることがあり、作業記憶と空間能力の一部のテストでは#女の子ママより成績がよい。

母親を微妙に「プログラム」するかもしれない胎動も胎児の性別によって異なり、女の子は、いつでも口が達者で、口を動かすことが多いのに対し、男の子は足を振り回し――男性特有の両足を大きく広げた座り方をしているのかもしれない？――もぞもぞ動く。女児の胎児は話し声と大きな音に、より敏感に反応し、心拍数が多い。おそらくこのことは、妊娠後期になると母親の心拍数も増える理由を説明している。

どちらのグループの母親の乳房のほうが大きくなるかについては、まだ結論が出ていない――いくつかの研究室がその答えを探しているが、乳房の体積と円周とで矛盾した結果が出ている。

だが男の子を出産した母親のほうが母乳のカロリーが高い。マサチューセッツ州で実施された数十人の健康な新米ママを対象とした研究によれば、男の子のための母乳は女の子のための母乳よりエネルギー量が25パーセント高く、男の子のほうが生まれつきエネルギーをたくさん消費することを証明している。哺乳動物の多くでオスの赤ちゃんのための母乳のほうが脂肪分の割合が高く、なかでも人間と同じように成熟したときにオスのほうが大きくて、体の大きさが将来の交尾の機会に影響を与えるであろう種で、その傾向が見られる（興味深い例外は乳牛で、メスの子牛のほうを甘やかす）。動物の研究では子の性別に応じて母乳の化学組成が異なることもわかっており、サルの母親は、男の子用の母乳ではストレスホルモンのコルチゾールを増やすのに対し、女の子にはカルシウムを増やす。

このような赤ちゃんの性別による相違は、出産後もずっと母親の母乳と脳と行動に残る。見知らぬ赤ちゃんを前にしたとき、その子が男の子だと教えられるか女の子だと教えられるかによって母親の行動が異なることを、古典的な「ベビーX」の実験は明らかにした。そして数多くの奇妙で長く続く波及効果があり、たとえば女の子の親は株と歯列矯正に投資することが多く、子どもに科学と数学について話す時間が短い。ある研究によれば、アメリカでは女の子の母親は政治的に右傾化するが、イギリスでは左傾化する。一方、男の子の母親は住居に費やす金額が増え、小遣いも多く渡す。一部の文化では、男の子の母親のほうが母乳を与える期間が長い。

私が息子に授乳していた期間は娘たちより数か月長かったが、その最大の理由は出産の間隔だった——あるいは私が自分にそう言い聞かせているだけかもしれない。だが、私は思いを巡らす——もしどこかの科学者が私の一挙手一投足をじっと観察するなら、一部の夢中になったサルの母親が息子に対してしているように、私も息子のことをより長く見つめているという結論を下すだろうか？　もしそうだとしたら、それはときに娘たちが文句を言うように息子をえこひいきしているせいではなく、私のように女系家族に生まれた人間にとっては男の子をもつという経験がとりわけ目新しいものだからだと反論したい——過度な反応かもしれないが。

私に息子を甘やかす傾向があることは認める。まるで年をとるまで男の子を赤ん坊扱いするオルカの母親のようだ。80歳の母親オルカが死ぬと、中年になっている息子も急に死んでしまうことが多い（「まるでイタリア人ね」と、これを聞いた地中海の血筋を引く友人がため息をついた）。オルカの娘たちはひとりで力強く成長する。

人間の男の子の母親は、糖尿病などの一定の病気に特にかかりやすく、とんだり跳ねたりする息子が複数いる母親の場合はとりわけ見通しが暗い。こうしたかわいそうな女性はこの世でほかの女性より手厚く報われてもよさそうだが、産業化前のフィンランドで実施された大規模な死亡率研究によれば、さまざまな科学的理由および自明の理由から、４人以上の男の子をもつ母親は短命に終わる傾向があった。

娘か息子、どちらがいい？

だが、性別の問題は込み入っているのが常で、本人固有の問題と男女差の問題を区別するのは難しいことがある。息子または娘に対する母親の反応は、可愛らしさに対する私たちの無意識の反応よりも、世界のどこで、そしてどんな状況のもとで暮らしているかによってはるかに大きな制約を受ける。

人類の歴史の大半において、そうした状況は確実に男の子とその母親の肩をもってきた。「女性たちは息子をほしがった」と、文化人類学者のマーガレット・ミードはニューギニアでの現地調査で報告している。「思い通りでない性別の赤ん坊は樹皮に包まれて、生きたまま川に投げ捨てられた」

盛んに幼児殺害を行なっていた文化では、ほとんどが女児を標的としており、それは土地所有権の移転から葬儀までのあらゆる場面で息子が必須だったからだろう。現代のインドでは、男児を身ごもった母親は胎児検診と破傷風の予防注射を受けやすい。そうした国々の母親は、出産後も男の子といっしょに過ごす平均時間のほうが長く、与えるビタミンを増やして丈夫にし、女きょうだいよりはるかに長い期間授乳する。インドの妊娠中絶病院で得られたある悲惨な統計によれば、8000回の中絶のうち胎児が男児だったのは3回のみで、最近の報告では、国の近代化に伴って各家族の子どもの数が減るにつれて問題はさらに悪化している。

女に生まれたことが文字通り命取りにはならないまでも、生涯にわたって不利になることもある。トルクメニスタンのある部族では、女児には「最後の娘」や「男の子が必要」といった意味の名前がつけられる。その一方で男の子は——そしてその母親は——社会的な称賛を受ける。

エミリーの場合もそうだった。彼女の夫はレバノンで生まれ、息子を産むことによって母親の地位を永久に変えられる文化のもとに育っていた。エミリーが2人の女の子を産んだあとも、中東に住む義理の父母は彼女をずっと、いつもと変わらずエミリーと呼んでいた。

だが次に息子が生まれると、エミリーは急に「長老の母《マザー・オブ・ディーン》」と呼ばれるようになった。

何世紀にもわたり、アメリカの母親たちもこうした偏見の一種を抱えていた。西部開拓時代のフロンティアの出生記録を調べると、開拓農家の家族がどんなタイミングで子どもをもうけるのをやめていたかがわかる。その結果には偏りが見られ、19世紀のアメリカ農家の妻たちは息子がひとりでも生まれると、その後は子どもを産まなかった。つまりここでも男の子が求められていた。息子を欲しがる傾向は何らかの形で1980年代はじめまで続いていたようで、ちょうどそのころに私と妹が生まれたが、まだわずかに最初の子は男の子がいいという風潮が残っていた。

それでもその後、アメリカでは男の子を好む傾向がなくなった。フェミニストの懸命の努力に加え、農業をはじめとして肉体的な強固さが好まれる家業が減少している経済動向も影響しているのだろう。

現在では、アメリカの母親は男女両方の子をもつことを望んでいるが、爽快にもいくぶん女の子寄りになっていて、ひとり目は女の子がいいと口にする女性が増えている。そして現在の平均では、アメリカの母親は女の子のほうに多くの時間と金銭を費やしている。1970年代には、息子のみをもつ家庭のほうが保育園に加えて自転車、玩具、キャンプ用品などに費やす金額が大きかった。だが2007年になるとその傾向は逆転し、娘のみをもつ家庭のほうが多くの金額を子どもに費やすようになった(もちろん目を引く例外はある。「虚弱な男性」の理論にもかかわらず、出生後に健康障害で入院する割合が高いのは中国系アメリカ人の女の子の新生児だ。なかなか消えない文化的嗜好のせいで、女の子が生まれる予定の母親は出産前の注意事項をあまり守らず、たとえば妊娠中にアルコールを飲む割合が高いのではないかと考えられる)。

こうして、私たちがもつ子どものタイプと私たちがどんな母親になるかの相互作用は、単にDNAとホルモンだけで決まるものではない。母親の人生には無限の事柄が関わり、一人ひとりがつねに流動的だ。私たちは自分の内部にいる赤ちゃんによって形作られるだけでなく、外部の世界からも影響を受ける。

そこで母子だけの居心地よい繭のなかから外に目を向け、もっと大きい力、母親の最も親密な絆を生み出す、または打ち砕くかもしれない、地球規模の力にまで注目するとしよう。私たちは遺伝子を編集するよりずっと簡単に環境を変えられるのだから、それは私たち母親の運命を自分の手で操る方法を示してくれるかもしれない。

* * *

ところで、次に生まれるのは女の子だ。

第8章 環境やストレスの問題

プラスチック汚染の影響

私が科学者たちのあとについてラットの部屋に入っていくと、そこはうっすらと赤みがかった光に染まっていた。テキサス時間では正午に近かったが、その部屋の人工照明は朝一番に「太陽」が沈む設定になっている。だから夜行性のラットにとっては、とりわけ新米の母親ラットとその子どもたちにとっては、今が真夜中という大好きな、最も陽気な時間にあたっている。

私の目は、どうやら順応性に欠けているらしい。何匹ものラットが目まぐるしく動きまわるケージにかがみこむようにして顔を近づけて、遅ればせながら感嘆の声を上げた。「ここにいるのは、ずいぶん大きい赤ちゃんですね！」

「それは大人のオスなんですよ」と、ポスドク研究者のハンナ・ラップが優しく教えてくれる。

そして側面が透明な別の容器の前まで案内してくれたので、私はそこでようやく生後6日目の子どもたちが折り重なるように集まっているところを目にすることができた。動きまわる子どもたちの上には母親ラットが覆いかぶさっている。子どもたちの毛羽立った皮膚はまだ半透明で、何匹かのお腹に白いミルクがたまっているのが見えるから、たった今、ごちそうを楽しんだばかりだということがわかる。

ごちそうの話が出たところで、この実験について説明しておこう。今回は「ニラウエハース〔バニラ風味のウエハース型クッキー〕」を利用している。私は偶然にもニラウエハースに注目していたところだ。このクッキーを2枚使ってあいだにチョコレートクッキー「シンミント」を挟むと、ミニチュアのハンバーガーそっくりになって、手作り菓子を売るバザーで注目されると聞いたばかりだったからだ。別のママ友は、このクッキーを小さく砕いて桃の上にのせ、コブラー〔定番の焼き菓子〕に似たデザートとしてお弁当のお楽しみに入れているそうだ。

だがハンナ・ラップと、テキサス大学オースチン校の研究室で研究主任を務めるフランシス・シャンペインは、おやつの定番になっているこのクッキーをもう少し差し迫った目的のために利用している。2人はこのクッキーに、現代のプラスチックの主な原料として使われている化学製品ビスフェノールA（BPA）をまぶして用いているのだ。

BPAは世界中のいたるところにあり、年間およそ60億トンの割合で生産され続けている物質で、歯の詰め物にも、食品包装にも、店のレシートにも含まれている。これまでに数多くの問題と関連づけられ——がんの罹患率上昇、子どもの発達障害——今ではわずかな量のBPAでも、動物の母親による子育て行動を変える可能性があるのではないかと考えられるようになった。たとえば、母親ラットが影響を受けると子どもの世話をする時間が短くなったり、やるべきことを無視したりする。そしてこの化学物質は、人間の母親の行動にも影響している可能性がある。

作用の正確なところはまだわかっていないが、人間が作り出したプラスチックの一部は、母親の脳が自然に備えている可塑性《プラスティシティ》を何らかの方法で台無しにしてしまうらしい。BPAは内分泌かく乱物質で、母体の大転換に不可欠な妊婦の自然なエストロゲン作用を、真似たり妨害したりする。

シャンペインとラップは現在、それにごく近い関係をもつ別のふたつの化学物質――最近、一般の人々からの抗議を受けて、プラスチック製造業者がBPAの代わりに利用しているビスフェノールS（BPS）とビスフェノールF（BPF）――も母親ラットに影響を与えるかどうか、実験で確かめているところだ。科学者たちはこれらの物質を混ぜ込んだクッキーを用いて、2回目の実験を開始していた。

妊娠中の2つのグループのラットを対象に、それぞれに異なるニラウエハースを過去3週間にわたって与えてきており、1回あたりの量はクッキー4分の1になっている。対照群として、3つ目のグループには何も添加していないクッキーを与えた。化学物質を注射してしまえばもっと簡単かもしれないが、シャンペインは実験を組み立てるにあたって、常に動物の「生活の質」に気を配っている（自分自身も妊娠の経験をもつシャンペインは、妊娠中のラットは炭水化物をたっぷり食べて大満足すると考えたのかもしれない）。

ラップが私に実験の様子を見せようと、クッキーを細かく砕く。するとメスラットは小さなピンクの足を使ってムシャムシャ食べた。

ラットの住処を監視するために設置されているのは、赤外線カメラとクレジットカード大のコンピューターだ。これらの装置はラットの耳、尾、その他の身体の部分を座標として利用し、諸々の雑多な動きのなかから授乳と身づくろいなどの特定の母性行動を見分けられるよう、学習を続けている。コンピューターは最終的にクッキーの種類に応じた母性行動を評価して、どのラットが母親レースの1等賞をとり、どのラットが（子育てに限らず）仕事をおろそかにするか、見極められるようになる予定だ。

私は研究所の会議室で、その日の朝に手に入れることができた唯一の水をゴクゴクと喉に流し込んだ。滞在したモーテルの浴室の水道栓から、つぶして捨てられるペットボトルに大急ぎで補充した水は、死んだ金魚の味がする。私の妊娠は見ればわかるから、そんな無茶なことをして叱られるのではないかと身構えた。

「私はいつもペットボトルから飲み物を飲んでいますよ」と、シャンペインは静かな口調で話す。

彼女の研究室ではコロンビア大学の科学者たちと共同で、人間の母親に対する化学製品の影響も調査している。尿サンプルを用いて、女性のプラスチック汚染レベルが一連の赤ちゃんテストにおける神経反応に対応するかどうかを調べ、母親としての精神が変化しているかを確かめるというものだ。

そして最終的には母親ラットの死後、シャンペインとラップはその脳を調べて遺伝子の発現の変化、とりわけエストロゲンとオキシトシンに関係のある変化を探す。これまでのところ、ラットでのプラスチック調査からは、内側視索前野――脳における母親らしい反応の指標である、あのなつかしいｍＰＯＡ――が際立って変化することがわかった。

　赤ちゃんラットはすでに生まれているが、ニラウエハースを用いた研究では試験段階のデータが集まりはじめたばかりだ。ラップはシャンペインと次の段階について話し合っているところで、ラットの後世的《エピジェネティック》な舐める行動に注目した大規模な研究の著者であるシャンペインは、おそらく母親科学の世界ではスーパースターに最も近い存在だろう。だから彼女はなおさら、大量の環境要因がどのように母親の遺伝子発現に影響を与え、また目に見えないところで私たちの行動を方向づけているかについて、大きな関心を抱くようになっている。

「それが興味深いことなのか、またなにか関連があることなのか、私にはまだわからないのですが……ここに体重の増加があります」と、ラップはシャンペインに向かって自信なさそうに言いながら、自分のコンピューターの画面にグラフを表示して見せた。３色に色分けされた線グラフは、それぞれの線が異なるクッキーを食べているグループに対応している。

　母親ラットは、異なる化学物質を含んだ食餌を与えられている場合でも、６日目までは、同じ重さだけ体重が増加していた。だがそこから急に各色の線が分かれて、１本は上がり、１本は下がり、１本は中央あたりを進んでいる。

「あら～」と、シャンペインは声を上げて、グラフをじっと見つめた。

実験はブラインド試験とされているから、どのプラスチックが含まれている場合にどの影響が出ているのか、まだ誰も知らない。それでも、妊娠中にこれらの化学物質が体内に入ると標準から外れ、それは母親に対して連鎖的な影響を与えるらしいことは、すでに明白だ。

環境に応じて

たくましい母性本能は何千万年ものあいだ粘り強くがんばり続け、ヌーでもマナティーでもマーモットでも変わりなく母親を後押しする役割を果たしており、哺乳動物ではオスの遺伝子にさえ、ある程度はコード化されている。

だが母親は、心の奥底に子育ての意欲を植えつけられている一方で、巣や巣穴の外、マンションのドアの向こう側にある環境条件にも、きわめて敏感に反応する。

この柔軟性は、ほとんどの部分が生まれつきのものだ。母親の身体は大きくてどっしりしているが、母親の脳ミソは狭い場所にも柔軟に対応する。母親たちはひとつの指令を共有しているのであって、台本を丸暗記しているわけではない。母性は進むべき一本の道ではなく、方位磁石、行き先を教えてくれる星なのだ。

母性本能に備わった柔軟性は、あらゆる種類の環境で成功を手助けしてくれる。母親の大転換がすっかり完結することはない。あるタイプの母親が、環境の必要に応じて別のタイプの母親になることがあるかもしれない。これによって必要があれば何度でも、やりくりして間に合わせることができる。

それでも世界は、本人の意志に反して私たちを捻じ曲げてしまう場合もある。

だから、「これが私という人間、今も、これからもずっと」というアイデンティティの指針は、母親には通用しない。私の子どものひとりが通ったヴァルドルフ幼稚園では母親がバターを手作りしていたし、別の子どもが通ったコープ式幼稚園には賞味期限切れ食品の寄付で何とかやりくりしている母親もいた。母親の適応能力に驚くばかりだ。ときには、布オムツを使うのも、ほしいものを何でも買い与えるのも、真冬に屋外で頬が真っ赤になるまで2時間も遊ばせるのも、ちょっとあり得ないとみなされることがある。こうした批判が聞こえてくると、私は仲間の母親に（ときには自分自身に向かっても）「やめて」と言いたくなってしまう。「自分がどうなるかなんて、自分ではまったくわからないのよ」。ブラジルのスラム街で受動的幼児殺害に手を染めている母親と、お洒落なブルックリンで暮らす模範的ママブロガーとを隔てている最大の要因は、何か魔法の力をもった特別な遺伝子ではなく、単なる周囲の状況なのだ。

それはひとりの人間の一生涯にわたる変化の話だけではない。じっくり観察していればごく平凡な1日のあいだにも、状況が変わるにつれて、ひとりの女性が複数の母親になるのがわかるだろう。母親が午後の時間を忙しく過ごしているあいだ、事実を探ろうとする科学者たちが追跡して、母親の行動が公園とスーパーマーケットで、あるいは赤ちゃんを入浴させているときと赤ちゃんのオムツを替えているときとで、どれだけ揺れ動くかを明らかにしてきた（予想にたがわず、オムツ替えは世界中どこでも母親に最も悪い印象を与えており、母親全般にわたって「好感度」が低い）。

母親が子どものお尻を叩く割合が、午前中より夕方に2倍高いのは、おそらく母親の概日リズムが変化するせいだろう。だがそのほかのパターンは、生物学的な理由より官僚的な理由によるものに思える。ある研究によれば、フロリダの母親はとりわけ土曜日に、5歳から11歳までの子どもの尻を叩きたくなる——つまり、土曜日に子どもの成績表が渡されたあとに、ということだ（成績表は実に危険な存在らしい）。

「遺伝子が何をするのかを尋ねてはいけない」と、神経科学者のロバート・サポルスキーは著書『行動する（*Behave*）』で忠告している。「ある特定の状況で遺伝子が何をするかを尋ねるべきだ」。数多くの状況変数のすべてが、全体として、母親の感情と行動を形作っている。環境は絶えず隠れたやり方で私たちをプログラミングしており、ときには一定の遺伝子を遮断したり呼び出したりする。

母親がもつ自然な可塑性に悪影響を与える、人間の生み出したプラスチックは、環境が私たちの遺伝子にどれだけ干渉する可能性をもつかというわかりやすい例のひとつで、その経緯は環境に漏れ出しているその他の化学物質に似ている（たとえば、ある殺虫剤にさらされている草原トビハツカネズミの母親は、自分の産んだ赤ちゃんを異常に食べたがる）。だが母親の毎日の食事に含まれているものさえ母親の化学的性質をめちゃくちゃにしてしまう可能性がある。ラットの場合、おそらく人間でも、脂肪分の多い食べ物を食べると母親の不安が高まることがあり、授乳中は縮むのがふつうの副腎がコレステロールのせいで拡大するためだと考えられている。朗報をあげるなら、魚をはじめとしたオメガ3脂肪酸の多い食品を食べると、産後うつを避けるのに役立つ可能性がある。

こうした化学的な危険と恩恵は実に驚くべきものだが、非常に深刻でありながら最も不可解で、ほとんど理解されていない、ある環境的な影響に比べれば、どれも霞んで見える。それは、ストレスだ。

最大のストレスとは?

ストレスを顕微鏡で見ることはできない。注射することも、ニラウエハースに混ぜて与えることもできない。また、送らなければならない礼状がたまっていたり感染症の流行を心配したりと、形も程度も実にさまざまだし、非常に個人的なものでもある。自分にとっては大きなイライラの原因でも、別の人にとってはまったく気にならないものかもしれない。あるママにとっての苦痛が、別のママにとっては普通のこともある。

とはいえ、ある種の極度なストレスは、母親に組み込まれた「戦うか、逃げるか」の対応システムを混乱させ、行動を変化させてしまう——ときには永久に。

環境ストレスは、哺乳動物の母親がまったく悪いところのない赤ちゃんを放棄することがある理由を説明するのに役立つ。母親にも必ずしも「悪い」点はない——少なくとも進化生物学者が書いた本ではそうだ。母親は自分の遺伝子を未来につなぐためにするべきことをして、また次の子どもたちを産んで子育てをできるように暮らしが向上するのを待っている。

環境の脅威にはさまざまな形のものがあり、たとえば栄養不足、捕食のような暴力行為、病気の蔓延などが、食物連鎖の最下位にいるか最上位にいるかにかかわらず、あらゆる哺乳動物の母親に襲いかかることがある。状況が悪化して立ち行かなくなると、オグロプレーリードッグの母親はただ立ち去るのみだ——子どもたちに背を向け、次に子どもが生まれるころには、その地の展望が明るくなっていることを期待しながら。10回の出産のうちおよそ1回の割合で、生まれた子どもたちがこうした単純明快な方法で放棄されている。

最悪の状況では百獣の王ライオンのメスさえ、弱々しい鳴き声を上げる子どもたちを置き去りにし、二度と振り返らない。

この本を読んでいる人間の母親の多くは、幸運にも哺乳動物の仲間たちが直面しているような身体的な苦境の一部には遭遇せずにすんでいる。だが人間には人間だけが対処すべきストレスもある。イェール大学子ども研究センターでは最近、コネティカット州の低所得の女性を苦しめるストレスの、最大の原因を探しはじめた——産後うつと最も一貫した相関関係をもつ環境要因を見つけようという試みだ。

この研究が見つけ出した危機は、存在に関わるものでも、生死に関わるものでもなく——オムツだった。1948年に生み出された使い捨てオムツを利用できないことが、貧困層の母親の精神的健康を蝕む、最も大きな要因であるとみなされた。それは食べるものに関する不安さえ超えていた。

私はこの結果を見たとき、はじめはわけがわからなかった。新米ママの脳はストレスに耐えられる特別仕様であることを確認したのではなかったか？　産後に母親のストレス系の働きが自動的に低下するのは、母体の大転換のあらわれだと考えていた。母親の外見は多少だらしなく見えるかもしれないが、母親の中身のほうは、他の人たちが取り乱す状況でも落ち着き払っていられる。私たち母親の浮き出た血管には冷水が流れているのだ。だから私たちは、竜巻がやってくれば車のシートをしっかり握り、野球のバットでクマを撃退し、地震のさなかに最初に目にとまったタクシーを呼び止める。

かつて私は、2番目の娘を出産して病院から戻った1週間ほどあとにソファーでウトウトしていたとき、ダイニングの天井から下がったシャンデリアが燃えているのに気づいても落ち着きはらっていた（将来の自分に向けたメモ——一部にボール紙が使われている照明器具を買ってはいけない——たとえバーゲンで安くなっていても）。ずっと前に専門家に教わった子育て教室の知恵などまったく思い浮かばなかった。なぜか私の身体が自然にソファーから跳ね起き、ダイニングの電気のスイッチを切り、ベーキングソーダを見つけて炎に振りかけ、煙が出なくなってから大急ぎで外に出て消防署に連絡した。

最近、アリゾナ州に住む母親が私よりずっと深刻な家の火災を経験したときのビデオクリップを目にした。私が見ているあいだにこの女性の世界が終わることに気づくと、なんとも後味の悪い心地がした。女性が幼い子どもをバルコニーの下で待ち受ける男性に投げ下ろしたとき、すでに燃えさかる炎が間近に迫っていた。その時点で女性の衣服には火がついていたというのに、心のなかにはもっと大切なものがあったらしく、まだ逃げられずにいたであろう娘を探しに炎のなかに飛び込んでいった。もちろんニュースが注目していたのは下で子どもをしっかり受け取った男性のほうだったが、その母親レイチェル・ロングは、二度と姿をあらわさなかった。

私たち母親は、たとえ火のなか水のなかの例え通りに、どんな災難にも大股で立ち向かっていく。

それなのに、もうおしまいだと降参してしまうことがある……オムツがないから？

母親を最も脅かすストレスは、ほとんどの場合、火事や地震のような出来事ではないことがわかっている。私たちは突然の大惨事には対応できるように作られているわけだ。母親の混乱を招くのは、そっと忍び寄り、長続きして、多くの場合は目に見えない問題ということになる。貧困。飢餓。オムツ。間違えてほしくない――母親はあらゆる種類の状況にうまく対応でき、現代の人間の母親が子どもを見放す限界点はとてもとても高く、考えられる限りの高さだ。だが、ほとんどの母親があきらめずにやり遂げる一方で、なかには行方知れずになる母親もいるだろう。

いつも強制された状態での子育ては、最も基本的な母親としての習慣を混乱させてしまう可能性がある。赤ちゃんを抱くとき左手で抱くのはほとんど本能的な傾向だという点を思い出してほしい。おそらく私たち人間の無意識の母性行動に最も近いものだろう。

だがある研究によれば、ストレスでイライラをつのらせた母親は、赤ちゃんを抱く腕を右に変える割合が高くなるようだ。

ストレスがたまると

神経科学者がラットの母親にストレスをかけたい場合、寝る場所を取り除いてしまうか、尻尾をもってぶら下げる。

ドイツのゲーテ大学のデイヴィッド・スラッタリーは、「拘束試験」と呼ばれているものを好んでいる。母親ラットを子どもたちから引き離し、プレキシガラスでできた細い円筒形の容器に閉じ込める方法で、そのなかでラットは周囲をよく見えるし息もできるが、ほとんど動くことができない。

これを行なうのは1回だけではない。同じ円筒形の容器に、何度も何度も繰り返して戻す。

母親ラットは、はじめのうちはその経験を忘れることができるようだ。だがこの無害でも神経に障る心理的ストレスを1日に1回ずつ繰り返して数週間後になると、母親ラットはもう前と同じ状態ではなくなってしまう。

たとえば、子どもたちのもとに戻るとストレスを受けていない母親ラットより30パーセントから40パーセント長く子どもの世話をし、オキシトシンの大量分泌によって自分のイラついた神経をなだめようとするかのように見える。

さらに、長期的にストレスを加えられたラットを迷路に入れると、母親特有の大胆な行動をまったく見せない。母親は本来ならば、それまでどのラットも行かなかった場所に勇敢に挑む。ストレス反応が抑えられているのに乗じて、迷路のなかで最も明るく、最も露出した道を一直線に進んだかと思うと、そこで自分にも子どもたちにも山ほどのおいしいおやつを手に入れることになる。

だがスラッタリーの実験対象になっている平常心を失った母親たちは、迷路の暗い隅っこで縮こまってしまう。大胆でも勇敢でもない。一度も出産したことのないメスのように弱々しく振る舞うばかりだ。

「これにはとても驚いた」と、スラッタリーは言う。「私たちは母親がもっとうまく対処できると思っていたが、そうではなかった。ストレスが大きすぎると、母親を守るために備わっているシステムが無力になってしまう」

ストレスを募らせた母親ラットの死後、その疲れきった脳をくまなく調べた研究者たちは、プレキシガラスの容器で過ごした不快な期間が母親の身体を蝕んだという驚くべき痕跡を見つけた。

たとえば、通常の母親ラットの場合、妊娠中は海馬が新しい脳細胞を作らない。記憶の発電所が一時的に動かなくなるのは哺乳動物の母親の大きな特徴で、人間の母親も同じく物覚えに問題が生じるのはそのせいだ。知り合ったばかりの気が合うママ友の名前を忘れる、スーパーに行く途中で買い物リストをなくす、といった話は新米ママの「あるある」にちがいない。こうした事例はおそらく適応のための交換条件のようなもので、その代わりに別の領域の脳回路（たとえば、急に心地よく感じる赤ちゃんの匂いを処理する嗅球など）が強化される。

ところが神経過敏になった母親ラットでは、「こうした通常の生理的変化が逆転する」と、スラッタリーは言う。そのような母親ラットの海馬は子どもを産んでいない状態とまったく同じに見える。ストレスを受けた母親ラットの脳組織ではさらに別の異常も見つかっており、たとえばオキシトシン生成量の減少に関係すると思われる遺伝子発現の変化などがある——だから子育てをしていて殺気立ってしまうのだろう。たとえばユキヒョウのように、囚われの身になると育児放棄をする野生動物がいることが知られており、ことによるとストレスに関連した神経性の変化のせいかもしれない。

慢性的に過度な負担を抱えた母親ラットは、ストレスがなくなった後も長いあいだ興奮状態のままで行動を続ける——たとえば、二度とプレキシガラスの容器に入ることがなくてもだ。ストレス系の力が増すにつれて、母性回路が恒久的に弱まってしまうのかもしれない。発達するはずの母親脳が思うように発達しない。「そのような母親の母性行動は、次の子どもを産むときになってもまだ、ふつうとは異なったままだ」と、タフツ大学のエリザベス・バーンズは言う。

ラットには医療費の重圧や家賃の滞納といったストレスの元はない。そこでダニエル・ストルゼンバーグは最近、大切にしている研究用母親ラットのケージを遠くのカリフォルニア自然保護区に移し、日照り続き、森林火災の煙、さらに威嚇するような野生シチメンチョウという、複合的な自然のストレス要因にさらされたらどうなるかを調べた。

彼女は、少々荒っぽいその研究の進行状況を尋ねられると、「誰かがカメラを食べてしまった」と、やや暗い表情で答えた。

ずっとケージの外を注視しているほうが簡単なこともある。

余分なカロリーとベビーブーム

母親にとって最も明白で昔からある環境ストレスは、実際には食べものの調達だろう。私たち哺乳動物の仲間の多くは、ノロジカからヒグマまで、そもそも適度な食べものが手に入る状態でなければ子どもを産むことさえない。生殖器官に「子宮陰窩」と呼ばれる貸金庫のような見事な構造があって、受精卵を仮死状態のまま隠しておくことができる。近くの藪にある木の実が熟すまで、または環境が別の点で自分たちの基準を満たすまで、妊娠を先に進めないようにするためだ。

人間の母親は、この便利な適応は果たしていない。それでも毎日のカロリーに余分がなければ、さもなければ腰回りにたっぷり脂肪を蓄えていなければ、子育てをしたり母乳を与えたりすることはできない――だから、母親はジーンズがきつく感じるくらいのほうが有望だと科学者は言うのだ。

こうした生物学的現実のせいで、とりわけ世界のなかでもまだその日暮らしを強いられている地域では、人間の母親は環境が伝えるヒントにとても敏感だ。ボリビアの種蒔きの季節には、女性たちが単純労働によってエネルギーの蓄えを使い果たしてしまい、農家の妻たちの妊娠損失〔流産・死産など〕はいつもの4倍に増える。エチオピアでは、収穫期を終えてからの時間が経つにつれて子育て中の母親の上腕の太さが少しずつ減り、その結果わずかなカロリーを余分に使えるようになって、ベビーブームを引き起こすことがある。たとえば農村の片隅に新しい配管システムを設置したところ、女性たちははるか遠くの井戸から歩いて水を運ぶエネルギーを使わずにすむようになり、赤ちゃんの数が増えた。

栄養状態のよい母親は、行動もよくなる。チーターの母親が空腹を満たされると、子どもたちに狩りを教える時間が長くなる。一方、空腹のままの哺乳動物の母親は義務を放棄する。カロリー制限のある食餌を与えられたメスヒツジは突然子ヒツジを放置することが多くなり、野外に出ると子ヒツジから遠く離れて歩きまわる。

空腹の母親は、捕食者から子を守ることさえ怠るようになるかもしれない。ある学術論文はこの現象を、まるでやる気のない母親が言っているような「コロンビアオジロジカの母親による防衛――いつならやる甲斐がある？」というタイトルで紹介している。研究チームはこれを確かめるために猟犬を雇い、母ジカと子ジカを追跡した。すると、そのときの母親の体調と手に入る食べものの量が、次に何が起きるかを決める要因のひとつになることがわかった。餌をたっぷり食べている母ジカは子ジカを体の下に隠し、一歩も引かずに敢然と立ちはだかり、ときには耳を後ろに引いて蹄を揺らしながら研究者の猟犬をあからさまに攻撃してみせた。

だが空腹の母親は、茂みのなかで怒ったように鼻をならしただけだった。

命取りのキス

すでにお気づきかもしれないが、空腹のように防ぐことができるものによってママと赤ちゃんの優しい関係が壊れてしまうといった研究を読むと、私は気弱になってしまう。だから台所にも食料品棚にもチョコチップパンケーキミックスを常備しているわけだが、人間の母親が苦境に陥ったときに子どもを見捨てざるをえない状況は、私には想像を絶するものだ。実際には想像したくないというのがほんとうのところで、それを理解するなどはもちろんできない。

それでもこうした恐怖は、さほど極端ではない苦境でも母親の行動を説明するのに役立つ。それは私たち母親が当然のことながら目をそらしているだけの、紛れもない事実なのだ。

ごく単純なレベルの母親の裏切りがどんなものかをこの目で確かめようと、私はコネティカット大学の動物行動研究室に、ほんのちょっとの時間だけ立ち寄ることにした。スティーブ・トランボは昆虫の子育てを研究しており、それはおそらく母性に関する最も基礎的な動物モデルだろう。子育てをする昆虫の母親はとても稀で、わかっている種のおよそ1パーセントにすぎない。それでも、ゴキブリとハサミムシをはじめとした数種類の虫たちは、私たち人間と大して変わりない神経化学物質を備えた、とても熱心な母親だ。

トランボが注目しているのはシデムシの母親で、シデムシは森床に落ちているネズミの死骸を利用してネバネバした肉団子のようなものを作り、近くの土に卵を産みつけると、赤ちゃんをその死骸で育てる。

トランボの研究室ではさまざまな作り方や腐敗状態のネズミの肉団子を用意して、タッパーウェアに保存している。彼がそのひとつを開けると、なんともいえない悪臭が漂った。彼は寄せ集めのバスケットボールチームの激しいぶつかり合いで、もう何年も前に嗅覚を失っているそうで、もちろんそれはこのときはじめて聞いた事実だ。私はブロンクス動物園の昆虫型メリーゴーランドには何度も乗ったことがあったのに、この瞬間には心の準備ができていなかったようだ。思わず、大きく後ずさりしてしまった。

それからまた別の、ほとんど真っ暗な部屋を案内してもらう。部屋にはシデムシがいっぱい飼われており、ドアの下の隙間は光が入らないように毛布でふさがれている。映画『羊たちの沈黙』の最後の場面を見たことがある人なら、この場所に少しだけ親近感が湧くかもしれない。

たぶんここは、母親がもつ闇の奥を見つけるには一番の場所なのだろう。
トランボと私は息をひそめて歩いた。シデムシは死んだネズミが放つ臭いを喜ぶ一方で、人間の息には耐えられない。ずんぐりして少し色の淡い赤ちゃんシデムシは、おくるみでしっかり包まれた、生まれたての人間の赤ちゃんを思わせた。じっと耳をすますと、母親シデムシは羽根で腹をこすって愛の歌を奏でており、どうやらよく太ってツルツルの赤ちゃんシデムシを呼び集めているようだ。「ほんとうに柔らかい音で、子守唄のようです」。そう囁いたトランボは、それから母親シデムシがわが子に餌を与える様子を見せてくれた。我を忘れたように触角をグルグル回しながら淡い色の幼虫を自分の口まで持ち上げ、キスをしているように見える。実際には液状にしたネズミの死骸を吐き出して、子どもの口に入れているのだが。

それでもときには母親のキスが命取りになり、クネクネした赤ちゃんを大きく開いた自分の顎のなかに、まるでフットロングサンドイッチをひと飲みにするように押し込んでしまうこともある。

トランボはもう、こうした恐ろしい共食いがいつ起きるかを、ほとんど習性のように察知できるようになっている。

「基本的には数学ですよ」と、彼は言う。「xグラムのネズミ1匹でy匹の赤ちゃんを育てられるんですから」。痩せたネズミの死骸にあたったシデムシの母親は、自分の子どもの数を減らすしかない。

「たぶん母親は子ども全部の世話はしないつもりなんです」。物思いにふけりながらそう話すトランボの目の先には、餌の入ったタッパウェアがあり、母親シデムシが回りじゅうに群がる赤ちゃんを遮るように、ミートボールの前に立ちはだかっていた。「おそらく一部は殺さなければいられないんでしょう」

私はもう胸に湧き上がるムカムカした感じが、あたりに漂うネズミの臭いのせいなのか、その話のせいなのか、わからなくなっていた。

フリーコママミクス

哺乳動物のなかにも、食糧不足をはじめ、バラ色の未来を思い描けない何らかの兆候を敏感に感じ、同じように共食いをする種がある。私がまだ子どものころに、私の寝室で赤ちゃんを産んだハムスターもそうだった。私の洋服ダンスの上はとりわけ期待できる環境とは思えなかったらしく、赤ちゃんを1匹ずつ順に食べては貴重なたんぱく質の投資分を取り戻していた。ときどき白っぽい皮のかけらが、わずかに残っていたのを思い出す（最近になってわが家の子どもたちの元に――サンタクロースから――ハムスターのクレメンタインが届いたとき、私がペットショップの店長を容赦なく問い詰めて店のハムスター飼育の慣習を聞き出し、出産経験がない保証のようなものを求めたのは、長いあいだ忘れることのできないこの出来事のせいだ）。

人間は甲虫やハムスターよりずっと複雑だし、今この文章を読んでいる人々の大半は、極端なダイエットを実行中でもない限り、カロリーコントロールされたミートボールばかりの生活へ激変することもないだろう。それでも母親の生物としての側面はまだ、饗宴や飢餓の経験に本能的に反応してしまう。先進世界では、それは不況や経済的打撃を意味し、大昔の不作のように母親の行動を変化させることがある。飢餓はあり得なくても、私たちの反応はまだ本能レベルのままだ。

私はこの普段気づくことのない試練を、フリーコマミクス（Freakomomics）〔一風変わった経済学という意味の造語のFrekonomicsに、母親のmomを重ねた造語――風変わりな母親経済学〕と考えるようになった。

経済学者はこれまで長いあいだ、出生率と経済は密接に関連していると考えてきた。住居費が平均で1万ドル上昇すると、家を借りている人の出生率が2パーセント下がる、といった具合だ（その逆にフラッキングブーム〔水圧破砕によるシェールガスとシェールオイルの掘削で地域経済が大いに潤った現象〕のように思いがけない好景気が訪れると、出生率は上がる）。これはほとんどが意識的な計画の結果ではなく、実際的な結果だ。今では、女性が経済的なストレスをはじめとした心理的ストレスを感じていると、子どもをほしいと思っていても妊娠しにくくなるのではないかと考える科学者もいる。そしてすでに妊娠している女性に経済的困難が降りかかった場合、まだ生まれていない子どもへの投資が、母親自身も気づかないうちに自動的に低下することがある。たとえば1995年から2009年までのデンマークの失業率の研究では、失業率の上昇が全国的な流産率の上昇と一致していた。それに対応して妊娠中絶率も上昇したが、一部の女性の身体は――差し迫った長期的な困窮を感じて――外部からの介入も意識的な選択もなしに妊娠を中断してしまったようだった。

「自分の決断と自分の生物的機能は別だとするこの考えは、区別が間違っています」と話すのは、この不気味な分野の最先端をいく専門家、カリフォルニア大学アーバイン校のティム・ブラックナーだ。

不気味に迫るつらい時期の脅威は、生まれてくる赤ちゃんにも影響を与える。２００５年に米国政府は、全国規模で軍事基地を閉鎖していく計画を発表した。それは一部の地域で最大20パーセントにのぼる地元失業率の上昇を招く計画だった。すると急に、該当する地域で赤ちゃんの早産が相次ぐようになり、それは母体が胎児に注ぐ資源を減らしている可能性を示していた（それよりいくぶん希望がもてるのは、新型コロナウイルスの蔓延が逆の現象を引き起こしたことだ――危険が去るまで人間として可能な限り出産を遅らせようと女性の身体ががんばったらしく、未熟児の数がかつてないほど減少したのだ。医師たちは驚いたが、私たち母親はおそらく大昔から、同じような離れ業を披露してきたのだろう）。

母親がストレスを受けると、赤ちゃんが小さくなっていく傾向もある。ある研究は、５００人のレイオフの発表によって地元病院で生まれる新生児の体重が約20グラム減少すると計算している。同様に、最近起きたサブプライムローン危機のあいだ、家を差し押さえられた母親が出産した赤ちゃんの体重は平均よりも軽かった。

ブラックナーは命に関わる母性行動を経済不振と関連づけるという、深刻な問題の論文をいくつか発表してきた。彼は、医学的に不可解な「突然死」とされる乳幼児突然死症候群（ＳＩＤＳ）には、多くの場合、明確な経済的要因があると確信している。カリフォルニア州で失業が急増すると、ＳＩＤＳによる死亡が予想水準を越え、その原因は母親がベビーベッドから枕などの安全でないものを取り除くことを怠り、医師の助言に反してうつ伏せに寝かせる傾向があるからではないかとしている。

実際、都市の経済状況が悪化すると、たとえば母親が入浴時にきちんと目を配らなかったり車の座席の安全を確認しなかったりと、あらゆる種類の突発的な原因で子どもの死亡が増加する。ブラックナーの計算によれば、カリフォルニア州のある都市の雇用率が1パーセント下がると、同じ月の「不慮の外傷による幼児死亡率」が8パーセント増加する。

「不慮の」という部分に注目してほしい。こうした研究をするブラックナーでも、アメリカのストレスで疲れきった母親が意図的に自分の子を無視するとは思っていない。そうではなく、このことは彼が「注意散漫仮説」と呼ぶものを裏づけていると同時に、経済的ストレスが高まると女性が早期乳がんのしこりを見つけにくくなる理由も説明すると考えている。単に心ここにあらずの状態で、面接の質問で頭がいっぱいだったり、暖房費の工面に悩んだりしているだけだ。新しいベビーシッターに子どもも椅子のベルトの締め方を教えるのを忘れてしまったかもしれない。期限が迫った求職申し込みの書類を夢中でアップロードしていて、子ども部屋の異様な静けさに気づかなかったのかもしれない。

この種のストレスは、母親なら誰でも知っているように、今お腹がいっぱいかすいているかとか、何らかのお金の当てがあるかないかとか、そういった単純な問題ではない。先行きの不安という恐ろしい経験であり、これからの食べものや給料がどこから手に入るかわからないという精神的ストレスは、母性行動を妨げるに十分なものなのだ。母親も赤ちゃんも結局は十分なカロリーを得られるとしても、関係ない。

1980年代と1990年代に、飼育下のマカクザルの母親を対象として、今では有名になった一連の実験が行なわれた。いつものサル用の餌を一定量与えるのではなく、中に昼食を隠してその上に木片をいっぱい載せた「採餌カート」を母親の前に置いたのだ。母親は車輪つきカートの側面にあいた穴から手を入れて、野生で暮らしているときと同じように、食べるものを自分で見つけなければならなかった。

採餌カートは2種類あった。一方は中身が豊富で、底のほうはサル用の餌でいっぱいだ。もう一方は中身が少ししかなく、サル用の餌は木片の下にうまく隠されている。後者にあたったサルが食べるものを見つけるには、もう一方のカートを与えられたサルより懸命に探す必要があった。

だが興味深いことに、子育ての意欲が著しく低下したのは、餌の少ないカートを与えられて余分な労力が必要になったサルではなかった（食べるものを巡って騒動が起きたものの、飢えたサルはいなかった）。それは2週間ごとに変わる予定表に沿って、両方の種類の採餌カートを予想できない方法で与えられた母親のほうだったのだ。ある日は大宴会、翌日は大恐慌という日々を過ごしたそれらの母親ザルたちは、動揺が収まらず、ストレスホルモンが25パーセント以上も増加して、すぐに子どもの世話を怠るようになってしまった。

「カロリー不足は生じなかったとはいえ、不足しているのかもしれないという認識が母親にはあった」と、こうした実験を現在まで続けているニューヨーク州立大学ダウンステートメディカルセンターのジェレミー・コプランは言う。

最も懸命に働いた母親たちは、一日がどんなものになるかを予想でき、労働が終わったときにそれまで放置せざるをえなかった子どもたちを抱きしめる時間を作ることができたが、2種類の採餌カートを与えられた母親たちはそうしたリズムを見つけることができなかった。こうしてストレスでイライラした母親たちは、採餌カートが置かれる場所の巡回で頭がいっぱいになり、赤ちゃんに対する愛情が目に見えるほど薄れ、赤ちゃんは細胞に損傷を受けるほどになった。こうした赤ん坊では、テロメアと呼ばれる染色体の末端にある構造が通常より短くなり、それはストレスおよび早期老化の兆候とされる。

このように、贅沢な暮らしから食べ物をあさるような暮らしへの変化は気力を大きく削ぐもので、「変化する採餌要求」と呼ばれる。

＊　　＊　　＊

変化する採餌要求の実験は、私にとっては身につまされるものだ。実際には、1987年のある朝の台所のテーブルにまで一気に連れ戻される。父は『ウォールストリートジャーナル』紙をじっと見つめていた。新聞の一面には、急速に下に向かう黒い線が見えた——株式市場の大暴落だ。降雨量でも心拍数でも、私は線の形が急落しているグラフを見ると、いつもあのブラックマンデーの光景を思い出してしまう。その日、株価は現在の価値にして5000ポイント下落した。

私の父はそれまでウォールストリートで活躍しており、その後いろいろな別の仕事につこうとしていたが、もう二度と収入を得ることはできなかった。私たち一家の暮らす場所は何年かのあいだに、ゴルフコース脇に建つ堂々としたレンガ造りの持ち家から、街で最も貧しい地域の団地型マンションの賃貸の部屋へと移った。私がもっている赤ちゃん人形のコレクション、それもプラスチックではなく磁器の肌をもったその人形たちは、二度と戻らなかった贅沢な暮らしの名残だ。家の前にベンツがとまり、クローゼットにミンクのコートがかかっていた日々は、ペーパータオルの配給を受ける状態へと一変した。

私の父はもともと建築家を目指し、線グラフと運命を共にするのではなく、線を引くことを望んでいた人だった。父と父の家系の親族には、それよりずっと前からうつの傾向があり、父が働かなくなった要因はたった1日の株式市場の暴落には収まらない、ずっと複雑なものだったのだ。それでもまだ子どもだった私の目には、父の心の健康は市場の急落の結果としか見えなかった。

その父は私が中学生のときに急逝したが、晩年はほとんどぼんやりと過ごすだけになっていた。すっかり太ってしまった体つきに、かつてはフットボールチームで活躍したクォーターバックで、高校時代は学校中で一番足の速い生徒だった時代の面影は、まったくなかった。もっとも実際には——なんとも不公平なことに——スポーツ奨学金で大学に行けるほどの父の遺伝子は、私を完全に飛ばして妹に伝わっている。

どっしりした体形にもかかわらず、父の足首は筋肉の筋が見えるほどほっそりしていて、まるでバッファローのようだった。

かつてブロック島で、あれは私たちが休暇で出かけた最後の家族旅行のときだったと記憶しているが、私がもっていた凧が風に飛ばされると、父はそれを追いかけた。大きな体の男性があれほど速く走るのを見るのは、ほんとうに壮観だった。まるで父が私たちのもとから飛び去ってしまうように思えた。

トラウマへの自己防衛

母親のストレスは、引き気味の子育てとなって表面化することもある。人類学者のロバート・クインランはさまざまなツールのひとつとして、こうした後ろ向きの気持ちを測定する悲しい尺度を利用している。それは母親と赤ちゃんが夜の睡眠のためにベッドに入るとき、母親が赤ちゃんからとる距離だ。たとえば、さまざまな病気が流行している場所では、わが子を完全に引き離さないでいる母親は眠るときに距離を置くかもしれない。その身体的な距離は、また同時に無関心の尺度なのだろう。

病気と同様、戦時中は心理的な隔たりが助長される。ガザの国境近くで、長年にわたって絶え間ないロケット攻撃の脅威にさらされて暮らしていたイスラエルの母親の脳に関する、興味深い研究がある。その研究によれば、該当地域の母親の脳では社会的交流および共感に関連する領域で活動が少なく、それらはどちらも育児に関わる領域だった。現実には、急激に起きる危機が慢性的なものに変わると、このような活動の低下を助長する。すでに見てきたように、母親は地震をはじめとした突発的に起きる自然災害にはうまく対応できる。だがあとになって、とりわけ元の暮らしに戻るまでに長い時間がかかった場合、子どもから遠ざかってしまうことがある。

中国の四川省をマグニチュード8の地震が襲って1年以上過ぎてから、妊娠中の女性たちが異常に高レベルのうつに苦しんだ。福島の原発事故のあとには、身体症状のない若い母親たちがとりわけメンタルヘルスの深刻な問題に直面した――実際のところ、放射性廃棄物の除去の仕事に携わった人たちを除けば、被災地域で最も精神的に苦しんだのは若い母親だったという別の分析もある。避難所で暮らす母親たちは授乳に苦労することが多く、ハリケーン・カトリーナのあとには異常な混沌のなかで打ちのめされた母親たちが苦難の時を過ごしたことで、何か月にもわたって乳児死亡率が急激に高まった。

さまざまな種類のトラウマを処理できないことによる影響が長引くと、母親と子どものあいだに不健全な距離が生まれてしまう。そしてそのような状態は、一生に一度という自然災害のあとや、どこか遠い国だけで起きているわけではない。日常生活のなかでトラウマを経験したことのあるアメリカの母親は多く、ほとんどの場合その数は表面化しない――たとえば、近隣での発砲事件、性的暴行、家族の死、家庭内暴力、慢性的なネグレクトなどだ。

「特別なことで生じるトラウマと、ありふれた暮らしで生じるトラウマがある」と、マサチューセッツ大学医学部のキム・ソヘは言う。「原因は戦争や暴行とは限らない。劇的とはまったく言えない原因もある――重要な人物、とりわけ世話をしてくれる人とのあいだに、情緒不安定の要因となる相互関係のパターンがわずかでも反復し、持続的に続く場合がそのひとつ」で、実の母親のほかにも、多くの人々がそのカテゴリーに含まれる。キムによれば、大人になった女性はセラピーや、家族との思いやりにあふれた会話、心の奥底の感情を表に出せるさまざまな内省の機会を通して、こうした苦しい過去の経験を語れるようになる。

ところがそのように考え直す機会がないままで過ごしていると、出産時に古傷が痛み出すかもしれない。過去をたどる遺伝子の寄せ集めのせいで、子どもの顔には不思議にもすでに世を去った人の面影が残り、ひいおばあちゃんのエクボや、ずっと前に死んだおじさんの顎を思い出させる。

私は今でも、私の父がテレビを見ている様子を目にできる。ソファーに座った長女の顔では父の目が輝き、ロッキングチェアに座る次女の顔では父の口が笑うからだ。

幼少期のトラウマは、それから何十年にもわたって母親の遺伝子の表現方法を変え、脳の構造を作り変えてしまう。キムたちは、一見ごく平凡で、きちんと子育てをしている中流のアメリカ人の母親数十人を研究の対象としたところ、過去にトラウマをもつ母親たちでは、自分の赤ちゃんの写真を注視しているときのｆＭＲＩスキャナーの画像で扁桃体が通常とは異なって見えた。扁桃体は、感情を処理するとともに関連のある環境のヒントを検知するために重要な場所だ。ここは、「この点が重要だ、注意を払う必要がある、と知らせてくれるところ」と、キムは言う。母親の扁桃体は、母親らしい本能的な反応の一部として、自分の赤ちゃんの悲しい顔を見たら反応するだろう。「それがとても重要なのは、赤ちゃんは困っているときに最も母親を必要とするからだ」

だが、トラウマを抱えた母親の脳は反応しなかった。キムによれば、「脳のその領域の働きが鈍っている」。

この鈍い神経活動は進化した自己防衛作用で、母親を自分が傷ついた記憶につながる感情から守るものだとキムは確信している。「たしかに、敏感な育児という観点からは問題だ。だが母親の生き残りには大きく貢献している……信じられないほどの適応になる」

だから、代償を強いられても目的を果たす。

＊　＊　＊

私にとって幸運なことに、私たちから母が離れていくことはなかった。父が病に倒れたとき、母は私たちの世界が消えてなくなる前に安定をもたらす方法を見つけてくれた。母はそれまで7年間にわたり――つまり私が生まれてからずっと――家庭にとどまっていたが、教師の仕事を見つけた。母親というものは子どもとの交流を楽しめるから――母性本能があるなど――みなよい教師になると考えられているが、私の母は降雪の予報が出ると学校が休みになる「スノーデイ」を大喜びしたような人だったから、そうとは限らないことはわかっていた。6年生のクラスに打ち込んでいたものの、掲示板への書き込みと前置詞ドリルに大忙しのその仕事に母が見出していたのは、スケジュールが前もってはっきりわかるうえに給料が高いという、不安定な家計への解決策だった。

だが私たち一家の場合は教師の給料だけでは損失をすっかり賄うには不十分だったから、母は新聞配達の仕事もし、毎朝4時に起きてまだ生徒の親がひとりも目を覚まさないうちに、『ニューヨークタイムズ』紙を町じゅうの家のポストに配っていた。

母のこうした行動は私と妹への愛情から出ていた一方、私たちはそのことをきちんと理解しているわけではなかった。それを当然のこととしてとらえ、母をただ信頼していたのは、おそらく生まれてからずっと両親に愛されていた証だったのだろう。それでも今、大人になって考えてみると、別の道を歩んだ可能性、別の自己を確立していた可能性もあり、その結果は今よりずっと不安定な自己になっていたかもしれない。

その昔、私たち一家がまだ大きなレンガ造りの家に住んでいながら事態がすでに悪化していたころ、母は真夜中に足音で目を覚ました。するとまもなく階下で大きなくしゃみが聞こえた。その豪奢な家には、以前に泥棒が入ったことがある。母は、警察が到着して家宅侵入者に対応してくれるまでおびえながら隠れているような人ではなく、その代わりに、今では母性本能とされているものに支配された。母がこの本能をもっているからには、私たちに危害が及ぶことはなかった。

母は階段のところまで大股で歩み出ると、大声で叫んだ。

「わたしの家から出ていきなさい！」

何度も何度もそう叫びながら、空っぽの洗濯物かごを階段の手すりに投げつけて、怒りを強調した。哀れな泥棒に同情が集まる前に伝えておくと、泥棒は、夢中歩行していた私だった。警察官が手にした懐中電灯のぼんやりした光の輪が、私の最初の記憶だ。

貧困と扁桃体

私の母は生まれつき粘り強さと問題解決能力に恵まれていただけでなく、もちろん社会経済的背景と大学で取得した学位の影響も受けていた。貧しい母親は一般的に、借金せずに教師の資格をとることは難しい。そして母親の苦闘を生み出す危険因子はほとんどすべて、貧困にあえぐ母親で高くなっている。経済的に貧しい母親では、出産年齢が低く（「今を逃せば二度とない」という生活戦略は、それ自体が不安定な環境に対する反応だ）、帝王切開の割合が高く、母乳育児の割合が低く、内分泌攪乱物質（環境ホルモン）などの汚染物質への暴露の割合が高い――そうした物質は、近隣のごみ投棄場やプラスチック容器入り食品から日常の飲食物に入り込む。

貧しい母親は、子どものときに低水準の世話しかされずに育ち、過去のトラウマを背負って生きている割合が高い。そうした母親が産む赤ちゃんは低体重の傾向があり、またそれに関連する内科的問題をもつ割合も増える。また、産後うつの治療を受ける可能性が倍増する。

ただ狭い場所に数多くの家族が暮らしている状態だけでも、母親の子どもに対する反応が鈍ることがある。ゴキブリがはびこるという単純な環境要因でも、女性がうつになるリスクが3倍に増える。その上、すでに慢性的なストレスを抱えている低所得の母親は、千差万別の急激で予期せぬ大きな変化に直面すると、より傷つきやすい。そうした母親は、質の悪い住宅ローンでがんじがらめになっていたり、洪水危険地域から抜け出せないでいたりする。その収入は経済の動揺があると最初に低迷する。明日の見通しが最も立ちにくい暮らしを余儀なくされているのだ。

予想がつくことだが、貧困とそのストレスは母親の脳そのものに大きな打撃を与えることがある——母性行動に対する貧困の影響を専門に研究しているデンバー大学のピルヨン・キムの研究は、そう示唆している。長いあいだ忘れられていた母親のトラウマと同様、扁桃体に変則的な活動を引き起こすのだ——ところが、トラウマを抱えた中流階級の母親の場合のように活動が鈍るのではなく、貧しい母親の扁桃体は過活動に見えることが多く、動揺した赤ちゃんを見ると平均より活発に活動し、ストレス・システムが高速に切り替わることが脳スキャンでわかる。

子どもの悲しみによって大きく刺激されるのは、一種の感情的選別だろう。「もし私の環境が不安定で、予測のつかないものであれば、自分の子どもを守る方法として、笑顔より泣き声といった苦痛の合図により多くの注意を払うのは理に適っている」と、キムは言っている。

貧しい母親のすべてがこのような変化を見せるわけではないし、また貧しい母親の脳と中流階級の母親の脳の相違は、けっして過去の優生学者が仮定したような生来のものではない。実際にはその正反対で、このような身体的な相違は、私たちの物質的な環境がいかに母親の生物学的側面を形成するか、貧困が母親の心身の脅威になり得るかの明らかな例になる。キムは次のように言う。

「誰にでもストレスはある。ストレスの元は貧しい暮らしとは限らない。それでも社会経済的により高い位置にいる人々では、複数の要因を同時に経験することはめったになくなる。貧困な環境で暮らす母親と面談すると、そういった母親たちが新生児のストレスにどのように対応するのか、想像もつかない」

総合的に考えると、オムツが手に入るかどうかによってアメリカの母親の健全さが左右されても、それほど驚くにはあたらないようだ。

男の子のほうが生まれやすい状況

ストレス要因を抑制したり免れたりできない母親の行動は、また別のところにもあらわれる。無気力や無神経になるのではなく戦略的になり、自分自身と生まれくる子どもの両方が加わるわかりにくい方法を使って、出産を準備するのだ。母親の科学にときに潜む、いや、最適な母性行動を定義するという考えそのものに潜む暗黙の判断は、必ずしもこの可能性を考慮していないだろう。

おそらく最も興味深い例は、過度な負担を負った母親が無意識のうちに、だが幾分かは計算づくで進める、男の子を産むか女の子を産むかの「決断」だ。

ちょっと待って、という声が聞こえてきそうだ。赤ちゃんの性別を決めるのは父親の精子ではなかった？　私も中学の生物の時間に習ったもの！　たしかに、母親の卵子が赤ちゃんのX染色体に寄与する一方で、父親の最速の精子がXとYのどちらをもっているかは、およそ五分五分の確率だ。

だが、それで話が終わるわけではない。受精後、母親の身体は受精卵の多くを破棄してしまう。この隠された選別に胎児の性別が影響を与えているらしく、環境からの合図に応じて男の子または女の子に、より安全な隠れ場所を用意することになる。

将来の見通しが明るく、母親にストレスがなくて整った状況にあれば、一部の進化生物学者によると、その体は息子を優遇する準備を整える。男の子のほうが体が大きい反面、虚弱で、妊娠の負担も重い。だがのちには——少なくとも時代がよければ——強くたくましく成長して幅広く求愛し、たくさんの孫たちの父親になれるから、進化上の利益をもたらしてくれる可能性がある。

その一方、母親の世界が不安定であれば、女の赤ちゃんのほうが賢い選択になるかもしれない。女の子の場合は身体的にもエネルギーの点でも前もって必要な負担がより少なく、娘はカサノバやジャガーのように子だくさんとはいかないかもしれないが、困難な環境状況にあっても何人かの孫を産んでくれる可能性が高くなる。

私のように数世代にわたる女系家族の一員であることは、必ずしも偶然とは限らないのかもしれない。トリヴァース＝ウィラード仮説と呼ばれるこの進化上の暗号解読は、まだいくぶんかの物議をかもしており、母親一人ひとりのレベルに当てはまるものではない。個々の母親に目を向ければ、どう見てもストレスを抱えた女性の多くが男の子をもち、落ち着いた暮らしをしている女性の多くが女の子をもっている。結局のところ、世界には男女がおよそ半分ずつ暮らしているわけだ。

だが、大規模な集団を細かく調べてみると、この仮説は当を得ている可能性があることがわかる。コロンビア大学がさまざまな程度のストレスをもつ２００人の新米ママを調べた最近の研究によれば、感情的にも身体的にも最も限界に近かった女性の約70パーセントがやがて女の子を産んだ。最近のアメリカ人の出産４８００万例を分析したコロンビア大学の別のグループによる異なる分析では、既婚で教育程度の高い女性は男の子を産む割合が高かった。さらに、並外れて裕福な環境にいる女性、なかでも億万長者の妻たちを見ると、およそ60パーセントの確率で男の跡継ぎを産むと期待できる。これらのパターンは出産をはるかに越えて子どもの将来まで推測できるもので、経済的に貧しい両親は娘により多く投資し、豊かな両親は息子により多く投資する。その尺度は小学生時代のランドセルに費やす金額から（貧しい家庭は娘に、奮発してより華やかな品を買い与えているように見える）学士号以上の学位まで（裕福な家庭の息子たちはその姉妹よりも多くの学位を取得するようだ）、広範囲にわたる。

もちろん、ストレスというものは非常に主観的なもので、人間は基準となるレベルに慣れてしまう傾向がある。そこで科学者たちは、幅広い社会階級に属する女性に影響を与える大小さまざまな環境的変化も研究したいと考えている。たとえば不況のさなかには、男女にかける費用のパターンが一部変化するように見え、家族は急に特定の品目に普段より多くの金額を支払って娘への投資を増やす。具体的には女児用の衣服などで、前より金銭的に苦しくなっているのに、支払額は多くなる。一方、そのような時期には男児は帝王切開で生まれる割合が高まり、胎児仮死のレベルが高まることを示している。

あるいは、結局生まれないこともある。9・11以降、科学者たちはマンハッタン地区での出産で女児の割合が増えたのに気づき、当初は島の大半を覆った有毒の粉塵に原因を求めた。それはたしかに、より脆弱な男児の胎児を狙い撃ちにした要因だったかもしれない。

ところが、生まれてくる男児の減少は遠くカリフォルニアでも見られ、単にテレビで恐ろしい場面を目にした母親が影響を受けたことが明らかになった。ストレスだけで十分に有毒だったわけだ。おそらく類似した理由で、２０１５年の血なまぐさいパリ同時多発テロ事件後の緊張に影響され、フランスでは女児出産の割合が大幅に増えた。詳しい分析によれば、こうしたストレスに満ちた時期に生まれる男児の胎児は、出産に至らなかった仲間に比べて、健康および認識力テストの結果が著しく高いことがある——まるでその男児たちが、どうにかして多くの試練を受ける資質を備えているかのようだ。

たとえば寄生虫感染地域や大気汚染の激しい場所で暮らしている、あるいは季節外れに暑いまたは寒い気候のときに妊娠したというような、わずかなストレス要因でさえ、女性が男児を産む確率を少し下げる。それならば、体重をまた30キロも増やしたくないという理由だけで朝食を抜いたなら、おそらくその行為は自分の体に対して、周辺の資源が先細りになっているという誤った信号の役割を果たすから、古くからあるストレスの圧力を強めてしまうのかもしれない。

子どもの気性を母乳で左右する

だが、さらに奇妙なこともある。ストレスを受けた母親は、環境の合図に合わせて胎児の性別を決めているだけではない。母親は自分の子の気性を作りあげるためにも、さまざまな手段を繰り出すことができる。すでに述べたように、私たちはどんなにがんばっても自分の子どもの人格を変えることはできないが、それでも意図せずに潜在意識に従って子どもの性質を変化させ、子どもを優しい世界または過酷な世界に合わせているのかもしれない。

ラットの場合は、すでに見てきたように、そうやって子どもを変化させるのは体に触れる産後の作業で、母親が赤ちゃんをどれだけ多く「舐めて身づくろいする」かによっている。私たちは当然ながら、あまり舐めてもらえないラットの赤ちゃんを少し可愛そうに感じる。そのラットは、私たち人間が抱く現代の感傷的な理想に近い母親には育たないかもしれない。だがそれらの赤ちゃんは、闘うか逃げるかのシステムに起きる遺伝子レベルの変化を通して、とりわけストレスの多い環境で生き残れるように適応を果たしていくだろう。

哺乳動物の場合は母乳が、もうひとつの隠密ママ流儀の影響を与えることがある。霊長類の母乳では栄養とホルモンの含有量が変化し、ソーダ水売り場の売り子がいろいろなノズルをひねるように、母親は環境シグナルに合わせてさまざまに異なる種類の母乳を作ることができる。このように3時間ごとに与える乳製品の中身を通して、子どもの成長パターンと性格に影響を及ぼしているわけだ。

これは「授乳プログラミング」と呼ばれる。母乳にコルチゾールのような子どものストレスホルモンを余分に加えると、「より神経質で大胆さが足りない」赤ちゃんになり、厄介ごとへの備えになる。サルの場合、このようにコルチゾールが多い赤ちゃんは異常に速く育ち、こうして社会探検の経験より成長を「優先」させるのは、おそらく友好的ではない近隣のサルに勝つ確率を上げるためだろう。

これと同じことが人間に言えるかどうかは、あまりはっきりしていない。だが人間を対象としたある研究は、子どもの気性と母乳に含まれるストレスホルモンを結びつけている。そして、「隠れた才能研究室」と呼ばれるものを率いているユタ大学のブルース・エリスをはじめとした一部の科学者によれば、ストレスに適応した子どもたちは、わが国の荒んだ地域のような地球上の危険な場所で成功するのに適した素質を身につけているかもしれないと言う。母親は自分が危険な場所にいることに気づくと——たとえば、脳は泣き叫ぶ子どもの声に過剰反応または過小反応をして、動作は厳しくよそよそしいものになり、母乳にはコルチゾールがあふれて——おそらくその子のために、絶対的愛情のこもった最良の手段を行使するのかもしれない。

「そのような母親の行動は、必ずしも悪いものではない」と、タフツ大学のエリザベス・バーンズは説明する。「それは、不適切な環境に対応した適切な行動なのだ」

甘やかされた上位中流《アッパーミドル》階級の「繊細で傷つきやすい子ども」の場合はおそらく、ちやほやする母親の脳がいつでもわかりやすい「反応のしかた」を受け渡しており、現実世界の貧しい子どもに見られる個性を得るチャンスはなさそうだ。

私はエミリーから新しい心臓ができた気がすると聞いて以来、別の母親が同じ例えを使うのを何度も耳にしてきた——子どもは2つ目の心臓で、母親の体の外でハイハイし、次によちよち歩き、それから三輪車、そしてローラーブレードに乗って動きまわることができる。たしかに道はいつもデコボコだ。だがもし、母親の体の外の世界が地雷や性犯罪者であふれかえっているとしたら？　あたりを動くその無防備で小さな器官を、どんな手を使ってでも強くしようと必死に努力するのではないだろうか？　母親は自分の人生経験を映す子どもを作り出す。そしてその子どもが今度は母親の形を変え続け、そのフィードバックループは強固なものになっていく。

貧しい母親の環境に対する反応は、ただ無難というだけのものではないのだろう――それは賢いやり方なのかもしれない。

「状況から切り離した『よい子育て』『悪い子育て』という考えは、まったく不合理なものだ」と、エリスとその同僚たちは書いている。「むしろ、育児に多大な努力を傾けるか、あまり努力をしないかの戦略は、条件次第で決まると言える。つまり、異なる社会経済条件には、異なる戦略が見合う」

＊　＊　＊

エリスはここに新しく「社会」という語を滑り込ませた。というのも、自然の危機と人為的な危機であふれた広い世界が明らかに母親を形成する一方で、私たちを取り巻いている仲間の人間たちが生み出すネットワークが、おそらくすべての母親の力の「母」なのだろう。

私がこのことに気づいたのは、科学専門誌や書籍を読んだからではない。身をもって経験し、知ったことだ。

第9章 社会的なつながり

孤独のなかで

4人目の子がお腹のなかではじめて私を蹴ったとき、微かではあったがたしかな振動を感じた。その瞬間、私は子どもたちが靴屋でもらってきた風船を何度でも空中に打ち上げていた光景を思い出し、胎児がその風船のように思えたのだった。さらに私が立ち上がったり腰をかけたりするたびに、ゲップのように胃から吹き出すものを感じた。

こうして今回の妊娠もいつものように進んでいった。まだ24週にしかなっていないが、帝王切開が予定されているおかげで、何か月も先なのにもう誕生日の予定がカレンダーに記入されている。それにもう何度も手術を経験しているから、いろいろ奇妙なものに心を奪われることもなく、たとえば巨大な「出産ボール」を、すでに荷物でいっぱいのミニバン後部に押し込む必要もない。とりわけ私は母性本能の本質的な事実をすでに知っているので、医師たちがきちんと仕事をしてくれるのを待つだけ、本能とホルモン受容体があとはうまくやってくれるはず、新生児をこの腕に抱けば、あとはまたすべてが元通りになるはずと、自信をもつことができるのだ。

だが前回は、そうはいかなかった。

3人目を妊娠したのは、夫も私もまさに人生の絶頂期にいると言っても過言ではない時期だった。ふたりとも仕事が思っていたより順調で、ワシントンDCのこぢんまりしたテラスハウスを売ってコネティカットの素敵な郊外に引っ越すという、いささか唐突な決断を下したばかりのときでもあった。それまでの住まいは、私たちに加えて元気いっぱいの未就学児ふたりが暮らすにはどんどん手狭になっていたところで相場が奇跡的に上がっており、一方の引っ越し先は私が生まれた家から数キロの距離にある、牧歌的で年代物の農家だった。私たちは投資家ではなくジャーナリストだから、大邸宅というわけにはいかなかったが、まあそう言えなくもない家ではあった――ほんとうのことを言うと、また大きな家に戻り、自分の子どもたちに想像できる限りすべての物質的快適さを与え、私たち家族の転落を見ていたすべての人たちがよく見える場所で子どもたちを育てるというのが、私の生涯をかけた目標でもあった。

私はこの家がほしくてたまらなかったから、家屋調査士が長い時間をかけてじっくり調べてまわり、何度も意味ありげな沈黙を保っても、気が変わることはなかった。あちこちの柱が腐っているのを目にしても、夫が調査士に導かれて庭にある緑のトンネルをくぐると、茂みがサンルームを覆い隠すほどに育ちすぎていても、だ。これまでの所有者たちは――そう言えば、みんな実際に投資家だった——明らかにこの家でゆっくりと財政的な終焉を迎え、母なる自然はそれなりの役割を果たし、ときにはそれ以上の仕事をしていた。だがそんな事実さえも、私たちにとってはロマンチックな話に思えた。

そして3人目の赤ちゃんは、私たちの完璧な計画の頂点を飾る存在になった。しかも、その時点ではまだわからなかったが、この新人は私たち家族にとってはじめての男の子だ。科学的に考えれば、私のなかで育ちつつあったこの男の子は、私たち相互の環境と将来の約束に対して私の体が投じたかすかな信任投票だったのかもしれない。

そして、あのガタガタの家の検査が終わって契約を結んだわずか数日後、陽性になった妊娠検査薬のスティックを私が誇らしげに見せたその朝、夫の首に小さくて赤い塊が見つかった。

地元の応急治療所で腫物はただの「おでき」と診断され、まもなく消えたのだが、その後の症状は消えなかった。3か月にわたって痛みと不眠の波状攻撃、さらに心臓発作の幻影が続き、医師の診察を受けたり緊急治療室に駆け込んだりを10回以上繰り返してもまだ、原因を突き止めることはできなかった。心臓専門医、胃腸科専門医、神経科医、リウマチ専門医も、ただ肩をすくめるばかり。精神科医が少し具体的な考えを示したが、その処方薬に効果はなかった。その代わりに、かつては陽気でいつも楽天的だった私のパートナーは——家で子どもたちに子守唄を歌う役目と足指の爪切り係を一手に引き受けていた人材、私の生涯の伴侶へと変身した高校時代のディベート大会の対戦相手は——私の目の前でみるみる痩せ衰え、20キロ近く体重を失う一方で新しい性格を身につけた。いつもピリピリして、痛みに耐え、涙ぐんで過ごすようになったのだ。

私は傷つきやすい妊婦として、こうした試練によく耐えた。はじめての出産ではなかったから、母親に必要な備えはほとんど揃っていた。経済的な不安はなく（ただし、私たちの「農場」の費用がかさみ、夫の働く力が弱まるにつれ、毎日少しずつ不安が増してはいたが）、教育を受け、ベビーシッターの経験も母乳育児の経験も積み、いつも愛情いっぱいの優しい母親に育てられ、健康に恵まれ、可愛い2人の娘もいた。幸せな結婚をして、35歳という十分な年齢でもあった。

それでも私は、周産期の気分障害に陥る隠れた危険因子をいくつかもっていた。たとえば、私の遺伝子のどこか奥深くにはメンタルヘルスの問題を抱えた家系の影響が潜み、子ども時代の中くらいのトラウマを抱え（なかでも父親が早く世を去った印象は強く）、帝王切開による出産が定番化してもいた。そして今回も、麻酔薬の不足と産後の激痛という予期せぬ問題が起きるかもしれない。

私が3人目を妊娠していた時点では、まだこうした研究は発表されてはいなかったが、とくに3人目の出産によって母親の精神的苦悩がわずかに増大するらしく、なかでも生まれた赤ちゃんの性別が上の2人と異なる場合にその傾向が強い。そしてともかく男の子をもつだけで、母親のうつのリスクは着実に上昇する。

だが私の母性行動に対する最も差し迫った脅威は、私自身の脳と体を超えた要因に関係していた。私の場合、環境が激変した要因は地震でも台風でも戦争でも、過酷な貧困でもなかった。私の世界は別の人間の動揺によって、そして正式には「社会的支援」と呼ばれているものの激変によって、大きく揺さぶられていたのだった。

上の2人の娘を出産したときには、大きな安心感に包まれていた。なんといっても同じような経験をしている信頼できる長年の友人たちに囲まれ、いつでもすぐにベン&ジェリーズのアイスクリームを運んできてくれる夫に面倒を見てもらっていたのだ。

だが今回は、今にも崩れそうな石積みの横に建つ古びた新居で暮らし、まったくの孤独のなかにいた。

欠かせない共同の世話

哺乳動物の母親の行動は共同社会の文脈で語られる——ときには定義さえされる。つまり、近くにいる同じ種の動物たちとの関係性が注目されるわけだ。これはとりわけ人間の場合に言えることで、私たちは共同の世話を必要とするように進化してきた。社会的支援の不足と周産期のうつのあいだには、密接な関係がある。

コロンビア大学での研究によれば、妊娠中の女性に対する支援体制の充実度が、あらゆる理由から、その女性のメンタルヘルスの予測変数になる。出産直後の母親にとっては、周囲の人たちからの物理的な手助け(空っぽの冷蔵庫に親切なお隣さんがそっと入れてくれる香ばしいチキンポットパイとか)、実際的な助言(私のはじめての出産前に肌着は2枚以上買っておいたほうがよいと教えてくれた母親の物知り顔のアドバイスとか)、より漠然とした感情的な励ましなどが、大きな支えになる。

親密な関係を生み出す最後のひとつは——手短に、これを愛と呼ぶことにしよう——最も理解されていないが、おそらく最も重要なものだ。多くの友人や家族は、いるだけで元気の源になり、妊娠期間全般にわたって母親の血圧を下げるとともに胎盤の働きを最適な状態に保つ役割を果たせる。また出産時にも、支援を受けてきた母親の陣痛は軽く、帝王切開の割合も低くなる傾向がある。産後は疲労感が少なく、母乳育児に成功する割合が高まる。

一方、社会的支援は養母にとっても同じように重要だ。養母は実際に妊娠するわけではないものの、子を受け入れたあとの母親としての幸福と適性は、赤ちゃんが手元にやってくる前に受ける励ましの大きさにかかっているとも言える。

ある程度まで、チアリーダーが誰であってもそれほど大きな違いはない。たとえば有料の訪問看護師のように身内以外の人がときどき妊婦の家庭を訪れるだけでも、産後に母親として健闘できることが多く、子を虐待する割合も減る。出産時にプロのドゥーラ（出産アドバイザー）に立ち会ってもらった女性は、はじめから赤ちゃんに対して「よりよく気を配り、敏感に対応する」ようになる。

だが妊娠中の女性の毎日の暮らしでは、予想にたがわず特定の人たち――パートナー、両親、親しい友人たち――が、母親としての成功に欠くことのできない役割を果たすことがわかっている。

私の3人目の赤ちゃんがお腹のなかで日に日に自己主張を強めるなか、それまでの2回の妊娠中に私が頼りにしていた人たちは姿を消していた。第1に、夫は事実上いないも同然だった。同じ家で暮らし、まだガランとしたままの古びた農家の部屋をあちこち歩きまわってはいたが、知性も感性もどこかに置き忘れたままだった。もしかしたら、私たちがそれまでがむしゃらに上昇志向の道を進んでいたことで、過度のストレスがたまり、とうとう踏みつぶされたレゴのように壊れてしまったのかもしれない。あるいは、手のかかる赤ちゃん軍団のためにと私が抱いた大きな夢とどん欲な要求が、夫を壊してしまったのかもしれない。それとも私とは無関係に、夫の体内にある目に見えない何らかの遺伝子的欠陥が、今まさに作動したのだろうか。ともかくも、おそろしい身体的な病気か、何かよくわからない精神的な動揺によって、消耗しきっているように見えた——私は子ども時代の経験から、精神的動揺のほうがましだとは思えなかった。

新しい家には窓枠のペンキを塗り直して閉じられたままの窓がたくさんあり、その窓の古びて波打ったガラス越しに夫の姿を見ながら、私は家族歴がどんなふうに繰り返されるかを考えないようにしていた。

家族で遠く北に向けて引っ越した週に、私はワシントンDCの仲良しグループとも一挙にさよならしていた。週1回は欠かさずみんなで集まり、コーヒーや特大チョコチップクッキーを手におしゃべりをした親しいママ友たちだった。そうそう、その少し前には、長年携わっていた雑誌の仕事もやめた。温厚な地域社会の話題から手を引いて独立し、ひとりで部屋にこもって本を書くためだ。

奇妙なことに、こうしてあっという間に私を包み込んだ絶望から、私は喜劇オペラ『魔笛』の一場面を思い浮かべた。私は特に熱心なオペラファンというわけではないが、もう何十年も前に小学校の音楽の先生が、留守中に3年生はこのオペラを見るようにとビデオを用意してくれていた。その映像が私の記憶に焼きついているのだから、先生が留守になる機会は多かったにちがいない。

濃紺のドレスに身を包んだ夜の女王が舞台にゆっくり歩み出ると、キラキラと星の光る長いドレスがゆったりと伸び、たなびき、膨らんでいく。3年生の私は歌が終わるのを待つばかりだったが、やがて女王のドレスはほんとうは無限に続いていて、この怒り狂う女王は真夜中の空そのもので、身のすくむようなドイツ語で声を限りにこう叫んでいることを知った。

ああ、恐れなくてもよいのです、可愛いわが息子よ！
あなたは無邪気で、賢く、健気です
あなたのような若者が
この深く傷ついた母の心を慰めることができるのです

3回目の出産の前後数か月のあいだ、新しい家のことで泣いたり叫んだりしながら、そしてわびしく寝室の天井を見つめながら、これは2人の幼い娘たちが――そして以前に長いことじっと目をさましたままでいた「可愛いわが息子」が――私を見て感じている姿にちがいないと気づいた。真昼にも登場できる果てしない夜の女王のようなもの、星の代わりに涙を光らせた、生きた空洞だ。

おもにラットの脳の解剖で得た知見に基づく科学分野が、こうした人間独特の苦悩を探ることなどできるのだろうか。そもそもその研究に手をつけることさえ可能なのか。このような苦悩はひとりの母親のひとつの経験と生化学から生じているわけではなく、母親を取り巻く複雑でつねに変化する社会環境から生じているのだ。

実際には、研究室にいるラットの母親さえ社会的な変化に対してとても敏感で、自分ひとりだけではなく実の姉妹といっしょに子育てをできると、振る舞いがよくなる。

だが、たったひとりの悩める母親の心の複雑さを探るために何人もの研究者たちが、人間とほとんど同じように群れで暮らす動物モデルに注目している。

地位が高いか、低いか

私は実験用の白衣を身につけ、デイケアの訪問者が求められるように使い捨てのカバーで靴を覆った姿で、埃っぽいシミアン通りの端に立って待っていた。

まもなく、カリフォルニア大学デービス校カリフォルニア国立霊長類研究センターの科学者エリン・キナリーがやって来て、車のドアを開けた。車内は信じられないほど清潔で、彼女の4歳の子どものチャイルドシートにもお菓子のかけらひとつ落ちていない。

「もちろん、あなたが来る前に掃除したんですよ。さあ、乗ってください！」と、キナリーが言った。

向かった先は屋外コロニーで、自然を模したいくつもの飼育場でアカゲザルが暮らしている。ひとつの囲いのなかに最大150頭のサルがいて、その多くは母親とその子どもたちだ。

私たちの車はゆっくりと、それぞれの広さが約4000平方メートルもある10以上の囲いを通りすぎていく。赤ちゃんザルが、まるで目に見えないそよ風に吹かれているように空中を歩く。そのうちの1匹が支柱を滑り下りながら、昔の消防士のような身振りで力を誇示すると、地上では親たちが小競り合いをし、唇を鳴らし、大声で叫んだ。

囲いのなかには、プラスチック製の滑り台やシーソーなど、人間の公園から回収された遊具のほかに、丸太やジオデシックドームまでが所狭しと配置されている。そのてっぺんからぶら下がっている樽のなかに、サルがいっぱい集まっていた。

こうして高い社会性と知能をもつ動物であっても、キナリーによればサルには「自分だけの時間も必要」だから、それぞれの住処にはサルたちが仲間内の高い緊張から逃れられるように、保護された場所が用意されている。キナリーはこう話す。

「これは人間の実態の、じつにすぐれたモデルなのです。サルは遺伝子的に私たちと近い関係にあり、とても繊細な社会生活を営みます。それぞれの群れは独自の小さな世界のようなもので、サルたちを理解しようとするなら、1匹ごとの性格、群れのデモグラフィック（群れを形成する個体の年齢、性別、家族構成など）、対立の頻度、乱暴なボスがいるかどうかを考慮に入れなければなりません」

アカゲザルも含まれるマカク属のサルは厳格な階級制と上下関係をもつことから、「専制主義的な種」（私はこの言葉から、横暴な人間の幼児を思い出してしまうが）と呼ばれている。だがサルの女王には浮き沈みがあって、サルの社会での相互関係は複雑で動的だ。ひとつの群れの目まぐるしく変わる社会構造を図式化するために、この施設の霊長類研究者たちは最近、3人の統計物理学者の支援を求めたほどだ。

そして社会的地位の低下、軋轢、脱落のあらゆる情報から、母親1匹ごとの行動が明らかにされる。

私たちはひとつの飼育場の前に車を停めた。ここはこの霊長類研究センターの「OK牧場」で、無法者がいる場所として知られている。そのため、研究者たちは母親ザルのあらゆる行動を追跡しながら週に何度か実施している母性行動調査の過程でこの飼育場によく立ち寄るという、人気の場所のひとつになっている。

私たちが囲いから3メートル以上は離れるようにしていても、何匹かのアカゲザルは私たちが近づくと走り去ってしまい、ゆっくりと歩いているのは「タビー」と呼ばれている好奇心旺盛で年長の母親だけになった。母親にはそれぞれニックネームがついているだけでなく、正式な5ケタの番号が胸と腿の内側に刻印されているほか、毛は不規則に固有の模様に染められている。ただし時折やってくるカリフォルニア特有の雨のせいで、毛に施された固体識別用の模様は洗い流されてしまうことがある。

私はタビーの尖った耳と赤らんだ顔を覚え——顔の赤みはお尻のあたりとまったく同じ色合いだ——、そのふっくらした母親らしいお腹と切れ長の目に、どこか自分と似たものを見つけようとしていた。

キナリーは、霊長類の母親を方向づける要素をスラスラと並べてくれたが、そのほとんどは私の場合と同じで、年齢、出産回数、遺伝的要因、自分の母親の育児歴、赤ちゃんの性別をはじめとした特徴、食べものと住処と他のさまざまな環境要因を手に入れる機会などがある。野生で暮らしている場合、一部のサルの母親の行動が樹冠の高さによって変わることさえある。一家が暮らす場所が地面から遠いほど、母親の不安が増すのだ。

だが、最も強い力をもつのは、おそらく社会的な相互関係だろう。自分の母親がいない状態で育ったアカゲザルは、自分の子どもを虐待しがちだ。一方、自分の母親の近くで暮らすアカゲザルは、より有能で穏やかになる傾向をもつ。

「近くに祖母がいれば、とても大きな違いが生まれます」。シカゴ大学の霊長類研究者ダリオ・マエストリピエリは、のちに私にそう教えてくれた。「祖母は毛繕い、そして保護という支援をしてくれます。祖母は子どもを見守り、警戒を怠りません。サルは危険な社会で暮らしているわけで、周囲を家族で囲まれていれば、とても大きな違いがあるのです」

周辺にメスの親類から成るさらに広大なネットワークがあれば、もっと穏やかに過ごすことが可能だ。「遊び場」を作って赤ちゃんたちを遠く広い範囲まで行かせても、問題が起きれば自分の母親や姉妹や従姉妹たちの支援があると確信できるわけだ。

アカゲザルの場合、地位――いくつかの点で人間の社会階級に似ている――は母系に沿って受け継がれていく。母親の大家族が高い地位にいるなら、その母親の成功はまちがいない。そして最上位のサルの母親たちは、暑い日には木陰を、雨の日には乾いた場所を確保できる。

キナリーは群れのメスのボスである「グレープフルーツ」を指さした。名前のようにピリッと手厳しく、またむさくるしくも見えるこの女王は、左の腿にぶら下がっていた赤ちゃんを払い落し、ゆっくり歩き去る。こんな振る舞いができるのは、その子孫が文字通り、イタリアンマフィアの世界で言うアンタッチャブルな存在だからだ。女王の子どもにちょっかいを出す勇気をもつ者などいない。

私たちは別の、もっと地位が低いメスにも注目した。そのサルの名前を、いくぶんその境遇にふさわしく、キナリーはすぐに思い出すことができない。この若くて痩せたサルは群れのなかの争いに用心深く目を配りながら、自分の子どもを近くにとどめようとし、遠くまで探検に行かせたがらない。そうした状態は、社会経済的に恵まれない人間の母親でもときとして起こるもので、人間の場合は分離不安と独裁的な懲罰の傾向が強まる。このメスザルは、超攻撃的なオスのボスザル「カラテキッド」が尻尾を大きなはてなマークにくねらせながら近くを歩いただけで、見るからに体をこわばらせた（アカゲザルの父親はつねに特定できるというわけではなく、子どもの世話をするのは母親だけだ）。

カリフォルニアの明るい太陽に恵まれたこの場所の暮らしは、全体として快適なものになっている——サルたちは出身地である東南アジアのようにモンスーンを切り抜ける必要はないし、餌として与えられるモンキービスケットには、近くの産地直送品や「ボビー・ダズラーのかぼちゃ畑」と呼ばれる地元の団体のいらなくなったハロウィンかぼちゃが、たっぷり追加される。

だがこの「サルの楽園」でもサルたちはストレスを感じることがあり、とりわけ社会的支援が乏しい、地位の低い母親の場合がそうだ。そのような母親たちは免疫系が弱いなどの明白な特徴をもっている。マエストリピエリをはじめとした研究者が70頭のサルを調査したところ、地位の低い母親の血中ストレスホルモンの量は、地位の高い母親の4倍に達した。こうした序列の最下位に属するメスたちは、上位の者に一定量の不快な楽しみを提供することもある。

「野生で見受けられるように、ここでも厄介な状況をみんなが目にしています」と、キナリーは話す。「思わず大声を上げてしまいました。地位の高い若いサルが、地位の低いメスの赤ちゃんを、あまりにも長いあいだ『もてあそぶ』のを見たからです」。こうした「連れ去り」では、ときにはこっそり奪われた赤ちゃんザルが地面に押しつぶされることまである。そんな赤ちゃんの母親は無力で、やめさせることはできない。若者たちがこうした荒っぽい行動に夢中になるときには、群れを管理する人間が介入することが多い。

地位の低い母親は、自分がつねに用心深くなければならないことをわかっている。興味深いいくつかの研究によれば、こうした母親は近くに生態的地位の高い動物がいると自分の子どもに鳴き声を出させず、静かにさせる傾向が非常に高い。うるさくすることによって望まない注意を引き、攻撃されるのを恐れているからだ。

白いバンがキーキーとブレーキ音を立てながら囲いに近づくと、サルたちがウーウー！と叫び声を上げる。

ここで暮らしている動物たちは、サメからトラまでの数々の天敵に遭遇せずにすむが、その代わりに時折やってくるのが研究室の車で、実験や治療などの目的で群れの仲間を連れていく。研究者はこうして連れ出したサルを元の群れに戻しがてら、ときにはしばらく近くにとどまって、社会的つながりにどのような反応があるかを観察する。

サルたちの気をそらすために、白衣の係員が囲いのなかにひまわりの種を投げ込む。まるで結婚式のライスシャワーのようだ。絶大な権力の主張にこだわるグレープフルーツが、ベビービョルンの抱っこひもスタイルで元気のいい赤ちゃんを前にぶら下げたまま、四つん這いでノシノシ進み出る。両手でムシャムシャと種を食べるので、頬袋がパンパンに膨らんだ。

その間にずっと遠くの隅で、ほとんど気づかれないまま――おやおや、そうはいかないようだ！――研究者がこっそり茶色の生き物を群れに放すと、サルたちの甲高い鳴き声がいっそう強くなった。

戻ってきたのは誰かの姉妹か母親かライバルのようで、ここにいる母親たちの表面的な同盟関係を変化させるかもしれない。同時に、母親たちの目に見えない神経化学も変わる可能性がある。

祖母の手助け

人間の母親は2500万年あまりも前にマカク属のサルから枝分かれしているので、キュウリが足りないからといって互いに糞を投げつけたり流血騒ぎを起こしたりはしない。それでもマカクザルは社会的なストレスと支援のモデルとして、女性が築くネットワークの具体的な重要性を見せてくれる。そのはじまりは、とりわけ重要なひとりの女性である「母方の祖母」が果たす大きな役割だ。

私たち家族は不運な引っ越しをしてしまったが、行き先がコネティカットの森だったことは不幸中の幸いだった。新しい住まいは私の母親の家からわずか5、6キロ離れた場所にあり、それは人類学者の辺鄙な村の研究に出てくる、母親の小屋から娘の小屋までは「1日歩けば着く距離」という記述に、不思議なほど似ていたのだ。

このことは実に幸運だった。多くは恵まれた環境にある年長の母親にとって、不利な点のひとつは、両親から遠く離れて暮らし、ようやく子どもをもつ余裕を感じた頃には往々にして両親が年老いていることだ。一方、経済的に恵まれない母親は自分の（とても若い）両親の近くで、その愛情を受けながら暮らす傾向が強い。若い母親が近縁の人たちといっしょに暮らす文化では、産後うつの例ははるかに少ないように見える。

もちろんすべてが運命だったわけではない。夫と私は基本的にいつでも——そのころの母の楽しみはバイキングリバークルーズに出かけることだったので、実際に本人の承諾を得たわけではなかったが——母に孫の世話を手伝ってもらうのが基本的な考えだった。そして結局のところ、まったく思いがけなく、母は私の世話をすることになった。それが、あの晩にどこまでも続く夜空の下、母が私といっしょにヒツジ小屋をじっと見つめていた理由のひとつだ。あまりの寒さに、星までが震えているように見えたものだ。

こうして祖母の手助けを得られる哺乳動物の仲間は、ほかにはほとんどいない。哺乳動物の母親の大半は、一人前になった子を単純に置き去りにする。どこにでも娘を連れ歩く母親にとっては、あまりにもあからさまなやり方に思えるかもしれない。プレーリードッグは、子どもたちが乳離れしたとたんに全速力で走り去る。ヒグマの母親は、新しいボーイフレンドを見つけると姿を消す。ネズミは数週間で子どもたちを冷酷に無視する（大人になったモルモットについて書いた学術論文の「母親は母親らしくない」という題名が、なんだか印象深い）。

アカゲザルのような私たちに近い霊長類の仲間でさえ、群れに属するメスは大人になった娘と思いやりのある協力的な関係を保つ一方で、最も気配りのできる祖母でさえ死ぬ間際まで繁殖力を保って子を産むから、大人になって子を産んだ娘と自分自身の、もっと手のかかる子どもの両方に、時間と愛情を分ける必要がある（マーモセットのような一部の新世界ザルでは、妊娠した祖母が自分の孫に嫉妬して殺してしまう場合さえあることが知られている）。

ところが人間の母親の場合は、ライフスタイルがさまざまに異なっていても、男性パートナーが次々に変わっても、母方の祖母は世界共通の防波堤であり、母親の片腕とみなせるほど信頼できる支援の中心的存在だ。

「場所によっては父親がよく活躍したり、あまり手伝わなかったりするが、母方の祖母の支援ははるかに一定している」と、世界中の祖母を研究してきたカリフォルニア大学ロサンゼルス校の人類学者ブルーク・シェルツァは言っている。

1世紀前にオーストラリアの狩猟採集民であるティウィ族と生活を共にした有名な（男性の）人類学者は、子を産める年齢を過ぎた女性たちの存在が不思議でならず、ただの変わり者の「おそろしく迷惑」で「実に不愉快な存在」だから、研究に値しないと確信した（たぶんこうした理不尽な偏見が、今でもおしゃれな私の母親が「おばあちゃん」と呼ばれるのを断固として拒否し、「マミー」とか、ときには短く「フォクシー」と呼ばれたときにだけ返事をする理由だろう）。

だが今では、人間の祖母を称賛するしっかりした科学論文が存在する。閉経という、ほぼ人間に固有の特質によって（同様の特質をもつのはオルカだけらしい）、その存在は非常に順応性に富んだものになっている。「時とともに体が衰えていくなかで、いつタオルを投げ入れ、子を産むのをやめて、その代わりに自分の娘の子の世話をするべきなのか？」と、サラ・ブラファー・ハーディは祖母の進化上の論理的根拠を説明する（言い訳を許されるなら、私が母にまたもやベビーシッターの役目を頼んだとき、この問いかけを少しは考慮すべきだったのかもしれない）。それは、人間の女性が遺伝子を永久に伝えていくために進化した、もうひとつの賢い方法になる。自分自身の新鮮な卵子（と母乳）を使い果たせば、自分自身の娘に並外れた手助けを提供するようになって、共同養育にも加われる。より多くの子どもをもつ年長の女性は、染色体の末端にあるテロメアが特別に長いことがあり、なぜか老化の速度が遅くて、娘たちをいっそう長期にわたって手伝えるかもしれないことを示している。

私たちはこれまでに、幼児期の交流が遺伝子に刻まれることによって、育児の方法が人間の家族に組み込まれる可能性があることを見てきた。だが、母親の母親は腕まくりをして手伝うことによって、今ここで、大きな影響を生み出すことができる。とりわけ陽気な十代の育児見習いに比べ、母方の祖母は母親にとってこの上ない手助けをもたらす。母方の祖母は、母性回路――「母性記憶」と呼ばれることもある――がすでに形成されている近親者で、ときには古い記憶を思い出す必要があるにしても、山ほどの実際的経験をもっており、なだめたり入浴させたりといった最も熟練した子守の役割を果たすことができる。

父親より祖母が加わるほうが赤ちゃんの生存率に与える影響が大きいことを、ドイツからエチオピアの農村部に至るまでのデータが示しているのも当然だと言える（産業革命前のフィンランドの出生記憶を調べた新しい研究では、母方の祖母が近くに住み、その年齢が50歳から75歳というまだ元気な年齢区分に含まれる場合、幼い子どもの生存率は30パーセントもの高い割合で跳ね上がることがわかった）。英国では、祖父母がいるとそもそも女性が妊娠する確率が高まり、祖母は例外なく健康的な妊娠と関連している。また、２１０人の女性のホルモンを調査した研究によれば、女性の胎盤からの副腎皮質刺激ホルモンのレベルと家族からの支援（赤ちゃんの父親ではなく、母親自身の母親から最も確実に得られる支援）のあいだにつながりが見つかった。このホルモンは分娩開始のストップウォッチのようなもので、自分自身の母親と密接なつながりがある女性は、早産から、より化学的に守られている。

分娩後の習慣は変化に富んでいるが、祖母はほとんどいつも不可欠な存在だ。ナイジェリアの祖母は回復期にある娘を、空想的な響きをもつ「肥育部屋」で暮らさせる。中国の祖母は豚足を生姜とともに蒸し煮する。おそらく娘の消耗した骨にカルシウムを補給するためだ。一方、インドネシアの祖母は母乳の分泌を促そうと、特別な薬効のあるスープを煮込む。私の母はスパゲッティとミートボールを作ってくれる。

母方の祖母がいないと、母親の周囲が堀で囲まれることになる。母親の母親の死は妊娠にとって有毒なストレス要因となり、とくに（常時わずかに負担の大きい）男児の胎児を妊娠している女性にはその影響が強く及ぶ。プエルトリコの妊婦の研究では、近くにいる自分の母親との関係が悪い女性が、すべてのグループのなかで最も出産の結果が悪かった（乳児死亡率や低出生体重児の割合が高かった）。

そしてやはり、祖母の支援を最も必要とする女性たち――自分の幼少時代に虐待やネグレクトを経験した人たち――では、それを得られる可能性が最も低い。

父方の祖母も、実際には助けになれる。私が小さいころ、母は働いていたので、私が病気になると父の母親が面倒を見てくれ、ベーコンの料理を食べながらソファーでいっしょにクイズ番組『ザ・プライス・イズ・ライト』を見ている合間に、彼女はロマン小説の最新版を流し読みしていた。私自身の義母は私の子どもたちの面倒を見てくれる愛すべき女性で、子どもたちといっしょに野草を押し花にし、イースターの大がかりな卵探しを演出してくれた。父方の祖母の多くが息子の家族と親しい間柄になっていないのは、関わりたくないからではなく、義理の娘によって「家族の絆の維持《キンキーピング》」と呼ばれる厳しい慣習の一端として意図的に除外されているからだ。

だが、見通しのきく場所から野生の観察を続けた人類学者と生物学者は、父方の祖母を共同養育のなかであまり重要ではないカテゴリーとみなしている。「もちろん、だからと言って義母と交流できないわけではない」と、シェルツァは言う。それでも父方の祖母が「世話をしてくれる人として優先順位が低い」存在であることには、進化上の理由がある。ここでも父系の不確実さが重要な要素だ。父方の祖母は孫との血のつながりを保証されず、そのことが子の生き残りに対する投資と影響の少なさを説明できるだろう。

父方の祖母の場合、孫の母親の健康に対する関心も低い。もしこの高慢で不愉快な若い女性が出産で命を落としたとしても、自分の息子はいつだって別の場所で子どもの父親になれるのだ（実際のところは――このあたりで肝心な話をしておくと――妻が生きていたって、そうすることができる)。感謝祭のディナーを台無しにするかもしれない研究結果によると、義母の近くで暮らしている女性は自分の母親の近くで暮らしている女性と比べ、家族の人数は多いが全体的な健康度が低い。中国の研究では、主に義母から精神的支援を受けている母親は、うつになる割合が2倍になることがわかった。

私やあなたの義母が、議論の余地のあるこの情報を耳にする前に話題を変え、祖父の科学について考えることにしよう。進化心理学者のハラルド・A・オイラーは、他の動物の世界で育児に関与する祖父は実際に存在もせず、「例外の可能性があるのはバンドウイルカだけだ」と書いている。そして父系の祖父の場合は二重にありそうもない――自分の息子がある孫の群れの父親であると確信できないだけでなく、自分自身がたしかに息子の父親であるかさえ知りようがないのだ。

こうした学術的な異論があるなか、人間の祖父の現実的な存在は、人間の母親にとっては真の贈り物になっている。祖父の関与には大幅な相違があるが、物質的および感情的な支援を提供して、それが若い家族に対して「安定をもたらす影響」を与える可能性をもつと、人類学者は考えている。

私の父は、夫の健康が崩壊する4半世紀近く前に世を去っているが、幸いにも夫の父親が、私たちのあまり幸せではない新しい家から20分ほどの場所に住んでいた。私たちの暮らしが明らかになるにつれておじいちゃんは忙しく働きはじめ、わが家の開かない窓をすべて開くようにし、丈夫な木の塀で危険な場所を囲んで子どもが近づけないようにし、絶望的にも思えたそのほかの仕事も次々に片づけてくれた。おそらく私の母より「夜の女王」に出会った回数は少ないだろうが、2つの点を除いてはまったく役に立たなかったパートタイムのナニーにも代金を払ってくれた。このナニーは洗濯という大役を果たしたのに加え、ほんとうに孤独なとき、はるかに重要な友人になってくれたのだった。

職場と母親の幸せ

メスの吸血コウモリでさえ女友達がいることがわかっており、吐き戻した血の食事を分けあう。私は旧友たちから遠く離れ、絶望のどん底に沈みながら、いっしょにラーメンを食べてくれる誰かを心からほしいと思った。

だがその単純な願いの底には、大昔からの選択圧が潜んでいる。メスの友情は仮母の蓄積としてはじまったらしく、人間の育児にかかる時間の長さと労力の大きさ、同時に世話をしなければならない幼児の多さ、危険な環境、そして同居するオスが当てにならないことから、全員が総力をあげてかかる必要があった。実際、女性間の同性愛も同様の起源をもち、母親らしい好意のやり取りの一種で、それが長い進化の道を通ってはるかに深い関係になったものだ。

自給自足の社会では、より社交的な母親をもつ赤ちゃんのほうが、さまざまな理由から生き残れる確率が高い。一部の人間の文化では、オオカミやライオンのメスと同じように、友人と隣人が日常的に共同で赤ちゃんの世話をする。現代のボストンで暮らす最新の母親たちは、おそらくそんなふうに互いの子に母乳を与えたりはしないだろうが、経験を積んだ他の母親からアドバイスを求める回数は平均で1日10回にのぼるという研究結果がある。そして友人たちによる誠実で感情豊かな支えは、どんな手助けよりも貴重だろう。４歳児をもつ母親を対象としたある研究では、自分が社会的ネットワークに満足していると評価した母親は、「より最適な母性行動」を見せた。

悪いことに、私は大勢の女友達とすっかり別れてきたばかりのうえ、親友のエミリーも妹も遠い街に住んでいた。

これまで、大人になってからは、新しい友だちがほしいと思えば職場を探せばいつもなんとかなった。これは標準的なやり方で、多くの若い母親にとって仕事が社会的な拠点となっている。なにしろ母親の70パーセントが仕事をもち、約40パーセントが大黒柱の役割を果たしているのだ。ちなみに１９６０年にはたった11パーセントだった。

すべての母親は、いずれにしても明らかに身を粉にして働いている（動物の世界で私が気に入っている例は、狩猟のための大旅行でエボシガイを育てることがあるアザラシの母親だ）。だが、家の外で働くことが若い人間の母親にとって心理的に健全かどうかという問題はとても微妙で、簡単に政治的観点からとらえられてしまう。そして、勤務中に友達を得る力は、ほんのひとつの側面にすぎない。ただし学問的な主旨としては、仕事の形態によっては母親にとって有毒でストレスに満ちているものも、社会的にやりがいがあって、そのために有益なものもある。働くママのなかには惨めな思いをしている人もいるが、家庭にとどまっているママはもっとうつに陥りやすいかもしれず、なかでも近代的な郊外の街で孤独に暮らしている場合はなおさらだ（私は今ならその理由がわかる――田舎の大きな屋敷の何エーカーもある区画では、ハロウィンでお菓子をねだる子どもはひとりも来なかったし、何年ものあいだ隣の家に住む人に会わずに過ごした）。

職場は、現代の母親の暮らしでサルの群れの枠組みが当てはまる、もうひとつの領域になる。大宴会か飢餓かという2種類の「採餌カート」を覚えているだろうか。不安定な職場環境は哺乳類の母親をダメにしてしまうが、予測可能であれば母親は安定する。母親が自分で自分の予定を立てることができ、十分な休暇とフレックスタイムを利用でき、自分の子どもからしばし離れることができ（まあ、どうしてこの項目がここに並んでいるかは別にして）、テレワークも選ぶことができれば、私たちは家庭での子どもの世話をおろそかにすることなく、専門の仕事と社会的便益の両方を享受できる。それに対して、半夜勤、季節労働、融通のきかない勤務時間にしばられた働く母親、また（経済的理由、なかでも健康保険に関連した理由で）何でもいいから見つかった仕事につくほかに選択肢のない母親は、そううまくはいかない。出産から1か月も経たないうちに、きつい職場に復帰すれば、産後のストレスとうつの増加につながっていく。

産後に仕事の指示に従わなければならない厳しさは、多くの職種の働く女性に影響を及ぼしており、たとえば企業弁護士や（私は出産の数日後に法廷に戻らなければならなかった人を知っている）、外科研修医（推定でその40パーセントは妊娠中にやめることを考える）をその例としてあげることができる。だが低所得のシングルマザーは明らかにその矢面に立っており、逃げ道はほとんどない。アメリカ中で最もストレスの大きい母親は、死亡率から推定すると、年齢が高くなってからシングルになって仕事の選択にも日程にもほとんど自由がきかない場合だ。

一方、私の仕事を通した暮らしはいつでも陽気なものだった。収入がとりわけ多いわけではなかったが、私はジャーナリストとして、自分が行動するうえでの「自由と選択の感覚」を楽しんでいた。働く母親にとって最適なメンタルヘルスに関するベルギーのある研究結果によると、それは重要な要素だ。産休をたっぷりもらえ、監督はゆるやかで、独りよがりの行動をとっても許され、同僚たちは変わり者だが愉快だった。妊娠中の長い通勤の危険性を調べた研究では、朝食を抜く習慣もかかわっているようだが、通勤時間が90分を超えると男児の出産がわずかに減少するという結果が出ている。私たちがワシントンに住んでいたころには、気が向けば職場まで徒歩で（妊娠中によたよた歩いても）行くことができた。それに、信じてもらえないかもしれないが、朝食を抜くことはなかった。オフィスの前に停車するスペイン料理「エンパナーダ」のフードトラックに並び、かなりの時間をおしゃべりに費やしながら順番を待ったからだ。浅はかにもコネティカットに移り住む前、働くママとして私が最も大きな失望を感じたのは、オフィスに用意された母乳の搾乳室がムスリムのための祈祷室と兼用だとわかったことくらいだった。

人間の組織の指揮系統は、母親の幸せに与える影響という点で、サルの群れと同じくらい強力なものになり得る。「部下でいることは、実際に健康に悪影響を与える」と、ウィスコンシン国立霊長類研究センターの霊長類学者トニ・ジーグラーは説明する。「あなたがどこかで働いているとして、オフィスでの地位がとても低く、何の力もなければ、言うことも提案することも誰にも聞いてもらえず、目的を達成することはできない。まわりの人があなたを重要だと思っていないからだ。あなたは慢性的なストレスに襲われる。どこかに炎症が起こり、代謝ホルモンが異常をきたすかもしれない」

私の代謝は正常だった。私の名前は雑誌の奥付リストの一番上に近かったし、仕事で接するほとんどの人は私に自信を与えてくれ、その多くは親しい友人だった。

でもコネティカットに引っ越すと、あのときの同僚たちは思い出になった。そして薄汚れた壁ぎわに押しつけられた使わないキッチンテーブルが、私の「オフィス」になった。

階級を上下して

階級と特権は、もちろん私が解こうとしている母親パズルの重要なピースで、私の懐かしい職場の記憶から、有給の職を確保しながらあっという間に荷物をまとめて引っ越すことができた夫の力、さらに短期間で私たちにナニーを見つけてくれた祖父の存在まで、あらゆるものを説明できる。

だが私自身の独特で複雑な階級の経験は、いつも私を守ってくれるものとは限らなかった。また、私の子ども時代の出来事を追体験している感覚が――夫は暗い森に迷い込み、家計は破たん寸前になり――私の母親脳をあれほどめちゃくちゃにしてしまった理由を説明するのにも役立つ。

まるで石が落下するように自分自身が落ちていくまで、階級の威力を理解するのは難しい。私が子ども時代に経験した家族の経済的崩壊は、誕生日のパーティーでポニーに乗れなくなっただけではすまないものだった。もう二度と休暇旅行を楽しむことはできないという事実以上のものがのしかかってきたのだ。一方で同じクラスのほかの女の子たちは、2月になると決まって顔をきれいな小麦色に焼き、髪を鮮やかな色の紐で結んで学校に戻ってきており、肌の色は元に戻るまでずっとステータスの証になった。わが家ではベンツを売り払い、最低限の装備にしぼって片側にしかミラーのないホンダシビックに買い替えていたが、それは表面的な事実にすぎなかった。私たち家族の交友関係の多くがすっかり変わり、社会とのつながりが狭まって、社会的な立場が揺らいでいたのだ。旧友たちはもう電話をくれなくなり、妹と私はほかの子どもたちとはまったく違ういじめの餌食になった。

真に貧しい人々が住んでいない場所で暮らしていると――そういう人々ははるか昔に私たちの住む街から押しのけられていた――上流と中流の下層とのあいだの違いは途方もなく大きく感じられる。私たちの街に広がる階級の一番上は、企業の副社長クラスと、ウォールストリートのちょっとした大物クラスだった。一方の最下層はスクールバスの運転手とその子どもたちで、そういう人たちが今は私に、近くの見晴台でいっしょにタバコを吸おうと礼儀正しく声をかけるようになった。

この素敵な街の優しい母親たちは、私たち一家に何が起きたかを知って私に親切にしてくれたことはここで念を押しておくが、全体を見ればそうではなかった。私は大柄で不恰好な子どもだったからか、誰よりも早く初潮を迎えていた。これについて、不安定な環境で育ったことが身体的影響を与えたのだと言う進化生物学者もいるだろうが、私の場合は――大柄でがっしりした体格の女性ばかりの家系に生まれているから――遺伝子のせいだと思っている。

妹と私は子どものころの時間の大半を、失われてしまった家族の名誉を挽回するために費やした。バーベキュー用の炭の袋のなかを夢中で探しまわり（炭を長い時間置いておくとダイヤモンドになると聞いていたからだ）、珍しい恐竜の骨が埋まっていそうな場所を手あたり次第に掘った（恐竜の骨のことがアメリカ自然史博物館の耳に入れば大金をもらえると確信していたからだ）。

だがあるとき、成績を上げるほうが簡単かもしれないと思いついた。私は高校で一番の秀才とはいかなかったが、固く決心したうえに、さまざまなストレスにすっかり慣れっこになっていたので、SAT（大学進学適性検査）も、大規模な高校生ディベート大会さえ、大したことがないと思える度胸がついた。エミリーは、とても厳しい私たちのミドルスクールのコーラス教師の娘で、周囲から相手にされない仲間だったから、私と力をあわせて人気者に対抗し、形勢を逆転しようとがんばった。その努力が功を奏し、エミリーはMITに、私はハーバードに進学すると、まもなく私は居心地のよい階級に舞い戻った。

私は故郷に戻ることで、自分の家族にこれとは違う結末をもたらしたいと思っていた。新しい家の手入れの行き届いた芝生を、娘の婚礼の行進がにぎやかに笑いながら進む光景を想像し、天気さえよければプールの横に200人くらいの招待客を詰め込めるだろうと素早く計算していた。

それなのに、その昔に属していた階級を目指して冷や汗をかきながら一歩ずつはしごを上ってきた今、身に覚えのある、あの真っ逆さまに落ちていく感覚を、また味わっていた。だんだんオフシーズンの「オーバールック・ホテル」（映画『シャイニング』の舞台になった恐怖のホテル）に似てくる家に閉じ込められた私は、自分自身の野心に、ほんとうは以前のように一番上にいるはずなのだという生まれながらの感覚に、裏切られていた。階級は生物学的に刻み込まれ、権利意識としてずっと離れないものなのかもしれない。私は身の回りの上下関係では最下位まで転落してしまったにもかかわらず、いつでも甘やかされた駄々っ子の亡霊がそばにいた。今やその小さな亡霊が、自前のウサギの毛皮のコートを身にまとい、再び享楽的生活への道を先に立って案内してきたのだ。手のかかるバラの茂みの手入れを依頼した造園業者からの請求書が、キッチンのカウンターに山積みになっている！それは典型的な思い上がりだったのだ。

それでも逆に、そうした私の権利意識は、やがて取り柄であることがわかってくる。

人間の場合、裕福なママと貧しいママのあいだには測定可能な相違が——食卓に出す豆乳アイスクリームの数から、おしおきでお尻を叩く数まで——山ほどある。だが、私がとうとう医師に助けを求めようと決心したその日に、社会的特権が母親のとっておきの切り札になり得ることがわかったのだった。

それは私の息子が生まれておよそ8週間後のことだ。息子は緊急で派遣されたナニーに抱かれて、階下で眠っていた。娘たちはテレビにかじりつくようにして、もう100万回は見たのではないかというディズニー映画『アナと雪の女王』に夢中になっていた（わが家では夫が病気になるとすぐ、「画面を見ない時間」のきまりはどこかにいってしまった）。

「夜の女王」は自分の寝室でひびの入った天井をじっと見つめ、目じりからあふれる涙をとめようともしなかった。私はそれまで、こうして体が麻痺したような感覚に陥ることの遠い昔の進化上の目的について考えたことがなく、それは子どもたちのために迫りくる火事嵐を通り抜ける準備のためなのか、あるいは子どもたちを木の皮にでもくるんで都合のよい川に投げ込むためなのか、気にかけずにはいられなかった。私はまだ自分では、赤ちゃんを抱く手を左から右に変えたか、赤ちゃんの泣き声が急に鈍い音に聞こえるようになったか、気づいてはいなかった。私の体の組織でオキシトシンの分泌が不足していたのかもしれない。私の側坐核がそれまでと同じ状態ではなくなっていたのかもしれない。それでもそのときには、私の母親脳のこの疼くような痛みを科学者がスキャナーで調べたらどう見えるのか、どの神経化学物質がうまく供給されていないのか、何かのダメ遺伝子が原因なのか、考える余裕がなかった。

私はただ、こんな状態から抜け出したいとだけ思っていた。

そして電話をかけようと思いながら、何週間も先延ばしにしていた。産科医に連絡して自分のうつ状態について助けを求めるのは気が進まなかったが、最後の手段としていつでも可能だとの認識はあったのだ。私はそれまでずっと、高慢にも心理療法というものを軽蔑していたから、相談するのは簡単ではなかった。だから先延ばしにし、躊躇し続けた。それでもある日の午後、ようやく決心して電話に手をのばしたときには、私は同情または治療のために、そして（『アナ雪』で言うなら）「ぎゅーっと抱きしめて」もらうために――できればそのすべてのために――すぐ来るようにと言われるものだと確信していた。

まず、医師に伝えます、と言われて電話を切った。1時間ほどすると、イライラした様子の医師から折り返しの電話がかかってきた。

それは、私の3回目の出産を担当したあの女医さんではなかった（麻酔がうまく効かずに叫び声を上げていた私の耳に、「ああ、なんて可愛いほっぺかしら！」と勝ち誇ったように叫んだその医師の声が聞こえてきたのを覚えている）。電話をかけてきた別の医師には月に1回の検診で会ったことはあったが、向こうは私のことを覚えていなかったし、私のカルテも読んではいないようだった。それに私はずっと泣いていたから、まともな会話ができず、自分に関するその他の細かい様子を伝えることもできなかった。

ワシントンDCで通っていた産婦人科医院は、明らかに都会の働く女性に合わせた作りになっていたが、ここはコネティカットの小さな街の多角的診療所で、あらゆる収入レベルと社会的背景をもつ患者が通う場所だ。この医師が書類をざっと見ただけでは（もし見たとしても、だが）、私が裕福で、高学歴で、富裕層が住む高級な通りにある大きな（笑えるほどオンボロだとしても）邸宅に（少なくとも今のところは）暮らす、侮れない白人女性だと気づくはずもなかった。今現在の私は、電話の向こうにいる悲しそうな、か細い声でしかない。アメリカに住む母親なら、だれでも私の代わりになれた。

医師は私の話を聞いてから、冷たく言い放った。「これまでうつ状態だったんじゃないですか？」その問いは、「憂鬱な気分がしていますか？」や「以前にうつ状態になったことはありますか？」ではない。ただの非難にしか聞こえなかった。

実際のところ、私はそれまでうつ状態になったことは一度もなかった。たしかに少し神経質で、言ってみれば、どこかストレスを好むところはあった。いつも陽気というわけではない。それでも私はほんとうのうつを見たことがあったし、それがどんなもので、どんな状態になるかも、いやというほどわかっていた。今に至るまで、自分で経験したことはないと断言できる。私のカルテには、もしその医師が読む手間を省いていなければ、過去にうつになったとは書かれていなかったはずだ。

でも、「これまで」っていったい何だろう、と思った。9か月前の私の暮らしはとても華やかだったが、ずうっと昔を思い出せば大変な時期もあった——さもなければ、疲労困憊しながら授乳した、前の晩の真夜中の3時より前はどうだろう。私の人生は、ほんとうにずっと幸せだったのだろうか？そのとき一瞬、16年前の大学時代のことが頭に浮かんだ。特別大変な英語の論文の提出期限を前に、大学の診療室に行って午後じゅう横になっていたことがあった。薬ももらわず、治療も受けず、一言、二言、励ましてもらっただけだ。あれもうつとみなされるのか？

「そう思います」と、私は泣きながら答えた。

明らかにこの医師はこの口実を欲しがっていた。なぜなら、私の返事はどういうわけか「これは自分の担当分野の問題ではない」と翻訳されたからだ。彼は近くの町のセラピストの電話番号を手早く伝えると、電話を切った。

彼の診療所から二度と連絡はこなかった。

そして私が何とか気を取り直して教えられた番号に電話をすると、伝言サービスに切り替わり、最短で予約できる日は2か月後であることがわかった。

今だって2か月はどこからどう見ても長いが、たった8週間前に出産してひと晩が100万年に思える人間にとっては無限の時間だ。こんな状態に置かれた母親は家族を見捨てかねない。自殺の可能性だってある。現代の世界が母親を尊重していない証拠で、多くの国では母親の自殺の統計さえとっていない。だが急速に高齢化が進む日本の場合、最近では出産する女性の数が驚くほど減少しているが、２年間〔２０１５〜１６年〕に死亡した妊婦および出産後1年未満の母親のうち、約30パーセントが自殺だったとする調査がある。

私はそうした行動を考えたことがなく、ましてや実行に移すことはあり得なかった。だが一方で、そうした考えが頭をよぎる母親は、何を想像するのだろうか。

その瞬間、自分の身分とこの問題のあいだの、非常に重要な関連性がひらめいた。もし特権というものが、与えられる権利に関する心のなかの感覚、そして上流階級に不当に向けられる個人的憤りであるなら、この時の私にはそれがあった。牙をむき出し、毛を大きくふくらませた誰かが、私のなかで敢然と立ち上がった――ここでは、私の心のなかのグレープフルーツと呼ぶことにしよう。私の子どもたちと私は困難に陥っていた。この私の思いをはねつけるとは、大胆にもほどがある。当時の私の世界は暗闇に閉ざされているように見えたが、知り合いの医師はいくらでもいたのだ。たくさんの友だちや親戚が、学生時代にはとんがっていた大学のルームメイトだって、今では多様な分野で世に知られた医師になっている。私は仕事で有名な科学者たちに取材もした。あの男は誰を相手にものを言っているか知らなかったわけだ。深い怒りの声が、私の喉の奥でうなりを上げた。洗濯物のかごが手の届く場所にあったなら、叩きつけていただろう。野球のバットをクマに向かって振り回していただろう。だがこの脅威、そして私の本能から出た母親の反応は、不運な泥棒やハイイログマよりも抽象的なものだった。それは、ほかの人と比べた自分の社会的地位、この医師の力に対する私の力、私の現実への医師の見解に対する私自身の見解に関するものだ。私に対する医師の考えを受け入れたくなかったし、医師が示した限られた選択肢を信じたくもなかった。

怒りに震えながら、私はミネソタのエミリーに電話をかけた。エミリー（女性同士の助け合い、OK）はいつでも電話に出てくれたし、彼女は今では医師になっている（特権の持ち主だ）。そしてすぐに裏から手をまわし、古くからの友人でこの地域で最高の開業医を――通常は新しい患者を受け入れていなかったが――紹介してくれた。私はまともに頭が働かない状態だったから、典型的な産科の病気に別の科の医師が役立つとは思ってもいなかった。だがエミリーが私に、この医師に連絡をとるようにと言ったから、私はそうした。

翌日の午後には、2種類のオレンジ色の飲み薬が私のバッグに収まり、2週間後の診療の予約もとれた。子どもたちの口癖ではないが、めっちゃ簡単。

だが実のところ私を助ける力になったのは、この薬の化学的性質というよりも、この薬によって自制心を取り戻せたという感覚だと思う。実際に薬を飲んだのは2、3回だけだった。それから4年たった今も、薬の瓶はそのままの状態でまだバッグに入っている。私のお守りだ。最初に短い電話をかけたときの無力感を今でも忘れることはなく、それと同時に、まったく違う結果になっていてもおかしくなかったという思いがある。

あのころの私は完全な母親モードで、自分と自分の子どもを守ることしか考えていなかった。4人目を妊娠している今、毎月の妊婦健診でいつも新しく見え、さまざまな人のいる産科医の待合室に座るたびに、あの日にかけた電話のことを思い出す。そして、同じ待合室にいる子連れの、みんな同じようにマタニティジーンズの（どのブランドでも漏れなく垂れ下がっている）ベルトを引っ張ってばかりいる、多様な階層の女性たちの様子をこっそり観察する。今では、なぜ最も脆弱な立場の女性が産後うつの治療を——通常より高い割合で発症するのに——受けないことが多いのか、そして全般的に医療システムを利用せず、重要な支援が必要なときに医師ではなく家族に頼るのか、前よりもずっとよくわかるようになった。

かつて私は、さまざまなタイプの女性がいて、ごく自然にさまざまなタイプの母親になると思っていた。だが今では、ひとりの女性がさまざまに異なる母親になる可能性をもっていること、それは周囲の状況、支援システム、そして力のある他人による共感と配慮をはじめとした援助の手を利用できるかどうかによって決まることを知っている。

私自身、何人もの異なる母親になってきた。

パートナーとの関係

それでも私は、（悲しいことに「主婦のヘロイン」の別名まである）薬を飲み、ナニーに赤ちゃんをまかせて母とくつろぐことによって、母親として落ち込んだ暗い時期を超えられたとは言えない。

まだ夫の問題が残っていた。

父親は、気もそぞろに胎盤を置いていくにしても、困難な時期に逃げ出すにしても、大変な目に遭うことは本書でも取り上げてきた。それはすべてゆるぎない科学だ。

だが、あらゆる生き物のなかで最も社会的な存在である人間の場合は、もう少し複雑な話になる。マカク属のサルの母親は、子どもの父親が誰なのかを知らない、あるいは誰であっても気にかけず、そのオスに何が起きるかに関心を示さないかもしれないが、私は大いに心配した。

人間以外のほとんどの哺乳動物では、母性本能が君臨し、ほかのあらゆる愛情を除外する。「動物で見てわかるのは、動物がひとつだけの愛情をもつこと」で、それは主として自分の赤ちゃんに対するものだと、つがい関係の形成を研究しているカリフォルニア大学デイビス校のカレン・ベイルズは言う。「ところが人間の場合は、複数の相手とのあいだでとても強い、選択的な関係をもつことができ、それぞれが私たちに大きく異なる影響を及ぼす。他の動物より大きい私たちの脳の容量が、人間の拡大された認識能力だけでなく、情緒的能力も説明してくれる」

私はすでに、人間の恋愛感情の中心に母性本能があるという有力な理論についても触れてきた。哺乳動物のつがい関係の形成――非常に稀で、すべての種の5パーセント未満にすぎない――は、はるか大昔に母性回路がショートして生まれた結果かもしれない。母子の絆と恋愛による絆は、同じ種類の身体部位を中心にして展開しており、たとえばリサイクル回路理論によって、男性が女性の乳房に魅了される不思議を説明できるかもしれない。乳房は通常、赤ちゃんだけを魅了するはずの器官だ。実際のところ、オキシトシンのようにまったく同じ神経化学物質が、赤ちゃんとは明らかに異なっている細身であごひげを生やした大人の人間に女性を惹きつける働きをしているらしい。

私は実際につがい関係を築いている。私の場合、人間が生来身につけているこの傾向が、基本的に夫とふたりだけで十年ものあいだチームを組んで共に仕事の成功を追い、親元を遠く離れた街で親類縁者の助けを借りずに娘たちを育てたという事実によって、さらに増幅されたように思う。

出産時に付き添ってくれたのは、実家の母でもほかの誰でもなく私の夫で、夫は一晩中、私といっしょに一睡もせずに過ごした。目に見えないところでも私を助け、厳しい子ども時代に染みついた恐怖と不信感を少しずつ消し去る役割を果たしてくれた。そうした感情がもし私の扁桃体などでくすぶっていたとしたら、私が母親になったときにいい役目は果たさなかっただろう。恋愛、結婚、それに続く無鉄砲で、多くは親としては無力なことも多かった子育てのあらゆる経験のあいだ、私たちの親交は私にとって一種の安らぎだった。私は夫を心から愛し、彼が私を見捨てるはずがないと思っていた。

本書ではすでに、父親は近くにいたとしても子どもの生存率に影響を与えないことを見てきた――ただし個人的には、その研究結果に異を唱えたい。私の夫は次女の喉から1セント硬貨を取り出してくれたことがあるからだ。また母親に提供する社会的支援という点では、父親は間違いなく母方の祖母に負けていない。

劣悪な育児が母親から娘へと受け継がれて虐待が世代間で伝わる状況では、愛情深い夫の存在がこの悪循環を断ち切れる数少ない要因のひとつになる。支えとなるパートナーがいる母親では、ストレスが減り、感受性が豊かになり、幸福感が増す傾向がある。またそのような母親は災害発生時にも健闘する。たとえば地震発生時の生存者に関する研究によれば、「夫婦関係が機能している」母親は、どんな揺れに襲われても健全なメンタルヘルスを保った。同じことが日常生活にも当てはまり、パートナーが少しでも優しく愛情のこもった世話をすれば、女性の産後の精神を守ることができる。スウェーデンで新たに制定された父親の育児休暇に関する研究では、父親が家庭で過ごす日数を30日間増やすと、母親になったばかりの女性がもらう抗不安薬の量が26パーセント減少した。

一方で父親の不在は、早産、母体の貧血、高血圧、うつの原因となり、とくに自らの選択によってシングルになったのではない女性ではその傾向が強くなる。

この負の連鎖の理由は、感情的なものだけでなく実際的なものだ。シングルの母親の場合、やるべき雑用が増え、子どもと過ごす時間が減り、経済的ストレスが強まって、前に進むべき道が狭まり、社会的ネットワークが大幅に縮小してしまう（姑の存在は、ときには実に役立つものだ）。

同じように、なぜある父親は家にいて別の父親は永遠に立ち去るのかという論理には、複雑な事情がからみあっており、幅広い文化の歴史的慣習と期待だけでなく、父親自身の父親との関係などの非常に個人的な影響もある。

今のところ、父親が長期的に育児に関与する機会は、長男の誕生後に増える傾向があると、広く考えられている――まったくありそうなことだ。

ただしおもしろいことに一部の社会学者は、母親があらかじめ健全で協力的な関係を父親と保っているとと、男児が生まれる確率がわずかに高まると考えている――つまり男児の出産は、父親がいっしょに遊びたいという思いで家にとどまる要因になるのではなく、現在の夫婦関係の質の高さとストレスレベルの低さの指標になるということだ。

一方、父親に関する気がかりないくつかの研究は引き続き、男性は子どもの外見に応じて母親に対する行動を微調整することを示している。なかでも、予想できる通り、父親は赤ちゃんが自分にどれだけ似ているかを重視する。ニューヨークのアディロンダック地域で虐待する父親を調査したところ、子どもが父親に似ていなければ似ていないほど、父親が家庭内暴力でその子どもの母親に負わせる傷がより深刻なことが、母親のアザ、骨折、外科的処置の評価から明らかになった。受けた傷が身体的なものでも精神的なものでも、虐待するパートナーはパートナー不在より、母親が生み出す成果にとって悪い影響を及ぼす。

カリフォルニア大学デイビス校のリア・ハイベルは最近、6か月の子どもをもつ母親と父親に、研究室で10分間話し合ってもらった。そのとき、「対立するグループ」に指定された人たちには難しい人間関係の問題について話すよう、また別のグループにはもっと楽しい話題でおしゃべりをするよう依頼しておいた。

「ほんものの喧嘩がはじまって、参加者が互いを非難し、言い争った」と、ハイベルは当時を回想している。そしてその後、母親には自分の子のそばでプラスチックの輪を積み上げたり、別の玩具で遊んだりしてもらい、科学者がその様子を観察した。こうした交流の前後に母親と子どもから採取したコルチゾールの量から判断すると、両親の対立によるストレスは、母親が子どもと接する方法にも影響するように見える。

だが、とりわけハイベルの興味を引いたのは、母親のホルモンと行動が実験で任意に割り当てられたグループとは対照的に、いかにカップルの実生活でのコミュニケーション・スタイルに相関しているかということだ。「対立するグループ」に指定されたカップルの一部は、最後には楽しく協力的な会話になった。「協力するグループ」に参加したカップルの一部は互いに掴みかかるほどの言い争いになり、その後は子どもからも身を引いて、近づかない傾向が強かった。結婚の力学はあまりにも深くまで染みつき、実験によるうわべの変化は寄せつけないのかもしれない。

仕事と同じように、「パートナーは支援またはストレスの源になり得る」と、ハイベルは説明している。「パートナーをもつことは、一様によいことだとは言えない。愛情関係に異変があれば、育児の関係にも異変が生じる」。パートナーとの関係が有害なものであれば、母親の行動も損なわれることが多い――別の研究室で行なわれた研究では、「夫婦愛」のレベルを低く評価した母親に、自分の2歳の子どもとのコミュニケーションのパターンが乏しい事例が見られた。

こうして、配偶者との関係は育児の質を予測する材料になるものの、自分自身の運命を受け止めて自らの選択によって――この言葉は前にも登場した――シングルになった母親は、結婚から得られるものが支援ではなく苦痛と頭痛になっている母親と同じか、それ以上に健闘するだろう。

シングルマザーの闘志と疲労

それでも、私にはその選択肢はなかった。夫は私にとって感情の支えであり——最初の子どもが生まれたときから、ほんとうのことを言って私にとっては苦しかったが——私の経済的支柱でもあった。父親を早くに亡くして母親ひとりに育てられた私は、父親不在の影響をわかりすぎるほどよくわかっていた。そして、病気がちで痩せ細った夫と私は、実験で決められた設定などなくても四六時中喧嘩ばかりしていたが、離婚したいとは思わなかったし、死んでしまうのも、何らかの形で姿を消してしまうのも、見たくはなかった。実際、そんなことが実際に起きるかもしれないと思いはじめていたのだ。

シングルマザーになるのが「よいか」「悪いか」については、何か情熱的な考えを抱きがちだが、選択の余地なくシングルマザーになることの生物学的影響は、科学の盲点になっている。

ドイツのレーゲンスブルク大学の神経科学者オリヴァー・ボッシュは、「パートナーと別れたあとの女性の感情的変化について、神経生物学的な根拠に基づいたデータがほとんどないのは驚きだ」と、書いている。

ボッシュはそれを「母親放棄」の神経化学と呼んでおり、研究が難しい理由はおもに、動物界全体を見回しても人間と同じようなつながい関係はほとんど見られないことにある。なかでも私たちが動物モデルとして最も信頼を置いて採用しているげっ歯類の世界では、不特定多数の自由な関係が基本だ。

だが、ボッシュが研究に用いているプレーリーハタネズミは、両親で子育てをする希少なげっ歯類で、父親が片付けと毛づくろいを引き受け、その仕事をしていないときには巣の周辺をブラブラして過ごす（こう聞くと、なんと可愛いらしい動物だと思うかもしれないが、ボッシュによればハタネズミは研究室で扱う「小さい怪物」で、ちっぽけな毛皮の塊に触れるときには、防弾機能をもつケブラー繊維の手袋をしなければならないそうだ）。この好戦的で可愛らしい園芸家の宿敵は、求愛行動をはじめる時点から、実験室の別の種類のネズミたちとは異なった行動をする。メスが排卵するのは最初の交尾相手に出会ったときだけで、その相手と通常は一生にわたってつがいになる。

科学者たちは――たいていの場合は男性科学者だと言っておく必要がある――数十年にわたって、これらの異常なほど献身的な父親の神経化学の異常値に注目してきた。だがハタネズミの母親にも、ボッシュは興味をそそられた。生涯のパートナーがいなければ、どうやって育児をするのだろうか？

ボッシュのチームは必要なあらゆる準備を済ませてから、ハタネズミの処女メスをオスといっしょにケージに入れ、柔毛で覆われた夫婦が18日間にわたって仲睦まじく過ごすのを見届けた――その時間はハタネズミにとっては「永遠」に値するものだ。

次に、最初の赤ちゃんたちがまさに生まれそうになるタイミングで、研究者がケージからオスを取り出してしまう。ケブラー繊維の手袋をはめた神の手といったところだ。

するとボッシュが驚いたことに、母親は出産をすませてからいつも通りの行動を続け、ほぼ普通と同じように子どもたちの世話をした。すべての子に乳を与え、温め、ほぼすべての命を守ったのだ。

一方で、チームがそのハタネズミに標準的な一連のストレステストを行なってみると、母親には明らかな違いが見えた。いつもなら夢中になって探検する迷路の露出した通路で、縮こまって動かなくなってしまったのだ。またボッシュはハタネズミの母親を1匹ずつ、水を入れたビーカーにそっと入れてみた。健康なハタネズミは巧みに泳ぐから、それは少しも意地の悪いことではない。だが、オスに見捨てられたメスは、この「水泳強制テスト」でほとんど泳ぐことができなかった。ただ浮かんでいるだけで、ほとんど泳ごうともしない。まるで生きる意志を失ったかのようだった。

こうしてボッシュは実験を通して2つの驚くべき事実を知ることになった。一方ではシングルママになったハタネズミの不屈の頑張りを見て愕然とし、こう言っている。

「母親脳がどれだけ強固なものかをこの目で見ることができたのは、ほんとうに興味深いことだった。何があっても子どもの面倒をみようという気力があり、これは人間でもほとんど同じだと思っている。母親は、このような状況にひとりで対応しなければならなくても、完全に母親の役割を果たす」

ところが驚かされた2つ目の事実は、母親の闘志の下には極度の疲労が隠されているのが垣間見えたことだった。研究室の動物たちは「感情の変化」、つまり人間のうつ状態に近いものを示したとボッシュは考えている。

彼の発見した事実は野生でも同じだと考えられ、野生ではハタネズミの母親の3匹に1匹が自然に夫を失う（かつて「草原のポテトチップ」と聞かされたことがあるハタネズミの父親は、かわいそうなことに、ごくありふれた餌動物なのだ）。ひとり身になったハタネズミの大半は二度とつがいを形成しないが、通りすがりのオスと交尾して子育てを続けることが多い。

この実験に用いられた動物たちは、少なくとも無駄に夫をなくしたわけではなかった。ボッシュのチームは一部のメスで脳内の一定の受容器を化学的に遮断することによって、うつ状態になった母親ハタネズミの落ち着かない行動などの症状を最終的に元に戻し、「救済」することができた。うつに陥ったハタネズミの母親の生物学的詳細を把握すれば、効果のある投薬治療を必要としている人間の母親に、ますます効果的な薬剤を開発する道しるべになれるものと、ボッシュは確信している。

*　*　*

だが私の場合は、おもに夫が回復の兆しを見せはじめたことで救済の道が開けた。夫の不調は、強い力をもつがほとんど解明されていない細菌による病気であると判明したからだ。最初に見つかった赤い塊は、その細菌に感染したシカダニの噛み跡だった。遺伝子の欠陥のせいでも、私たちの新しい家がアメリカ先住民の墓地に建てられたものだというなんだか恐ろしい事実のせいでもなく、不調の元はおそらく夫が気づかずに触れてしまった病原で、もしかしたら舞い上がった気持ちで新しい家を見て回っていたときだったのかもしれない。そして夫が——何か月もかけて治療を続け、苛立たしい試行錯誤を経てゆっくりと——回復しはじめると、私も同じようにゆっくりと、回復しはじめた。

ただし、田舎暮らしに対する私たちの夢は潰えた。当世風にリフォームしたカントリーハウスは成長する子どもたちにとっての砦になると想像していたのに。ただ、その農家を売りはしたけれどあまり遠くには行かず、私たちの母親と夫の父親の家に近い、近隣の小さな街に引っ越し、小さな裏庭のある家で暮らすことにした。お隣さんたちとは知り合いだし、ハロウィンにはたくさんの子どもたちがお菓子をねだりにやって来る。角を曲がるとすぐ、ラーメンを食べられる店もある。

物的な環境が母親の運命を左右することもあるが、まわりにいる人たちのほうがもっと重要だ。母親はその子どもにとってほんとうに本物の砦になる。それでも、母親はひとりでは立っていられない。

第10章 ママたちが幸せになるために

母親セラピーは効果あり？

私はニューヨーク市にある病院の一室で、窓の外のハドソン川の流れと控えめなジョージア・オキーフの『黒と紫のペチュニア』のポスターに囲まれて仰向けに寝ながら、満足感に浸っていた。

その理由の一部は――4回目の妊娠の後期に入り――前もって近くのトイレをすべて下調べするという機転を利かせたこと、それに角を曲がってすぐのところにメキシコ料理店「チポトレ」を見つけ、心のなかでカロリーたっぷりの昼食を思い浮かべていたことにある。でも満足感の一番の理由は、最後にもう一度だけ出産をする前に、赤ちゃんのぞっとするような叫び声を聞いたり自分で粘土のおもちゃ遊びをしたりしなくても、妊娠中のこの重い体を科学に役立てられる方法があるとわかったことだった。

オンラインの説明文の「よい香りのするローション」という言葉につられて、私はコロンビア大学の周産期経路研究室での今回の実験に参加する気になった。

ところが、にこやかな若い研究助手が私を診察台に案内しながら、自分はラットの研究室で電気ショックを実施するベテランだと漏らしたので、ちょっとした不安を感じずにはいられない。私はここで無料のマッサージを受け、何らかのストレス解消効果がある妊娠中の瞑想スキルを教わる予定になっている。そうした実験の筋書きは、甘い誘い文句にすぎないのだろうか？

でもその後、研究者はスパを思わせる手順に従って、よい香りのする2本の試験管のコルク栓を抜いたので、私はほっと安心を取り戻す。まるで香水を楽しむ時間とエネルギーのある貴婦人になった気分だ。1本の試験管はミルクと麝香の香りがした。もう1本は花と柑橘系の香りで、私はそっちを選んだ。

次に、マタニティ用の上着を引っ張り上げて心拍数を測定するコードを貼ってもらい、お腹に胎児モニター用の超音波ジェルを吹きつけられる。ミニチュアの血圧測定カフ（腕帯）を人差し指に巻くと、子どもたちがときどき手をつなぐ代わりに私の指をもつのと同じ感覚だ。

「心配しないでくださいね。オームを唱える必要もないし、何もしなくていいんですよ」。研究者がそう声をかけてくれるのは、私がうまくリラックスできていないのを感じとったからだろう。

それから彼女は窓のついた壁の向こうに姿を消した。

「香りの蓋をあけてください」。瞑想がはじまると、録音された女性の声がそっと囁く。「香りを鼻の下でそっと揺らして、匂いを感じてください」。私は素直に、ゆっくり時間をかけて、試験管に入っているバラか何かの花の香りを嗅ぐ。「香料を近くに置いてください」。私は言われたとおりにした。「目をゆっくりと閉じてください。少しのあいだ、自分の呼吸の動きと体の感覚に注目してください……」

私はできるだけその言葉通りにしようと、胸から力を抜き、太ももを「溶かし」、両手の筋肉をすっかりゆるめ、肋骨を意識し、何よりも窓の外から聞こえる街なかのサイレンの音を無視しようとした。

「お腹に注目してください」と、声がつぶやく。「静かに息をしながら、やさしくお腹をなでてください」。ここで私は、熟練のマッサージ師が物陰から姿をあらわすわけではなく、完全に自力でやりくりするマッサージであることに気づく。そこで両手を山のようなお腹にのせ、超音波ジェルのヌルヌルに触れる。

およそ7分間にわたって息を整え、お腹をさすったあと、「これでエクササイズは終了です」の声が響く。その口調は、前より少しだけ厳しい感じだ。「明日また来るのをお忘れなく」

ガラスの壁の向こうでは、これから生まれてくる娘の生理学的データと私自身のデータが――私の子宮収縮と、母子両方の心拍数も含めて――さまざまなコンピューター画面のカラフルなグラフに蓄積されている。もし私が1回だけマッサージを受けようと思っただけでなく、この実験に本格的に参加するとなれば、ホルモン分析のためにさらに血液、唾液、毛髪の試料採取もある。分娩時には胎盤も調べて、後世的《エピジェネティック》マーカーを精査するだろう。

この研究をしている科学者たちは、単純な自主的瞑想によって母性行動を変えられるかどうかを調べている。この研究室の研究主任キャサリン・モンクは、こうした母親セラピーを「ライトタッチ」と呼んでいる。コストがかからず、義務感も軽く、一般の母親が簡単に試みられる方法だ。実験に使われたあの魅惑的な香料は、スーパーで売っているありふれたベビーローションであることもわかった。

もしもストレス解消のテクニックが最終的に有効で、妊婦を遺伝子のレベルまでマッサージできるとしても、まだしばらくのあいだ、モンクはその理由を完全には理解できないだろう。瞑想することによって、毎日塗るように言われる特別な香りのローションを吸い込むたびにリラックスできるのかもしれないし、まだお腹のなかにいる赤ちゃんが（子宮内で最初の発達する感覚は嗅覚だから）リラックスすることを覚え、将来の母子の連携が少し円滑に進むようになるのかもしれない。あるいは、気さくな若い研究者とおしゃべりをするために病院に行くという社会的支援が、実際的な成果を上げているのかもしれない。

それでも、こうした介入が役に立たない可能性も高い。

研究者たちは近年、粘土彫刻からドルーヨガまで、あらゆる種類の独創的な母親セラピーを試してきた。サフランやプロバイオティクスを提供し、昼夜を問わずに電話、電子メール、スマホのメッセージで励まし、すぐそばでハープをかき鳴らし、「モーニングライト」を浴びせる。

こうしたほとんどの方法が被験者のメンタルヘルス全般に対して及ぼす永続的な効果は、もしあるとしても、小さいようだ。独創的な薬物療法も、必ずしもはるかに効果的とは言えない。一時期、研究者たちはオキシトシンを用いる介入に大きな希望を見出し、不安を感じる母親にこの向社会性ホルモンを余分に摂取してもらった。だがこの方法も育児やメンタルヘルスを確実に向上させるとは思えず、ときには攻撃的になるなどの望ましくない影響が出ることもある。その原因は、女性の脳内で神経伝達物質を処理するオキシトシン受容体の分布が、部分的に遠い子ども時代の経験によって決定する場合があるためで、それを修正するにはタイムマシンが必要になってしまう。

抗うつ剤はより効果的だが、産後気分障害の治療に効果が上がる30パーセントほどの女性のひとりに運よくなれる場合があったとしても、そうした薬物が特効薬とはいいがたい（ここで、母親は一人ひとりで異なっていること、私は医師ではないこと、そして苦しんでいる母親は、治療をはじめる前に必ずかかりつけ医に相談する必要があるということを、つけ加えておきたい）。母親向けの薬物はほとんどの場合、私が処方されたのと同じようにSSRI（選択的セロトニン再取り込み阻害薬）のジェネリック医薬品で、効果が出るまでにおよそ2か月かかる。悪循環で気分が急激に落ち込むには十分な長さだ。米食品医薬品局（FDA）は2019年に、母親のうつを対象とした初の治療薬を認可した。即効性のZulresso（主成分ブレキサノン）という、まだ簡単には手に入らないこの薬は、60時間ぶっ続けで点滴投与する必要があり、母親1人あたり3万4000ドルの費用がかかる。

もっと古くからあるトークセラピーでは、一定の効果が上がることがわかっている。ある予備的研究によれば、セラピーの前後に脳スキャンを実施したところ、12回あまりのセッションで母親の神経機能を変えることができ、扁桃体の活動にも変化が見られた。だがそうした治療も高価で時間がかかり、大勢の母親にまで拡大するのは難しい。しかも、必ず効果が上がるとは限らない。そのため、女性の心全体を改革するより、たとえば子どもを叩く行為や危険な睡眠習慣など、母親による特定の行動を修正していくほうがずっと簡単だ。

科学者たちは小規模で高度にコントロールされた臨床試験でさえ母性本能を調節するのに苦労しているので、公共政策が失敗に終わるのも珍しいことではない。ニュージャージー州が産後うつをスクリーニングする善意のキャンペーンを通して、新しく母親になった女性のメンタルヘルスを改善する姿勢を見せたが、弱い立場にある女性たちに目に見えるほどの効果を上げることはできなかった。

これは母親を助ける際のパラドックスだ。母親になったばかりの女性より向上心の強い人はほとんどいない。母親になったばかりの女性より社会的支援に値する人もほとんどいない。それなのに母親に手を差し伸べるのは最大級に難しい。それは、母親の脳が常に形を変えているからであり、そのような脳のせいでいつも忙しく感じ、押しつぶされそうになり、瞑想の方法を教えるｉＰａｄで自己学習をするのもひどく苦手に思える。

さらに、多くの母親は疎外感を抱いているにもかかわらず、母親の数はあまりにも多いために——私が最近調べたところでは20億人を越えている——誰が配慮と資源を必要としているか、いつ、どんな種類のものが必要かを判断するのは難しい。最も弱い立場にいる母親は、必要とする支援を受けられる可能性が最も少ない。

ここにはもっと大きな問題も潜んでいる。母性行動は生まれつき備わっているものだという誤った考えによって、支援は母親に恩恵をもたらさないという誤った前提が導かれているらしいのだ。結局のところ人類は20万年ものあいだ──哺乳類の仲間は2億年ものあいだ──、表立って讃えることも、ジャスミンの香りを漂わせたマッサージを施すこともなく、母親を手荒に扱ってきた。もし私たち母親が、数百万年にわたる進化、何世代も伝わる思いやりの遺産、個人的なホルモンの奇跡的な伝達によって形作られてきたのなら、誰かが母親のためにできることなどこれ以上あるだろうか？　母親の性質がそれほど本能的なものであるなら、なぜ自然のままにしておいてはだめなのか？　こうして母親の生物学的側面に本来備わっている力を褒めたたえ、ただその力が「作動する」のを待つことは、母親を置き去りにする際の簡単な言い訳になる。

だがもちろんその本能は、たしかに本物ではあるが、機械的なもの、あるいは自動的なものではない。それは動的で、柔軟で、その力は拡大することもあれば沈黙することもある。変わりやすい物質的環境に応じて変化し、とらえがたい社会的なきっかけに対してとても敏感だ。母親は、『ステップフォードの妻たち』に登場するロボットみたいに、いつも善良でやさしくて、自家製パン種に肘までどっぷりつけるようプログラムされてなんかいない。私たちだって怖い人にもなれば、気まぐれにも、ときには暴力的にもなる。自分の子どもを守る母性本能が、子どもたちを永遠に傷つけてしまうことだってある。

こうしたことをすべて念頭に置いたうえで、ほとんどの母親を助けられる最良の方法は、分かち合える環境を作り、母親のストレスを減らし、すべての母親に対する支援を増やすことだ。周囲の人々の考え次第で、母親は安全で備えがあると感じることにも、無防備で孤独だと感じることにも——権利を与えられていると思うようにも、無力だと思うようにも——なり得る。結局のところ母親の科学とは、じっと考え込んで、私たち母親がどれだけ特別で複雑かを得意に思うことではない。それは、人間の経験のなかで最も困難なものを女性がどのように進めていくのかを見つめ、その糧を用意する最もよい方法を見つけることだ。力を合わせれば、母親になるという大転換を一変させることができる。

文化的習慣の由来

母性という経験を変えることができるという最も興味ある証拠は、この標準的な女性の通過儀礼が、すでに世界中で大きく変化しているという事実だ。人間の文化の謎は——霧に包まれた海面の空気層のように私たちの脳と体を覆い——科学者にとっては障害となり、失望を生むことがある。だから科学者はラットを用いる実験を大いに愛しているとも言える。だが人間にとって、文化は避けて通ることのできない変数だ。

ある社会では赤ちゃんの星占いがちょっとした会話のきっかけになるかもしれないが、別の社会ではそれが親子関係全体を方向づけ、子どもが生まれついた星座の運に応じて母親による投資が変化することもある。ベストセラーとなったアメリカの妊娠ガイドブック『妊娠中に予想できること（*What to Expect When You're Expecting*）』を読んだと推定されるアメリカの母親の93パーセントは、いまだにルソーの『エミール』を信頼しているフランスの母親とはまったく異なる情報をもって母親になるだろう——ルソーは卓越した哲学者である一方、5人の子どもたち全員を孤児院に預けてしまったことでも有名ではあるが。また、母親は自分の子どもと遊ぶものだという基本的な期待は西欧文化が生み出したものかもしれず、共同体での生活様式の衰退を反映している。アメリカの母親にとって最も難しい2つの年代、トドラー〔よちよち歩きの2歳から4歳くらいの幼児〕とティーンエイジャー〔13歳から19歳までの若者〕も、世界の別の場所では概念的に存在していない——すべての母親が、そういう場所に行けばよいのかもしれない。

実際、人間の母親の子育てが文化の影響を受けているという証拠のいくつかは、いままさに奮闘中の母親の研究から明らかになっている。たとえば、よく引き合いに出される東アジアと西欧の子育ての違いについて見てみよう。東アジアの文化が「集産的」と呼ばれることが多いのは、数千年にわたって稲作農業が続けられてきたためで、地域社会全体が力を合わせて灌漑と水田作りを進める必要があり、その結果として集団への帰属と規則の順守といった個人の特性が選択されてきた——と話は進む。だがヨーロッパの人々、なかでもアメリカに渡ったその子孫は、自分たちを文化的な「個人主義者」と自称するのが好きだ——一匹狼と開拓者は、孝行より自己表現に余念がない。

こうした区分は、現代の子育ての多くの側面に影響を与えているように見える。母親が絵本を解釈して読み聞かせる方法もそのひとつで、欧米の母親が主人公の自己実現の見事さをことさらに伝えようとするのに対し、東アジアの母親は背景のこまかい部分をやさしく歌うように伝える。また母親が子どもに話しかける方法を見ると、アメリカの母親は質問が多く、また「それはばかげている」というふうに何でも決め込む傾向があるのに対し、日本の母親はつぶやくように話し、なだめようとする。遊びとしつけのスタイルも、同じ線で分かれる。東アジアの母親（エイミー・チュアの有名な本から借用すると「タイガー・マザー」）は子どもを保護する傾向が強く、つねに子どもと接触し続け、日本では子どもたちが小学校低学年くらいになるまでいっしょに入浴したり、いっしょに寝たりすることもあるという。

一部の科学者の仮説によれば、集産主義者と個人主義者という母親の区別は遺伝的に固定されており、おそらくドーパミン受容体（DRD4）の変異体「7R」が原因で、この変異体は快楽物質の吸収効率がほかの種類よりも悪く、外向性および衝動性といった性質と結びついている。この遺伝的な変異はヨーロッパ人の血を引く人に多く、東アジアの血を引く人の23倍にものぼる。

それでも、1個の遺伝子の不均等な存在によって大脳半球のこれほど複雑な挙動を説明できると考えるのは、拡大解釈が行き過ぎているように思う――なにしろ東アジアの母親の行動については、生物学とは関係のない説明を簡単に見出せるからだ。たとえば、中国の母親が長いこと自分の子どもに干渉して礼儀をしっかり教え込む背景には、数十年にわたる政府の一人っ子政策により、女性は子どもをひとりしか産めなかったことがあるかもしれない。

実際のところ、東アジアの人々がアメリカに移り住むと1世代でタイガー・マザー方式はほとんど消滅し、（よいか悪いかは別にして）その娘と孫娘はまたたくまにアメリカ的な個人主義を身につけるとする研究がある。たとえば、5歳半の子どもと触れ合っている118人の女性を観察した調査によれば、日系アメリカ人の母親はいくつかの評価基準でアメリカ生まれのアメリカ人の母親と似ていた。

一方で、生まれつき身につけていると思われているアメリカ人の因習打破志向は、非常に新しい考えで、フロンティア精神の遺産ではない。たとえば、ご存知のように私が最近じっくり考えることになった子どもの名前はどうだろう。一部の文化では数少ない同じ名前を何度でも再利用したり、政府が承認した名前のリストから選んだりするが、アメリカ人は違う。私たちが個性的な名前を好むのは、一部のハリウッドの若手女優が裏づけているように、アメリカ人に不可欠な個人主義の典型的な例のように思える。

ただし、歴史的文献からわかるとおり、こうしたこだわりが見られるようになったのはわずか1世紀前のことで、実際に本領を発揮するようになったのは1980年代になってからだ。アメリカの18世紀の墓地を歩いてみれば、サラとエリザベスという名前がいくつも並んでいて、かつては私たちもみんな10個の同じ名前を使っていたことがわかる。そして東アジアでも近代化が進むにつれ、都市部の母親たちは自分の赤ちゃんに独創的な名前をつけるようになっており、集産主義とみなされていることなどどこ吹く風だ。

このように、アメリカの母親たちもずっと今と同じだったわけではない。今ふつうだと思われることも、つい最近までそうではなかった。実際、ほとんどがジョンとトマスという名のピューリタンの祖先たちは、今では当たり前になっている母子が夢中になって遊ぶ状況に眉をひそめ、1914年の育児本は、そうした行為が「赤ちゃんの神経を台無しにする」と警告していた。

だが、西欧の育児で直感的なものだと思われていることが――赤ちゃんと長時間にわたって遊び続けるのも、幼児期に思うままに行動させるのも――生物学的な起源をもつものではなく文化的なものだとしたら、そのような文化的習慣はどうやって生まれたのだろうか？

もう一度、もの寂しい18世紀の墓地に戻ってみることにしよう。

そこには赤ちゃんの墓がたくさん残されている。

１９００年になっても、アメリカの赤ちゃんの10パーセントが1年以内に命を落とし、ほとんどの母親は（なかでも貧しい人たちは）幼い子どもを失う可能性が高かった。そうした悲劇は１９４０年代でもまだ一般的なものだった。私の父には妹がいたが、ベビーベッドで死亡している。原因はわからない。そうした出来事はごく日常的だったので、３人の子を産んで２人を育て上げた祖母は亡くした娘のことは口にせず、私がこの早世した叔母について知ったのは25歳くらいになってからだった。

乳児死亡率の高さは今もまだ、世界の広い地域で母親が直面している大きな問題だ。現在でもアフガニスタンで生まれた赤ちゃんの10人に1人は、1歳の誕生日を迎えることができない。サハラ砂漠以南のアフリカでは、母親の３人に２人が1人以上の子どもを失っている。

だが20世紀初頭になると、新生児用保育器、貧困撲滅プログラム、環境改善をはじめとした科学の飛躍的発展が功を奏し、アメリカの乳児死亡率は急降下した。現在ではアメリカの新生児が死亡する割合は５００人に３人だけになっている（それでもまだ確率があまり低くなっていないように思えるなら、ほんの数十年前には「死産」とみなされた超未成熟児（体重７５０グラム未満または妊娠26週以前で生まれた赤ちゃん」を救う努力も反映されていることを念頭に置いてほしい）。アメリカの子どもたちの大部分は大人になれる。

私には自分の子どもの死をうまく乗り切れる力があるとも思えず、実際のところ、子を失った現代のアメリカの母親が失意のあまり命を落とすことも多いから、私も同じかもしれない。だが、私のそのような状態は文化の産物だと言える。私のＤＮＡは祖母のものと大差ないはずで、祖母はこの悲しい喪失を切り抜け、静かに人生を歩み続けた。

つまり、どの赤ちゃんも生き延びることをほぼ前提とする考えは、私たちの親の時代に特徴的なもので、公共政策と科学的業績の勝利であり、それは母親の世界を永遠に変えるものだった。

アメリカの中流家庭の母親がこれまでの世代より少ない数の子どもをもち、一人ひとりを王子様のように扱い、人類学者が「過剰投資」と呼ぶ戦略で暮らしている理由には、このような事情が大きな部分を占めているようだ。そう考えれば、なぜ私たちが幼稚園のウクレレ教室の順番待ちに登録し、乳首に唐辛子を塗られて泣きながらようやく乳離れしたばかりの何もできない小さな子どもを、まるで高貴な人種のようにみなすわけを説明できるだろう。

とても古くからある母性的で直感的なものに感じられる母親言葉さえ、科学に基づく公共戦略でもたらされた乳児死亡率低下という条件のもとで、大幅に拡大したのかもしれない。世界中の母親はつねに自分の赤ちゃんを愛し、大切にし、共感し、涙を流してきたが、母親による時間とエネルギーの投資は、小さな命はこの世界で長く生きられないかもしれないという知識によって否応なく制限されていただろう。

こうしたすべてのことから、アメリカ人の母性の多くの側面は、驚くような集合的業績を反映したものだとわかる。そこには、幼児に手を焼いて疲れ果ててしまった母親でさえ感謝するような、多くの理由が見つかるだろう。母親は自分たちのために、新たに作り変えた本質を生み出してきたのだ。

それでもまだ私たちは、もっとずっとよくやれるはずだ。

豊かな国の不幸な母親たち

最も豊かな国々の女性たちは、数えきれないほどのすばらしいもの――たとえば使い捨てオムツや、自分の赤ちゃんが大きくなるのを見守れるという希望など――を享受しているにもかかわらず、人類学者がＷＥＩＲＤ（西欧に暮らし、教育を受け、産業化され、経済的に恵まれ、民主主義的――Western、Educated、Industrialized、Rich、Democratic）な母親と呼ぶ私たちは、それでもまだ、はるかに貧しい場所で暮らす母親より不幸なことも多い。

カリフォルニア大学マーセッド校のジェニファー・ハンホルブルックが、56か国にわたる産後うつのパターンを分析したところ、国の豊かさで母親の心の健康を予測できないのに気づいて驚いた。ハンホルブルックによるメタ分析では、ネパール（国民の25パーセントが貧困線に満たない暮らしを送り、乳児死亡率がいまだにアメリカの5倍にのぼっている国）が世界で最も産後うつ発生率の低い国のひとつに含まれ、最も低いシンガポールについで世界2位だった。

社会が豊かになるにつれて、母親は何を失うのだろうか？　私たちは地域社会を失うのかもしれない。広大な郊外にある大きな家の文化は——私自身が崖っぷちの夢の家で身をもって発見したように——過ぎし日の母親の生態系より優雅なものだろうが、より孤立したものでもある。たしかに、アメリカの母親がつねに自分の子どもと遊びたいと感じる衝動は、この不自然な孤独の兆候なのかもしれない。人類学者のデイヴィッド・ランシーが指摘しているように、イヌイットはこの面倒な習慣をもつ先住民の仲間だ。イヌイットも私たちと同じように、長期にわたって自分の子どもといっしょに「室内に閉じ込められる」からだ。ただし彼らを閉じ込めているのは、便利な邸宅と都市計画で整備された何エーカーもある区画ではなく、北極の暗闇と危険な氷床だ。

私たちはまた、連帯感というものも失うかもしれない。ハンホルブルックが世界中のデータをくまなく調べたところ、母親のうつが最も多い国々では、所得の不均衡の割合が最も高かった。国じゅうが例外なく貧しいネパールと豊かなシンガポールには、共通点は多くないが、シンガポールの場合は多くの豊かな国々より所得の不均衡が小さい。「富める者と貧しい者とのギャップ」が多くの母親にとって真の問題なのだと、ハンホルブルックが私に話す。「自分には十分な資源がないと、母親たちは感じるのです」

結局のところ母親の生物学的な感覚は、資源の基準に目を向けるのではなく、より大きい社会的階級のなかでの自分の立場に対応しながら、そうした資源のかすかな変動を見つけ出す方向に向いているのだ。

最後に、母親も含む女性たちがあらゆる種類のすばらしい業績を上げている豊かな野心家ばかりの社会では、母親はときに地位を失うことがある。仕事を続けるために、母性は特別な援助と保護を受けるにふさわしいとする集団的同意があるせいだ。ハンホルブルックの調査によれば、うつの母親が最も多い国では、労働時間が週40時間を超えている出産適齢期の女性の数が最も多いこともわかった。乳児死亡率の低下と同様、家庭を離れて長時間働く機会は、女性たちが苦労して勝ち取った現代の成果だ。だが、まだ幼い子どもをもつ母親がこれだけ長時間働くことを期待される背景には、一連の難しい事情が潜んでいる。新米ママに対する政府による支援の不足、不安定な親族関係（現代的な家庭崩壊や別の要因によるもの）、融通のきかない職場文化、出生率低下と社会の高齢化が進むなかで子育ての実際的な負担が基本的に忘れ去られる傾向にあることなどだ。

ハンホルブルックにはまだ学校に行っていない子どもと生まれたばかりの赤ちゃんがいることを忘れないでほしい。彼女は働く若い母親で、競争の激しい分野で後れをとるまいと、夜中まで仕事をすることも珍しくない。

それでも彼女には教授としての大きな特権と地位とワークライフ・バランスがあり、自分の好きな仕事のために、自分自身の思いに従って働いている。電話の向こうで彼女は、「息子は今ちょうど隣の部屋で寝ていて、ほっとできる時間なんですよ」と言った。

オランダの妊婦が幸せなわけ

一般の母親がもっと快適に過ごし、全員が力強く成長できるようになるにはどうすればよいかを考えるにあたっては、経済的に類似した2つの国の母親を並べて比較すれば役立つにちがいない。そこでワシントン州立大学のマリア・ガートスタインは、最近、アメリカとオランダの母親を比較する研究を行なった。

ガートスタインは子どもの気質をテーマとした研究室を率い、世界の子どもの個性と行動に見られる際立った相違を調べている。赤ちゃんは文化の束縛を受けないはずだが、影響は早期に、おそらく子宮のなかではじまっている。ガートスタインは２０１５年に、オランダの赤ちゃんをアイダホ州とワシントン州の同年齢の赤ちゃんと比較する研究を行ない、オランダの赤ちゃんのほうが平均して生まれつき快活で、可愛らしい動作をし、頻繁に笑顔を見せ、短時間で機嫌をよくするように見えることに気づいた。一方、アメリカの生後6か月から12か月の赤ちゃんは、「全体として負の情動、恐怖、欲求不満、悲しみ」が大きかった。

ただしこのニュースは青天の霹靂というわけではなかった――２０１３年にはすでにユニセフの調査で、オランダの赤ちゃんが一部の地域だけでなく世界中で最も幸せだとみなされていたからだ。一方の米国の赤ちゃんの幸せ度は全体の26位で、人口の少ないリトアニアおよびルーマニアの赤ちゃんとほぼ同じだった。

それにしてもアメリカの赤ちゃんが悲しんでいるとしたガートスタインの調査結果は、気にかかるものだった。

「あらゆるところから電話がきました」と、彼女は話す。「口々に、『私たちは赤ちゃんに刺激を与えすぎているのですか？』と言ったのです」。アメリカ人は、同じようにWEIRDなオランダ人と自分たちはそれほど違うと考えていないので、よけいに驚いたのだ（たとえば、思わず遺伝的な違いが原因だと考えた人はほとんどいなかったようだ）。

この問題の核心を突くために、ガートスタインは2つ目の研究を進め、今度は赤ちゃんの母親を比較した――つまり、同じ2つの地域の妊娠している女性を比較した。すると、オランダの妊婦たちはとても幸せな集団だったのに対して、アメリカの妊婦たちは比較的惨めに感じており、不幸と不安のレベルが高かった。

「この国の母親にとってストレス培養器が動いているからだと思うのです」と、ガートスタインは話す。「アメリカの母親はヘルスケアや職場の面で十分な支援を得られていません」。そして母親の悲しさが子宮内の赤ちゃんに伝わる可能性があり、ある意味で子どもを「プログラミング」するという悪循環に陥っているのだと、確信している。

オランダの母親たちは、私たちにはない、何をもっているのだろうか？

第1にあげるべきは、「クラームゾルフ（オランダの産後ケア・システム）」を担う、国家資格をもった産後ヘルパー（kraamverzorgster）だ。

問題解決への小さな一歩

だが、クラームゾルフの産後ヘルパーの役割に進む前に、まず政治的および文化的な変化は簡単には起きないと認識しておく必要がある。

母親の研究者は――言わせてもらえるなら、自分たちは豊富な資金を利用できる立場にいて――フットマッサージや週2回のビデオチャットのような単純な方法を用いれば、頑固な母親の行動を変えられることを懸命に示しているとはいえ、私たちの心のなかにある明らかな要因を無視しているわけではない。それでもそうした力は多くの場合、たとえば慢性的貧困のように大きすぎるか、何世代もさかのぼる可能性がある目に見えないDNAメチル化のパターンのように小さすぎて、人員不足の研究室ひとつではとうてい取り組めそうにないものだ。

母親への大転換を真に一変させるには、最も困難で行き詰まった現代の政治問題の一部に取り組む必要がある。たとえば所得格差だけでなく、ヘルスケア、教育、そのほか常に政府を困らせてきた多様な問題だ。さらに、建国以来続く人種差別に全力で取り組む必要もあり、母性行動に対するその悲惨な影響はようやく完全に明るみに出つつある。あらゆる社会的ストレス要因のなかで最も陰湿なこの問題は、母体を身体的に傷つけるらしく、妊娠している黒人女性の血圧上昇だけでなく、妊娠糖尿病、早産、死亡のリスクを高める要因になっている。黒人の母親の胎盤細胞にある染色体では、白人女性のものよりテロメアが短く、出産に最も重要な役割を果たすこの器官が子宮内部で早期老化、あるいは「風化」してしまったことを示している。黒人女性は産後うつの治療を受ける機会が相対的に少なく、母乳育児を推奨されるよりも、粉ミルクを勧められる割合が何倍も高くなる。

こうした古くからある問題のほかに、新たな問題も生じており、たとえば薬物依存もそのひとつだ。麻薬が常用者のドーパミン経路を乗っ取り、赤ちゃんのために作られたそのシステムを悪用する。薬物常用者は男女ともに、思わず「可愛い」と感じてしまう赤ちゃんの写真を見ても、通常の報酬反応を示さない。また薬物中毒の母親は、母親としての感受性の土台である自分の赤ちゃんが出す合図に対し、夢中になる度合が低い。現在では薬物依存者の出産が増えるとともに、赤ちゃんを産んだばかりの母親が薬物依存になるケースも増加しているが、それは現代の母親の苦境とトラウマを引き起こす過去の状況、ストレスの多い現在の暮らし、多くの母親が直面している不確定な未来を考えれば、無理もない話だとも思える。はじめて母親になった女性の2パーセント近くが、病院からもらった鎮痛薬そのものから永久に離れられなくなってしまうのだ。

そこまで恐ろしくはないが、それより広く行きわたっている問題として、母親の暮らしのなかでテクノロジーが果たす役割の増大を上げることができる。わが子が画面を見る時間の長さを心配する余裕ができるずっと前に、母親自身が利用するテクノロジーの影響で、赤ちゃんの非常に大切な体の様子に目が届かなくなっているのだ――子どもが生まれた直後から、はじめてインスタグラムに載せる写真を気にかけ、授乳中はいつもスマホをスクロールする。赤ちゃんが出す合図の読み取りを混乱させる「テクノフェレンス〔親が電子機器の画面を見ることで、親子のコミュニケーションや生活に悪影響が及ぶこと〕」は、母親が子どもに読み聞かせをする方法から、嫌いな食べものを食べてみるよう説得するときの態度まで、すべてを変えてしまう可能性がある。私も含めた母親はベビーカーを押しながら、赤ちゃんに話しかけることもなく携帯メールのやり取りをすることが多い。こうしてテクノロジーは、母親が赤ちゃんに注目する機会を奪いとってしまう一方で、孤独な母親の対処メカニズムになっているわけだが、この矛盾する刺激は単に危険な存在でもある。２００７年ごろ、救急処置室では子どもの外傷性脳損傷患者が急増し、フリーコマミクス（風変わりな母親経済学）提唱者の一部はその原因を世界金融危機と、その後の母親のストレスのせいだと考えた。だがイェール大学のある研究がこの心配な患者急増の原因とみなしたのは、当時の不況ではなく、携帯電話の普及と、それに伴う母親の注意散漫だった。

こうした問題はすべて、古くからあるものも、まったく新しいものも、手強くて複雑だ。すぐに解決できる方法はない。だが、世界中のアイデアとプログラムのなかには、これから着手すべきさまざまな方法がある――言うならば、小さな一歩、赤ちゃんの小さな歩みだ。

母親にかける予算の増加は、群を抜いて最も単純な解決方法になる。ヨーロッパのいくつかの国では、私のように多くの子を産む母親の目の前にあからさまにご褒美をぶら下げようと、金銭的な優遇策を打ち出している。イタリアでは、最近提案された（魅力的に思えるほど率直な）「子どものための土地」計画により、３人目の子どもには政府所有の農地が授けられる。ハンガリーでは、４人目の子どもが誕生すると所得税がかからなくなる。ポーランドなら、私のように４人の子を産んだ母親は生涯年金の給付対象だ。

こうした計画には、母親に対する純粋な配慮から採用されたものもあれば、出生率の急落に慌てて対応したものもある。だが動機が何であれ、影響は大きい。こうした物質的な報奨の約束は母親を元気づけるだけでなく、生物学的な刺激にもなって、母親はより安らぎ、母親になる可能性のある女性はより楽観的になる。

アメリカにはこれに対応する政策として児童税額控除の制度があるものの、それほど手厚い支援ではないために、あまり心強いものではない。だが、控除額の増加や児童手当など（家族の基本所得を保証するようなもの）によって、制度をより効果的なものにするアイデアの概略はすでにワシントンDCに存在しているから、アメリカの母親のための——子どもをもつことを想像したくなるような——しっかりした経済基盤が、もう少しで立法化されるだろう。

次に、病院について考えてみよう。産科病院の分娩施設の質には、アメリカ国内でも大きなバラツキがあり、各病院での帝王切開の比率は7パーセントから70パーセント近くまでと幅広い。母親が大きな手術を受ける確率には、どの病院を受診したかによって10倍もの違いが生じることになる。外科手術を最も好む施設は、最も貧しい地域に集中している。それでも、はじめての出産には病院のしっかり管理された完全サービスの環境が適している。科学的に検証され、完全な設備が整い、授乳などの出産前の練習や肌の触れ合いがあり、分娩後には適切な食事も用意される。

とはいえ、産後の単純な習慣をきちんと確立するためだけでも平均的な2日間の入院では短すぎ、なかでもはじめて出産した母親にとっては、母親としてのさまざまな適性を身につけるのは大変だ

（日本では、はじめて出産した母親は1週間ほど入院することになっており、この考えに近い）。

また、病院内の条件が必ずしも理想的とは限らない。ヒツジからゴリラまで、あらゆる種類の哺乳動物の母親は、人工的に詰め込まれた、あるいは混み合った状況では苦痛を感じ、動物によっては赤ちゃんを放棄してしまうこともある。人間も同じだ。はじめての出産を終えた母親は個室にいるほうがストレスが少なく、母乳で育てる割合が非常に高く、その違いは退院後まで続くことがある。それでも、主要なアメリカの病院で出産する母親は、完全被保険者であっても、小さな回復室に滞在して基本的なプライバシーを守るだけで1泊につき数百ドルを支払わなければならない。それに対してイスラエルのような国は母親の快適さを尊重し、個室はまだ序の口だ。「ホテルのような産科病院」の施設には、温水浴槽、ジュースバー、マッサージ施設、「優雅な死海ミネラルの化粧品」、そして（何よりも、体力の限りを尽くした新米ママが果てしない病院の夜を快適に過ごすために嬉しい）本物の羽毛枕までが揃っている。今ではアメリカで暮らすいくつかの機敏なユダヤ人コミュニティが、産後の女性をあらわす「キムパトリン」の名称で、同様の施設を提供するようになった。

新米ママを支える人たちも、また大切だ。心細い新米ママは、分娩を担当する看護師を守護天使と考え、2番目に大切な友人とみなすようになる。だがすぐに勤務の交代時間がくる。こうしたスタッフの交代は、母親の健康を第1に考えたものではなく労働契約に基づくもので、そのために母親になったばかりの女性は、同じ看護師に継続的に担当してもらうことができない。それは社会支援の概念をゆがめてしまうものだ。ある研究者は私に、すべての母親が、少なくともリスクの高い場合は、入院から退院までをよく状況のわかった少人数のチームに担当してもらえるよう――必ずしもいつも同じ看護師がそこにいるということではなく（母親は眠れなくても、もちろん看護師はどこかで眠る必要がある）少人数のチーム体制に――病院を再編成すべきだと提言した。だが実際の産科病棟では、異なる人に同じ情報を際限なく繰り返すという奇妙なデジャブ感に襲われるうえに、なお夜中の3時に医学生に揺り起こされ、最後の月経がはじまった日付を尋ねられるという具合だ。

もうひとつの問題は、呼べばいつでも来てくれるこの高い技能をもつ看護の専門家が、今は表向き、母親から新生児を預からないようにしている点だ。これは科学の名を借りて、「赤ちゃんに優しい」病院が母子の絆を深めるためだとして実施している方針だ――だが、もちろんそのような絆は重要である一方、実際にいつも体と体が触れ合っている必要はない。母親、なかでもパートナー不在の母親や、厳しい産後の傷と戦っている母親は、生物学的に見て、まったく新しい経験にひとりで対応できる状態ではない。孤独感は母性本能を刺激せず、それどころか遮断してしまう。そして夜間の連続した睡眠は、誰にとってもすばらしい薬になる。

無事に出産を終えると、アメリカの母親が退院する際には、赤ちゃんの毛布を1枚、縞模様のユーモラスな帽子（赤ちゃんが女の子ならときには大きなリボンがついている）、そして粉ミルクの試供品、その他の宣伝用無料サンプルなどを贈られる。私はいつも内緒で、大きなメッシュの下着をできるだけたくさん持って帰るようにしていた。でもそれ以外、母親は手ぶらで病院を去ることになる。

だがフィンランドでは、すべての母親が同じ豪華なサバイバルキットを持ち帰ることになる。その袋には、子ども用マットレス、簡易ベビーベッド、（そしてフィンランドならではの）小さな防寒着をはじめ、たくさんの品物が入っている。単なる物質的な贈り物ではなく、心理的に母親を元気づける役割を果たすものだ。母親の環境を漠然と推測したものにすぎないが、誰かがどこかで、必ず、母親とその子どもの必要が満たされるように気遣っていることを伝えているのだ。また、階級格差に気づいている母親たちは、すべての女性がまったく同じベビーボックスからはじめることを知って、元気づけられる。

たぶん、上品なフェルトのブーツと可愛らしいミニチュアのマットレスは、アメリカの母親には高望みしすぎだろう。それでも、母親はいつだって紙オムツの手持ちがどんどん減っていくのを気にしながら過ごしているのだから、退院する母親に1年分の紙オムツのクーポン券が手渡されれば、どれだけ安心できるだろうか。その金額は小売価格で約９００ドルに相当し、新しい命を産む医療費全体に比べればわずかなもので、母親が万策尽きる前に救い出せると思えば、小さな金額ではないだろうか。

最後に、新米ママが家に戻ったら、生まれたばかりの赤ちゃんといっしょに過ごす時間を確保する必要がある――赤ちゃんの身体的な世話をする方法を身につけるため、そして自分自身の気持ちをすっかり本調子に戻すためには、時間が必要なのだ。母親が赤ちゃんと過ごす時間をもつ最も確実な方法は、有給の育児休暇ということになる。ヘレナ・ラザフォードなどの一部の専門家は、実際には出産の数週間前から休暇に入り、女性がストレスを解消して準備を整えられるようにするべきだと考えている。出産後の休暇中に女性がすることは文化ごとに異なっているが——フランスでは公費で膣ヒーリングのセラピーを受けられ、いかにもフランスらしいと思う——世界のどこでも、長いほうが有効だ。有給休暇は母乳育児を促進するとともに、繊細な母子の意思疎通を後押しする役割を果たし、研究によれば、有給の育児休暇を10週間増やすことによって、乳児死亡率を5パーセント低下させることができる。一方、8週間に満たない場合は、はじめて母親になった女性のうつの増加につながる。

エストニアでは最大85週間の有給休暇をとれる。ノルウェーでは91週間だ。フィンランドは最大3年となっている。

だが米国の場合、全州のうち5つの州が、わずかな金額が支払われる育児休暇を12週間保証しているにすぎず、ほとんどのアメリカの女性は無給で10週間近い休暇をとって終わる——新米ママの銀行口座を空っぽにすることが、母性行動をめちゃくちゃにする、科学的にも検証された確実な方法なのにもかかわらず、だ。

こうした状態についても、修正するための法案はすでに存在している。あとは大きく息を吸って想像上のろうそくの火を吹き消し、ひと押しするだけですむ。すぐにフィンランドのようにはならないだろうが、12週間の有給育児休暇を保証されることがアメリカ人の生まれながらの権利になるべきだと思う。

融通の利く支援システムを

女性は一人ひとりが個性的なので、それぞれに異なるニーズを予測して対応する公共システムを構築するには難しい点もあるから、母親が直面する予測可能な困難に対する私の好きなアプローチは、融通の利く支援システムが含まれるものだ――柔軟なシステムとも呼べるだろう。

そう考えると、幸運なオランダの母親に話が戻る。オランダでは、無料のドゥーラ、最短でも4か月の有給休暇、いつでも利用できる保育サービスなど、すでに多くの支援が確立されている。

だが、誰にでも役立つ「金銭」と「時間」に加え、オランダの女性は個別のプログラムも利用でき、それらは母親の科学に留意し、活用しているように見える。アメリカの母親が平均たった2日いただけで病院の安全な環境を離れる時、多かれ少なかれ通りに放り出され、少なくとも専門的支援からは見放されたことになる。たしかに、ほとんどの母親には4週間から6週間後に、医療機関で20分という短い時間の診療を受ける予定が組まれる。だが、推定で母親の40パーセントが、このたった1回の機会を利用できない。仕事の都合がつかない、産後うつによる負担が大きいなどが理由で、単に車のキーを見つけられないこともある。

だがオランダでは、回復期の母親は産後2週間近くのあいだ毎日、家庭訪問を受けることができる。しかも1日に最大8時間、訪問するのは国家資格をもった産後ヘルパーだ。訪問看護にやって来るこの産後ヘルパーは、母親の陰部の傷といったなかなか聞きにくい母親自身に関する質問や、臍の緒が1日でとれるのかといった赤ちゃんに関する質問に答えてくれるだけでなく、ほかの子どもたちにも目を配り、大急ぎで買い物に行き、夕食用にスライスしたニシンときゅうりのピクルス（そのほかのオランダの珍味）を皿に盛りつけ、女性の脳と体が母性に移行する出産直後の期間の母親には難しいと思われることを何でも代わりに引き受けてくれるのだ。

そしてもちろん、困難な状況にいる母親を具体的に元気づけてくれるという側面もある。すでに上の子がいる母親の場合は、産後ヘルパーの手助けをより多く必要とするかもしれないが、まったくはじめての出産を経験したばかりの母親は、産後ヘルパーがいるだけで元気になれるようだ。

アメリカの母親が自国で同様の産後ケア・サービスを10日間受けるには、自費でおよそ4000ドルを支払わなければならず、また優秀なメアリー・ポピンズを見つけるための社会的つながりと精神的エネルギーも必要になる。値段だけ見ても、人間による手助けと支援を最も必要としている貧困と孤独とストレスに悩まされている女性には、ほぼ無理な話だ。

だが、オランダの産後ヘルパーは通常は無料で、高くてもオランダの通貨で数百ドルに等しいほどの値段ですむ。

オランダ以外では遠く南半球の国に、先進世界で最も母親に優しい考えのいくつかが見られる。オーストラリアでは母親に保険適用の選択肢として、出産から3年後までの任意の時期に、医療センターに親子で入院して診断を受ける権利が提供される。入院の理由は、本格的な産後の精神疾患やアメリカで入院が保証される種類の病気に限らない。対象となる状態には、赤ちゃんの睡眠スケジュールが一定しない場合――つまり、ほとんどの赤ちゃんが該当する――や、幼児《トドラー》の行動に問題が見られる場合などがある（よちよち歩きの幼児を意味する「トドラー」という概念をもたない文化もあるが、オーストラリアでは活発で、元気だ）。この方針は、母性への移行は実際に成功させることができるが、それは瞬間的に、自動的に、または必ず成功するわけではないという、国民の直感を反映しているように思える。

隣国ニュージーランドでは――おそらく偶然の一致ではなく、女性に選挙権を与えた最初の国であり、また現在は母親になったばかりの女性が首相を務める国だ――プランケットナースが活躍する。赤ちゃんが生まれてから5歳になるまで、プランケットナースが母親一人ひとりの相談にのって、健康管理の手助けをする。8人の子をもつ母親だった貴族夫人の支援で発足したプランケットは、今ではニュージーランド全土に数百のオフィスをもち、遠隔地で暮らす母親には移動式診療所を提供している。そして合理的な健康情報を共有するだけでなく、「トイライブラリー（おもちゃ図書館）」の運営、チャイルドシートの貸し出し、トイレトレーニングの助言、孤独な母親のためのコーヒーグループとモーニングティーの主催も、その活動の一環だ。

オムツがパンパンの状態で大変なことになっていれば、プランケットナースがいつでも待機し、母親が乱暴な扱いをしないように手助けをする。また、プランケットナースはよりよい住宅探しまで引き受ける。住む場所は母親にとって、単に子ども部屋が可愛いかどうかだけの問題ではないからだ。病院にいるときと同じように、混み合って騒がしい住環境では母親が冷静な行動を続けられなくなる。そして精神的に参ってしまった母親が緑豊かで静かな地域に引っ越すと、快活になることが多い。

アメリカでは同じように困ったときに助けてくれる女性を提供できないとしても、産後うつの母親の検診を数か月にわたって、あるいは数年にわたって実施し、出産したばかりの母親が退院してきたら電話で様子を尋ねるくらいのことはできるだろう。充実した環境でしっかり行動しているように見える母親でも、実際には隠れた苦痛をもっていることもある。また、オランダの産後ヘルパーのような手助けも、最も脆弱な女性の出産後には保証されるべきだろう——出産がはじめてで、とりわけシングル、若年、貧困、黒人、うつやトラウマの経験、帝王切開をして授乳が困難、実母がすでにいない、または遠くに住んでいる、6週間後には職場復帰する予定、などに該当する母親だ。

アメリカ政府は少なくとも、母親に変身している最中の脆弱で不安定な期間に該当する母親から、資源をはぎとるようなことをすべきではない。妊娠中にメディケイド（低所得者向け医療補助制度）の支援を受けている多くの貧しいアメリカの母親にとって、出産から2か月後にプログラムが終了すれば、その精神状態がどうなるか予想がつくだろう。

「最悪のタイミングです」と、キャサリン・モンクは言う。「そんな母親にとっては、崖から突き落とされた心地でしょう」

コロナ渦中での出産

もちろん私がこの本を書いているあいだに、新型コロナウイルスの影響によってさらに多くの母親が精神的にも実生活の上でも苦境に陥り、考えられる限りのあらゆる難題に直面する事態となった。

バーやレストランが再開されても学校が閉鎖されたまま、またはオンライン授業だけになったために、シングルママや働くママは絶望的な立場に取り残され、過度な負担を負った母親とその暮らしぶりに対して政府は何の対策もとっていない——その点についてここで詳しく触れるのはやめにしておく。その一方で、祖母をはじめとした従来の手助けを得られなくなり、そうした母親はかつてなく社会的に孤立してしまった。人種および階級の格差はますます広がって、裕福な母親はわが子を私立の「ラーニングポッド〔少人数のグループ学習〕」に通わせたり家庭教師を雇ったりできるのに対し、肉体労働で生計を立てる母親は、食品、部屋代、そしてあのいまいましいオムツのための収入を得るためだけに、毎日、感染リスクにさらされる。かつてないほど、母親のために立ち上がってくれる人は誰もいないように感じられる状況だ。

母親のうつと不眠症がますます増え、あらゆる面でその経済状況が危険にさらされることで、出生率はますます下がっていくものと予想される。そして母親の数が減ったアメリカは、ますます母性に冷たい国になるだろう——蔓延が収まったあとでも逃れる方法はなかなか見つかりそうにない、新型コロナウイルス感染症による八方ふさがりだ。もしそうなれば、世界的な傾向である出生率の低下に拍車がかかり、女性が積極的に母親になろうとしなくなってしまう。

こうして悲惨な未来を予想する文章を入力している私の手に目をやると、数本の指だけ爪がひどく短く、しかも派手なピンクに塗られ、残りの指はほったらかしのままになっている。もう5か月間も家に閉じ込められている上の2人の娘が、退屈しのぎに私の爪にマニキュアを塗ってくれていたのに、途中で飽きてどこかに行ってしまったせいだ。

それでも、何はともあれ、その光景に微笑んでしまう私がいる。

＊　＊　＊

私の意識は、多少もうろうとしているのかもしれない。それは世界中が大混乱に陥っているこの大変な状況の真っただ中に、何はともあれ、これまで書いてきた4人目の赤ちゃんの出産が控えているせいだ。

今回の出産は、3人目のときに混乱してしまった借りを返すチャンスだと考えていた――言うなれば、（とてもとても）大きい女の子の「やり直し」というものだ。今回、夫はフラフラと近くの森に迷い込んでしまうこともなく、私が頼めばちゃんとアイスクリームを買ってきてくれるだろう。金銭上の困難も、振り返れば遠い過去の記憶になり、寝室で泣きくずれて1日を終えることもめったになくなっているはずだ。ベビーフードも手作りにして、なんでもひとりでやっていけそうに思えた。

ところが、私が妊娠7か月のとき、西海岸から東海岸まで飛行機で戻った夫が呼吸困難に陥り、救急病棟に入院する事態が起きた。そしてまもなく、子どもたちと私も咳き込むようになる。最初、新型コロナウイルス感染症で私たち家族がどうなるのか、とりわけお腹の赤ちゃんにどんな影響があるのか誰にもわからず、ほんとうに恐ろしかった（私たちが病気だと知った母は、「すぐに行くから」と、まったく動じることなく約束してくれたものの、古い車を運転してわが家に到達する前に、私たち全員が隔離される事態になってしまった）。回復後、私は数週間にわたって妊婦健診の予約を禁じられた。学校も、ごく普通の生活も、すべての予定が中止になった。わが家の家計はまたもや危機に瀕した。そして私は再び、本（本書）を書き上げるために屋根裏部屋に閉じこもる生活に突入した。

こうして病気になる少し前に、まるで私自身の母親としての運命に対する恐ろしい前触れを思わせる出来事があった。ハムスターのクレメンタインが淡いピンクをした赤ちゃんたちをなんとか産み落とすと、産んだばかりのわが子を1匹ずつ食べはじめ、ニンジンを好きなだけ食べていいよと私たちがどんなに苦心して伝えようとしても、ついには全部食べてしまったのだ。私のお腹にも赤ちゃんがいたから、この光景は私の子どもたちにとって、とりわけ恐ろしいものに感じられたのではないかと思う。私はまさに怒り狂った母グマの形相で、すぐさまペットショップに出向くと、かわいそうなわが子をこんな恐ろしい目に遭わせるとは何ごとかと激しくまくしたてたので、小動物の責任者はまるで懇願するような口調で、クレメンタインを別の、家族のマスコットにふさわしく子殺しなどしないメスと無料でお取り替えします、と申し出た。

だが私の娘たちは、飼っていた母親ハムスターをそのまま飼い続けることに決めた。

「誰だって完璧じゃないって、わかってるよね？」と、次女は私に言った。

次女のこの言葉を聞いて、なぜか私の目には涙があふれた。

そしてコロナ蔓延の真っただ中に、私は4回目の帝王切開を受けるべく入院した。産科病棟は、まるで死体安置所のように静まり返っていた。バルーンブーケもなければ、やる気満々の新生児専門カメラマンの姿もない。看護師の表情はマスクに隠れて見えない。

それでも私はへこたれなかった——少なくとも、前回よりずっと元気だった。本書を書いたことが力になっていたからだ。さまざまな研究を丹念に調べたせいで、私は突然、自分に味方する力と敵対する力を見分けられるようになった。たとえば、今回の病気の急増が両親の行動を変えてしまう可能性はあるが、日が経つにつれて、子どもはこの病気にかかりにくいことがわかってきて、それは母親にとってほんとうにありがたかった。さらに、私は自分自身の弱点を知り、強みに感謝することができた。体の調子はたしかに悪かったが、ほかの大勢の人たちも同じだった。人間は階層的な存在だから、自分自身の状態の悲惨さを、ほかの人の状態と比べて評価するようにできているが、今回の惨事は誰もが共有しているものだ。さらに、家族も、新しくできた友達も、私とこれから生まれてくる子どもを気にかけてくれる人たちも、みんな私たちの味方だということも知っていた。しばらくのあいだ、こうした愛する人々の顔を見られるとはかぎらなくても、わが家の玄関前には食べ物が山積みになったから、どこかにいることはわかっていた。

出産には夫も立ち合うことができた。当時の状況では無理かと思われたのだが、おそらく防護用の装備を節約するためのパートナーの出産立ち合い禁止が、多くの人々の力で撤回されたからだ。この小さな勝利が私の気力を大幅に上げてくれた理由は、励ましてくれるパートナーが近くにいるという心強さだけではなかった。とても単純に、他の人たちが母親の苦境に気づき、母親の声を聴き、変えることができるとわかったからだ。そしていつものように、仲間の母親たちは互いの最高の支持者だ。

当時はソーシャルディスタンスが最も強調されていたにもかかわらず、病院では人々への気遣いであふれた新しい医療行為が確立されており、その恩恵を受けられる自分は幸運だということもはっきりわかった。私が麻酔の注射を受けるあいだ、夫は部屋の外で待機しなければならなかったのだが、刀と見間違うほど大きく感じた針が脊椎に刺されて私の震えが止まらなくなると、医師が自ら私の手を握って落ち着かせてくれる一幕さえあったからだ。

そして私は、手術台の上ではまるで死人のようにじっと目を閉じ、心をまったく別の場所に移して横たわっているのが好きなのだが、どういうわけか医師は私をすっかり見える状態にするのにおあつらえ向きと感じたらしく、私の前回の出産のあとで科学の力が生み出したすばらしい新発明を試しに使ってみようと言った。出産の瞬間に用いる帝王切開用の透明な手術着だ。この透明なプラスチック製の窓は私の内臓をきちんと隠しながら、赤ちゃんが姿を見せる瞬間をこの目で見られるようにしてくれる。この大騒ぎの全容が見えるようになるわけだ。

4回の妊娠、ヒツジ小屋に何度か足を運んで空振りに終わった実地体験、無数の母性生物学関連の論文読破という経験を積んだ末に、私はようやく哺乳動物の出産をこの目で確かめる機会を得た。心から褒め称えるべき瞬間だった。

生まれた赤ちゃんの体重は8ポンド12オンスで、上の3人よりさらに重く、私はこの女の子に、私の母にちなんだ名をつけた。

未来の母親へのアドバイス

いつかは母になるであろう期待のかかるこの新人と、姉ふたりのために、最後にいくつか指針をつけ加えておきたい。私たち母親は人にアドバイスをするのが大好きだし、私たちの暮らしは察しの悪い政府や、すぐにイライラするひいおばあちゃんや、さらに自分自身の過去の考えによって、支配されてしまうことが多いからだ。

ベビーシッターを経験すること。魚をたくさん食べること。食品の保管にはプラスチック製ではなく、少し高くてもガラス製の容器を使うこと。親友、とくに女性の親友を作り、一生涯仲良くすること。

自分自身の生物学的側面を予想して尊重する、マスタープランを立てること。できる限りの教育を受けることを勧めるが、大学の学費ローンの負担には十分に注意すること。パートナーは、念には念を入れて選ぶこと。パートナーの遺伝子が自分にちょっかいを出す可能性があるからだ。またはっきり言って今の時代、恋愛関係や一般的な男性というものの存在がなくても母親にはなれるが、アメリカで最も多くの特権と選択肢をもつ母親は、まだ正式に結婚している傾向が強いことを覚えておいてほしい。

子どもをもつのは少し待って、ただし長く待ちすぎないこと。雇用主と産婦人科医を選ぶ際には、細心の注意を払うこと。どうしても男の子がほしいと思ったら、朝食にはパンケーキをどっさり食べること、でも女の子も同じように可愛いことを忘れないで。ドゥーラ（出産アドバイザー）を雇うこと。できれば出産時にはなんとか個室を確保すること。

赤ちゃんが生まれたら、たくさん抱いてやること。そうすることで赤ちゃんの脳がどんどん形成されていく可能性があるからだ。ただし、無理にシェークスピアの朗読を（ひとつかふたつは思い出せるとしても）聞かせる必要はないし、子供部屋のカーペットの上で無理やり体をねじ曲げてまで寄り添う必要はない。自分の意志に従って前進し、可能ならできるだけ長く仕事を休むこと。道路に歩道のない郊外に住むのは避けること。遊び場の近くに家を見つけること。私の近くに家を見つけること。

何よりも、これだけは言っておこう——自分の子どもたちのためにできる限り、すべての力を尽くすこと、ただし、広い世界にすっかり背を向けてしまわないこと。完全に背を向けるのは自分自身のためにならないし、まだやるべきことはたくさん残っている。土台からすっかり再構築されるこの大仕事は、ときには実に不便ではあるが、この上ない贈り物にもなり得る。母親は生まれたての新しい目で世界を見ている。母親の安全と管理という環境面で欠かせないことに、私は挑戦の要素をつけ加えたい。

依存症の母親を治療する医療施設を開業すること——エミリーが最終的にそうしているように。難民の母親を受け入れる学校の校長になること——もうひとりの親友がそうしているように。神経科学者になること——さもなければ、ヒツジ牧場をもつか、写真家になるか、産後ヘルパーになるのもいい。母親のために投票すること、さもなければ、自ら選挙に立候補すること。

そしていつも別の女性たちに、とりわけ苦しんでいる女性たちに、気を配ること。ほかの誰かに生まれ変わる気持ちを知っているのは、私たちだけなのだから。

原注は www.intershift.jp/mom.html よりダウンロードいただけます。

謝辞

数多くの科学者の皆さんのおかげで本書を完成させることができた。本書に名前をあげた方も、あげられなかった方も含め、すべての科学者の皆さんがそれぞれの研究と考えを私に惜しみなく伝えてくれたことに感謝している。なかでも私を研究室に招き入れ、そこで起きている不思議を見せてくれた方々に、心からの感謝を伝えたい。

私の人生で知り合った多くの母親たち、まずは誰よりも私自身の母モーリーン・タッカー、そして祖母イヴァ・グウェンドリン・タッカーとヘレン・パトリシア・オニール、ほんとうにありがとう。

友人のアマンダ・ベンセン・フィーゲルにも感謝している。アマンダは、ウェブサイトwww.lifeupstaged.comで生の声を伝え続けている。

ガレリー・ブックスのカーリン・マーカスは、本書がまだ一粒のアイデアに過ぎなかった時期から、このプロジェクトを信じてくれた(今回、私たちはふたりとも特に本を赤ちゃんに例える機会が多かったこと、少し多すぎるくらいだったことだけを、付け加えておこう!)。そしてまるで助産師のように本書の誕生に力を貸してくれたレベッカ・ストローベル、確実な助力を適時に繰り出してくれたリサーチャーのヴィッキー・ハレットにも、この場でお礼を言いたいと思う(お母さんを貸してくれてありがとう、セレスト）。

ワックスマン・リテラリー・エージェンシーのスコット・ワックスマンとアシュリー・ロペスには、何年にもわたる支援にお礼の言葉を伝えたい。『スミソニアン』誌のテリー・モンマニーと編集者、スタッフの皆さん、私が何度も出産で姿を消したにもかかわらず優しく理解を示し、支え続けてくれたことに、心から感謝している。

私の妹のジュディス・タッカーは、私のウェブサイトを作り上げて常に手を入れ、管理してくれている。彼女の息子の可愛らしいアモン、そしてすばらしい父親であり叔父であるスティーヴン・ダングも含めて、感謝の言葉を伝えたい。エミリー・ブラナーは、私が前進するときもつまずくときも、いつもいっしょにいてくれる親友だ。ほんとうにありがとう。すでに世を去った私の父ハロルド・タッカー、そして助言、元気、気晴らし、そのほかあらゆる力添えを私に与えてくれた皆さんにも、この場でお礼の言葉をささげる——ジーン・スノウ、パトリシア・スノウ、チャールズ・ドウザット、ジュリー・レフ、アニー・マーフィー・ポール、エイミー・サドマイヤー、アンジー・ペピン、スティーブ・キール、ヒラリー・ナウロキ、ヴァージニア・シラー、レイチェル・ホースティング、リン・ガリティ、ローラ・ヘルムス、リチャード・プラム、ハイデ・ヘンドリクス、シャロンとサティシュ・リージ、サラ・マフリン（彼女の美しい鼻は、献身的な母親には必ずしも機能的な嗅覚は必要ないことを実際的に示している）。ほとんど知られていない事実として、サム・モインと彼のすばらしい砂糖菓子に感謝だ。私の母親脳は、今ではぴったり87パーセントのケーキでできている。

私の子どもたちの世話をしてくれた人たちすべてに、なかでもデビー・ホイットニー、エイミー・ズニガ、インドラニ・ナリンに、ありがとうの言葉をささげる。すばらしい小学校の先生方にも敬意を表したい。タフ・ガール・フィットネスのクリスタ・ドランとコーチのみなさん、ありがとう――ストレスが最高潮に達した母親で（そのほかの誰でも）、子どもたちを楽しい仲間と遊ばせたいなら、www.tuffgirlsfitnessct.com にバーチャルで参加できる（それに、ほんとうにタフな母親をひと目見たいと思ったら、クリスタ個人のウェブサイト www.christadoran.com を開いてみてほしい）。

私の子どもたちには、いつまでもいつまでも、ありがとうと言い続ける。4人とも、ひと目で私を魅了したあとは、来る日も来る日も私を右往左往させ続けている。グウェンドリン、エレノア、ニコラス、そしてローズマリー・モーリーン、みんな今では字を読めるようになっている。だから1行でも2行でもこの本を読んで、もうチーリオスを食べたくないと思ったとき、みんなのお母さんはただ歯科矯正医に大金を支払う用意はあったこと、そして心の底からみんなを愛していることに気づいてほしいと思っている。

最後に、あり得ないほどやさしくて忍耐強い夫であり、私の最愛の人であるロス、あなたの明るい心と、それから遺伝子も、そしてピザの皮、すすり泣き、眠れない夜、楽しい日々も、すべてを私と共有してくれて、ほんとうにありがとう。

母親になるのは、新たに生まれ変わるほどの大転換だ。実際、4人の子どもを産み育てた著者自身、感覚も性格も行動も大きく変わったという。こうした変化には、本人が自覚しないものもあり、科学の目によってはじめて浮かび上がってくる。たとえば、「胎児性マイクロキメリズム」——これは胎児の細胞が母親の体に入り込む現象で、さまざまな影響を生涯にわたって及ぼすという。さらに驚きなのは、胎盤は主に父親由来の遺伝子によって作られ、父親のアバターのようになって母体を侵略しているという知見だ。子宮は父母の格闘競技場であり、まさに愛は戦場なのだ。胎盤は母親の脳も操り、子どもへの献身的愛情を強めている。

脳の再編は母性に目覚める大きなきっかけとなる。特に注目されるのは「母性回路（ｍＰＯＡと腹側被蓋野）」と呼ばれる領域だ。ｍＰＯＡ（内側思索前野）を刺激すると母性行動が生まれるが、麻酔をかけたりすると消えてしまう。ｍＰＯＡは快楽をもたらすドーパミンや愛情ホルモンと呼ばれるオキシトシンなどと深くかかわっている。こうした化学物質が赤ちゃんへの愛情をあふれ出させ、たとえ鼻をつまみたくなるオムツをはいていても可愛らしく思えるようになってしまう。

子どもが母親に与える影響も大きい。すでに胎児の段階で、子宮内からいろいろな合図を送り、その刺激がそれぞれに個性的な赤ちゃんを育てる準備を母親にさせている（母性プログラミング）。生まれる前から赤ちゃんの性質を驚くほどよくわかっている母親がいるのも不思議ではない。出産後は、男の子のほうが母乳のカロリーが高くなるという。そしてサルの研究では、母親は母乳の成分を無意識に調整することで、子どもの気性を変えることがわかった（授乳プログラミング）。たとえば、男の子ではストレスに抗するホルモン（コルチゾール）を余分に加える。人間においても、同様の調整がなされているという研究がある。これは男児のほうが体が大きい反面、虚弱で育てる負担が大きいからと考えられる。実際に人間では母親にストレスがない状況のほうが男の子が生まれやすく、母親を取り巻く世界が不安定であれば女の子のほうが生まれやすいという考察もある。

私たちの母性行動は哺乳類の進化に根ざし、それはまさに母乳を赤ちゃんに与え育てなければならないという生物的枠組みに基づいている。ことにヒトの母乳は並外れて薄く水っぽいので、授乳にかける時間も長くなる（野ウサギなら1日に5分でいい）。また、乳離れも哺乳類の仲間より断然遅く、母親に依存する期間が長い。そして、ほとんどの哺乳動物の父親は子育てにまったくかかわらない。

もっとも、こうした「母性」は母親だけに備わっているわけではない。動物も含めた研究から「母性」が母親独自の本能ではないことが明かされている。たとえば、処女ラットがよその赤ちゃんラットといっしょにされてしばらく経つと、まるで母親のようなふるまいを見せはじめる（処女ラットは赤ちゃんラットを食べてしまうこともよくあるのに）。また自分の子どもと触れ合った経験がないオスのラットでも、長い期間いっしょに過ごすと母親らしくなってくるという。人間の場合でも、子どものいない女性が鼻からオキシトシンを吸うと、母親の脳の神経活動と似てくる。こうした研究は、母親に限らず、母性が広く根づいていることを示唆する。母性は脳の奥深くに眠る種子で、刺激・経験によって芽を伸ばす。とはいえ、オス（男性）よりメス（女性）のほうがはるかに芽生えやすいのだ。

母親らしさには遺伝子も関係しているのだろうか？　母性行動には多くの遺伝子がかかわり、脳と体を微調整していると考えられる。それでも、特定の遺伝子の違いが、母親らしい行動を変えることもわかってきている。たとえば、ある種の「リスク対立遺伝子」をもつ母親は赤ちゃんの行動をより悲観的にとらえ、赤ちゃんの出すシグナルを察知するなどの感受性が低い。また100パーセント共通の遺伝子をもつ一卵性双生児の姉妹は、一般的な姉妹よりも母親としての類似性が高い。

遺伝子が後世的《エピジェネティック》に発現する環境の影響も見逃せない。たとえば、子ども時代に自分の母親とよい関係にあった若い母親は、赤ちゃんの泣き声に対する反応も強い。一方、自分の母親から優しくされなかった女性は、子どもをもつようになっても、赤ちゃんの顔に対して示す関心が低い。子育てのパターンは母から子へと伝わる傾向があるが、生まれと育ちのどちらも影響しているようだ。

ヒトは群れで暮らす社会的動物で、子どもの世話も共同で行なうように進化してきた。そのため、家族や友人とのつながり、親類の支援、社会的な地位、経済状況などなど、さまざまな要因が母性行動にかかわってくる。妊娠中の女性に対する支援体制の充実度は、その女性のメンタルヘルスに反映される。特に心強いのは祖母の手助けで、妊娠や子育てに好影響を与えることが実証されている。また先行きの不安は、精神的ストレスとなって母性行動を妨げる。母親のうつが最も多い国々では、所得の不均衡の割合が最も高いという調査もある。母親が子どもを幸せに産み育てていけるようになるためには、こうした多様な要因への配慮が欠かせない。本書は母親のストレスをできるだけ減らし、子どもを産み育てやすいようにする社会的支援システムを提唱している。

本書は全米ベストセラーの前著『猫はこうして地球を征服した』にも増して、深い愛情とクールな科学の目線が絶妙に溶け合った快作だ。子育ての奮闘、転々と変わる環境、さまざまな不安や喜び……みずからの体験（まさに最高で最悪な）とともに、領域を超えた最新の研究成果によって母性の謎を解き明かしていく壮大な展開は著者タッカーならではの面白さだ。

ところで、本書の表紙でなぜ妊婦がリンゴを手にしているのだろう？　アダムとイブが口にしたせいで楽園を追放され、女性は産みの苦しみを味わうようになったという「禁断の果実」？　あるいはサイエンス本らしく近代科学の礎を築いたニュートンにひらめきを与えたあのリンゴ。それとも本書で著者も語るように妊娠するとリンゴが欲しくなる（実際、リンゴは妊娠中の食べ物として推奨されている）から？　母性が多様でいまだ謎めいているように、読者の皆さんに解釈は委ねよう。

本書出版プロデューサー　真柴隆弘

著者
アビゲイル・タッカー　Abigail Tucker
ライター。『スミソニアン』誌の特約記者。彼女の記事は、毎年、最も優れた科学読み物を選ぶ「ベストアメリカン・サイエンス＆ネイチャー・ライティング」に掲載された。前著『猫はこうして地球を征服した』はニューヨークタイムズ・ベストセラーとなり、多数の年間ベストブック・賞を獲得。夫と４人の子どもとともにアメリカのコネティカット州ニューヘイブンに住む。

著者サイト
http://abigailtucker.com/

訳者
西田 美緒子（にしだ みおこ）
翻訳家。訳書は、マーティー・ヘイゼルトン『女性ホルモンは賢い：感情・行動・愛・選択を導く「隠れた知性」』、ペネロペ・ルイス『眠っているとき、脳では凄いことが起きている』、ユヴァル・ノア・ハラリ『人類の物語』、ジェンマ・エルウィン・ハリス編著『世界一素朴な質問、宇宙一美しい答え』など、多数。

母性の科学
ママになると脳や性格がすごく変わるわけ

2023年9月30日　第1刷発行

著　者　アビゲイル・タッカー
訳　者　西田 美緒子
発行者　宮野尾 充晴
発　行　株式会社 インターシフト
〒156-0042　東京都世田谷区羽根木 1-19-6
電話 03-3325-8637　FAX 03-3325-8307
www.intershift.jp/
発　売　合同出版 株式会社
〒184-0001　東京都小金井市関野町 1-6-10
電話 042-401-2930　FAX 042-401-2931
www.godo-shuppan.co.jp/
印刷・製本　モリモト印刷
装丁　織沢 綾

カバーイラスト：Vectorium© (Shutterstock.com)
本扉 & 表紙イラスト：Valenty© (Shutterstock.com)

Printed in Japan
ISBN 978-4-7726-9580-0 C0040　NDC400　188x130

哺乳類はどこから来て、どのようにわれわれの姿になったのか？　母乳・セックス・受胎・子育て・体毛と内温性・歯と骨・感覚・知能……進化の謎を明かす。

・母乳が汗から進化したわけ　・精巣が体外に出たのは冷却のためではなかった!?
・胎内で父母の遺伝子は対立している　・顎（食べる）と耳（聞く）はともに進化した
・いかに新皮質は発達したのか？　・進化の謎を明かす鍵、カモノハシ　……

「すべてのヒトが、自らの起源を知るために読んでおくべき1冊」――平山瑞穂『週刊朝日』

猫はこうして地球を征服した　人の脳からインターネット、生態系まで

アビゲイル・タッカー　西田美緒子訳　2200円＋税

愛らしい猫にひそむ不思議なチカラ――世界中のひとびとを魅了し、リアルもネットも席巻している秘密とは？　★『フォーブス』誌、『ライブラリー・ジャーナル』、『スミソニアン』誌：年間ベスト・サイエンス・ブックス

★柄谷行人（朝日新聞）・竹内薫（日本経済新聞）・渡辺政隆（日経新聞）・竹内久美子（週刊文春）・仲俣暁生（婦人公論）、推薦書評！

「猫好きは必読！」――竹内薫『日本経済新聞』

もっと！　愛と創造、支配と進歩をもたらすドーパミンの最新脳科学

ダニエル・Z・リーバーマン＆マイケル・E・ロング　梅田智世訳　2100円＋税

私たちを熱愛・冒険・創造・成功に駆り立て、人類の運命をも握るドーパミンとは？

★Forbes誌「年間ベストブック」、V・S・ラマチャンドラン＋ダニエル・ピンク＋デイヴィッド・イーグルマン推薦！　★養老孟司さん激賞！

「本書の内容は世間の一般常識とするに値する」――養老孟司『毎日新聞』

悪意の科学　意地悪な行動はなぜ進化し社会を動かしているのか？

サイモン・マッカーシー＝ジョーンズ　プレシ南日子訳　2200円＋税

嫌がらせ、意地悪・・人間の心の闇にひそむ悪意は、なぜ進化し社会を動かしているのか？悪意の起源から驚きの効用まで、人間観をくつがえす傑作！

★佐藤優、竹内薫、吉川浩満、橘玲、尾崎世界観、栗原裕一郎、冬木糸一、池内了さん絶賛！

「自分と他人の悪意と向き合うために、ぜひ一読をお勧めしたい」――竹内薫『日本経済新聞』

「神的で悪魔的な人類の心の揺らぎとしての〝悪意〟を科学する」――池内了『週刊エコノミスト』

「心理学の立場から神義論を扱っている」――佐藤優『週刊東洋経済』

「悪徳から美徳が生まれるのだ」――吉川浩満『週刊文春』

人類進化の謎を解き明かす

ロビン・ダンバー　鍛原多惠子訳　２３００円＋税

私たちはいかにして「人間」になったのか、心や社会ネットワークはどのように進化したのか――謎を解く鍵は、「社会脳」と「時間収支（１日の時間のやりくり）」にある。この新たなアプローチによって、類人猿から現生人類まで、進化のステージが初めて統合されるのだ。

「圧倒的な面白さだ」――瀬名秀明『週刊ダイヤモンド』

「運命を分けた集団形成の差」――柄谷行人『朝日新聞』

地球をハックして気候危機を解決しよう

人類が生き残るためのイノベーション

トーマス・コスティゲン　穴水由紀子 訳　２３００円＋税

エコ活動を提唱してきたベストセラーライターが大転換――もうエコ活動や排出削減だけでは間に合わない。「地球をハックし、治療するときだ！」

「人類はいずれこれらの手法に手を出さざるをえなくなるだろう……そして、そこには実のところワクワクさせられる要素が詰まっている」――佐藤健太郎『週刊東洋経済』

「いままでのようなスローな取り組みでは微温的に過ぎるのだ。それほどに危機感はあらわなのである」――『日刊ゲンダイ』

WAYFINDING 道を見つける力　人類はナビゲーションで進化した

M・R・オコナー　梅田智世訳　2700円＋税

GPSによって人類はなにを失うか？　脳のなかの時空間から、言語・物語の起源まで、ナビゲーションと進化をめぐる探究の旅へ。

★岡本裕一朗、更科功、小川さやか、角幡唯介さん推薦！

「太古の人類が現代科学と結び付く……極めてエキサイティング」――岡本裕一朗『四国新聞』

「非常に面白かった……このテーマでこれほどの本を書く人がいるとは」――角幡唯介「twitter」

サステナブル・フード革命　食の未来を変えるイノベーション

アマンダ・リトル　加藤万里子訳　2200円＋税

食と農業の未来を変える世界各地のイノベーターたちを取材。最先端テクノロジーと環境エコロジーをともに活かす「第3の方法」を提唱する。

★エリザベス・コルバート、小川さやか、井出留美さん推薦！

「人類の知恵や自然観、倫理と最先端のテクノロジーとの融合を複眼的な視野で問い直す重要性に気づかせてくれる」――小川さやか『読売新聞』

「可能性を広く探る柔軟な発想で得たポジティブなメッセージが印象的だ」――『日本経済新聞』

「本書が導く未来への旅は、怖くて、刺激的、そして最後は勇気づけられる」――エリザベス・コルバート